精神之光

伟大建党精神的孕育和早期践行

中共上海市委党史研究室 编

王旭杰 陈彩琴 等 著

上海人民出版社

国家社会科学基金重大项目

《伟大建党精神及其同中国共产党精神谱系关系研究》

（课题批准号 21&ZD025）的阶段性成果

前　言

伟大实践孕育伟大精神，伟大精神推进伟大事业。精神的力量，无论对一个民族、一个国家还是对一个政党来说，都是至关重要的。习近平总书记指出："人无精神则不立，国无精神则不强。精神是一个民族赖以长久生存的灵魂，唯有精神上达到一定的高度，这个民族才能在历史的洪流中屹立不倒、奋勇向前。"[1] 中国共产党一百多年来的历史，不仅是艰苦卓绝的奋斗史，也是中国共产党人的精神锻造史。习近平总书记在庆祝中国共产党成立 100 周年大会上的重要讲话中指出："一百年前，中国共产党的先驱们创建了中国共产党，形成了坚持真理、坚守理想，践行初心、担当使命，不怕牺牲、英勇斗争，对党忠诚、不负人民的伟大建党精神，这是中国共产党的精神之源。"[2]

习近平总书记关于伟大建党精神的重要论述，明确标识了中国共产党革命精神的源头和起点，深刻揭示了中国共产党的精神特质，是理解中国共产党为什么能的一把金钥匙。一百多年来，中国共产党团结带领中国人民，以"为有牺牲多壮志，敢教日月换新天"的大无畏气概，把一个积贫积弱、内忧外患、任人宰割、饱受欺凌的半殖民地半封建社会性质的旧中国，变成了一个屹立于世界东方、正意气风发向着全面建成社会主义现代化强国和实现中华民族伟大复兴迈进的国

---

[1] 习近平：《在纪念红军长征胜利 80 周年大会上的讲话》(2016 年 10 月 21 日)，人民出版社 2016 年版，第 9 页。

[2] 习近平：《在庆祝中国共产党成立 100 周年大会上的讲话》(2021 年 7 月 1 日)，人民出版社 2021 年版，第 8 页。

家。《中共中央关于党的百年奋斗重大成就和历史经验的决议》指出："党和人民百年奋斗，书写了中华民族几千年历史上最恢宏的史诗。"[1]中国共产党之所以能够历经磨难而信念越坚、饱尝艰辛而斗志更强，开出了改变中国人民命运和中华民族命运的良方，团结带领人民不断从胜利走向胜利，成为当今世界最大的政党，一个很重要的原因，就是始终有强大的精神力量支撑。一百多年来，正是在伟大建党精神的指引下，中国共产党团结和带领中国人民争取国家独立、实现人民解放，并在实现中华民族伟大复兴的道路上建功立业、勇往直前，谱写了可歌可泣、浩气长存的精神史诗。伟大建党精神不仅体现了马克思主义政党的精神共性，也从思想要素、行动要素、品质要素和价值要素多个方面彰显了中国共产党独特的精神标识。

伟大建党精神是中国共产党人精神谱系的源头和根脉。习近平总书记指出："一百年来，中国共产党弘扬伟大建党精神，在长期奋斗中构建起中国共产党人的精神谱系，锤炼出鲜明的政治品格。"[2]回顾党的历史，中国共产党以伟大建党精神为源头，在百年奋进的征程中构筑起了一脉相承、样态丰富、体系庞大的精神谱系。中国共产党在不同历史时期形成的革命精神和优良传统，都是伟大建党精神的赓续和延展。在新民主主义革命时期，形成了井冈山精神、苏区精神、长征精神、遵义会议精神、东北抗联精神、延安精神、抗战精神、太行精神、红岩精神、沂蒙精神、西柏坡精神等；在社会主义革命和建设时期，形成了抗美援朝精神、北大荒精神、红旗渠精神、大庆精神、雷

---

[1]《中共中央关于党的百年奋斗重大成就和历史经验的决议》，人民出版社 2021 年版，第 2 页。

[2] 习近平：《在庆祝中国共产党成立 100 周年大会上的讲话》（2021 年 7 月 1 日），人民出版社 2021 年版，第 8 页。

锋精神、焦裕禄精神、王杰精神、"两弹一星"精神等；在改革开放和社会主义现代化建设新时期，形成了改革开放精神、特区精神、女排精神、抗洪精神、抗击非典精神、载人航天精神、抗震救灾精神等；在中国特色社会主义新时代，形成了脱贫攻坚精神、抗疫精神、科学家精神、探月精神、新时代北斗精神等。每种精神都是一座丰碑，尽管具有各自的独特内容和时代内涵，但也都具有共同的精神实质，体现着伟大建党精神的精髓要义，持续丰富着中国共产党人的精神谱系。伟大建党精神是一条贯穿于中国共产党人精神谱系的红线，伟大建党精神的"理想""使命""斗争""人民"等重要内容元素，是对精神谱系中各种具体精神样态的进一步凝练和概括，使理论和实践、共性和个性、继承与创新得以有机融合。

伟大建党精神是中国共产党人砥砺前行的强大动力。习近平总书记指出："我们要继承弘扬光荣传统、赓续红色血脉，永远把伟大建党精神继承下去、发扬光大！"[1]中国共产党先驱们在创党实践中形成的伟大建党精神是一种巨大的精神力量，引领中华民族找到前进的方向，成为推动中国革命实践进程的不竭动力。伟大建党精神不仅是对中国共产党团结带领人民创造新民主主义革命时期、社会主义革命和建设时期、改革开放和社会主义现代化建设新时期、中国特色社会主义新时代伟大成就的精神动因的历史性总结；也是对在中华民族伟大复兴战略全局和世界百年未有之大变局相互交织的新发展阶段，中国共产党人应该以怎样的理想信念、政治品格和价值追求，去迎接困难和挑战、不断夺取胜利的现实性认知。站在新的历史起点，我们要在继续深化对伟大建党精神和中国共产党人精神谱系的学理认知的基础上，

---

[1] 习近平：《在庆祝中国共产党成立100周年大会上的讲话》（2021年7月1日），人民出版社2021年版，第8页。

增强传承和弘扬伟大建党精神、赓续红色血脉的行动自觉，在新时代中国特色社会主义伟大实践中铸就新的精神丰碑。

伟大建党精神与上海有着不解之缘。上海是中国近代工业与工人阶级的发祥地，是马克思主义在中国传播的初始地与南方重镇。中国共产党在上海诞生，伟大建党精神在上海孕育、践行，党成立后党中央机关长期驻扎上海，红色是上海这座城市最鲜明的底色。新时代新征程上，加强对伟大建党精神的学习研究和宣传弘扬，用伟大建党精神引领人、感染人、鼓舞人，是党史研究宣传的题中应有之意，也是上海党史学界义不容辞的责任。当前，学界关于伟大建党精神的研究成果日益丰硕，呈现百花齐放的局面，这必将推动伟大建党精神研究不断走向深入。伟大建党精神博大精深，是一座取之不尽用之不竭的精神富矿。中共上海市委党史研究室和上海部分高校的专家学者密切合作，共同推出这本关于研究伟大建党精神孕育与早期践行的著作。本书研究时段主要聚焦党的创建和大革命时期（1921年至1927年），研究重点主要指向伟大建党精神是如何孕育形成和在早期传承践行的。本书以习近平新时代中国特色社会主义思想为指导，坚持政治性与学术性相统一的原则，在总体上阐发伟大建党精神的时代背景和重大意涵的基础上，分专题对伟大建党精神的早期生动实践进行论述，同时也对新时代如何传承弘扬伟大建党精神等问题进行了现实关照，旨在为加强伟大建党精神研究贡献绵薄之力，努力让党的创新理论和党史故事更好地"飞入寻常百姓家"。

第一章

伟大建党精神产生的
时代背景和重大意涵

历史唯物主义认为，社会存在决定社会意识，同时，社会意识对社会存在具有反作用。马克思指出："理论一经掌握群众，也会变成物质力量。理论只要说服人，就能掌握群众；而理论上只要彻底，就能说服人。所谓彻底，就是抓住事物的根本。"[1] 任何一种伟大精神的形成都有着特定的历史背景、思想理论基础和社会实践基础。同时，一种伟大精神的发展也推动着社会实践向前发展。伟大建党精神的孕育形成和弘扬发展就是生动的写照。中国共产党诞生在半殖民地半封建社会的近代中国，是中国社会矛盾发展和人民革命发展的必然结果，是马克思列宁主义与中国工人运动相结合的产物。伟大建党精神形成于中国共产党创建之时，并在党的长期艰苦奋斗中构建起以此为源头的中国共产党人的精神谱系，形成一种无比强大的精神力量。深入研究伟大建党精神孕育形成的历史背景、思想理论基础、文化根源、科学内涵，对于全面把握伟大建党精神的精髓要义，对于继承和弘扬伟大建党精神，具有十分重要的理论意义和现实意义。

第一节 伟大建党精神孕育形成的历史背景

中华民族是世界上伟大的民族，有着 5000 多年源远流长的文明历史，长期走在世界各民族发展的前列，为世界文明进步和人类发展作出了不可磨灭的巨大贡献。当历史步入近代，一些西方国家如火如荼开展工业革命，生产力出现了爆发式增长。资产阶级为了获取更大的

---

[1] 马克思：《〈黑格尔法哲学批判〉导言》，《马克思恩格斯选集》第 1 卷，人民出版社 2012 年版，第 9—10 页。

利益，在全球范围内加紧进行侵略扩张和殖民掠夺。与之形成鲜明对比的是，清政府长期闭关锁国、夜郎自大，封建专制统治的盛行阻碍了社会的发展，民众没有民权，民智尚未开化，资本主义虽有萌芽但无法得到发展，科技进步缓滞，军事仍停留在冷兵器时代，清政府已经全面落后于时代却浑然不知，依然做着"天朝上国"的美梦。一个幅员辽阔、资源丰富、人口众多却又保守落后的东方帝国，自然成为西方列强垂涎的市场和觊觎的对象。

1840年，英国悍然发动鸦片战争，用坚船利炮轰开了中国的大门。这是西方工业文明对古老的东方农耕文明的一次沉重打击，腐朽的清政府在英国侵略者面前根本无力抵抗。1842年8月，英国迫使清政府签订了丧权辱国的《南京条约》，这极大地震撼了盲目自大的清朝统治者和观念封闭的国人。鸦片战争成为中国历史的转折点，外国侵略者纷至沓来，把中国一步一步推向半殖民地的深渊。在1856年至1860年的第二次鸦片战争中，英法联军攻占北京，火烧圆明园，中国被迫签订《天津条约》和《北京条约》。俄国先后强迫中国签订《瑷珲条约》《北京条约》《勘分西北界约纪》，割去中国150多万平方公里的土地。1884年至1885年的中法战争，腐败无能的清政府竟然在战场有利的形势下向侵略者屈膝求和。1894年到1895年的中日甲午战争，清政府完全溃败，被迫签订《马关条约》。战争的惨败和条约的苛刻，深深刺痛了国人的心，这些再清晰不过地表明，中国已经在世界上大大落伍了，国家存亡已经成为一个不容回避的严峻现实问题。1900年，八国联军侵略中国，在首都北京野蛮烧杀淫掠，清政府被迫签订《辛丑条约》，使不平等条约体系化完整化。1904年至1905年，日本同俄国为争夺在华权益，在中国领土上进行了战争。

回顾历史，从1840年到1905年的66年中，中国人民一直被笼罩在列强侵华战争的硝烟之中。几乎所有资本主义、帝国主义列强都参与了对中国的侵略和掠夺。腐朽专制的清王朝尽管在人民面前张牙舞爪、不可一世，但是在帝国主义列强面前不堪一击，最后卑躬屈膝，顺从帝国主义的意愿，听任它们宰割中国。"清皇朝在它的末期已经成为一个卖国的、极端腐败的、扼杀中国的生机因而深受人民痛恨的政权。"[1]中国虽然在形式上保持独立，但实际上完全沦为几个帝国主义国家共同割宰下的半殖民地半封建社会。在政治上，中国不再是一个完整的独立的主权国家，外国列强在中国获得领事裁判权，享有治外法权，建立租界，标志着中国的领土和主权不再完整，中国政府的内政外交也被列强操纵和控制。在经济上，外国在华资本和依附于它的官僚买办资本主义垄断了中国的财政和经济命脉，使中国日渐成为外国资本主义的附庸，落后的传统农业依然处在地主阶级的控制下，民族工商业在帝国主义、封建主义和官僚买办资本主义的多种压迫下艰难生长，广大工人、农民和城市小资产阶级生活在水深火热之中。在帝国主义和封建主义的双重压迫下，人民陷入苦难的深渊，国家和民族处在生死存亡的边缘。中华民族与帝国主义的矛盾，人民大众与封建主义的矛盾，成为中国社会的主要矛盾。求得民族独立和人民解放，实现国家富强和人民幸福，已经成为中华民族实现伟大复兴的两大历史性课题。

面对近代以来空前的民族危机和深重的社会危机，中国人民没有屈服，而是挺起脊梁、奋起抗争，有识之士相继开展了救国救亡的运动。反帝反封建斗争的主力最初是农民。其中最具代表性的是太平天国农民运动和义和团反帝爱国运动。太平天国运动规模之大、发展之

---

[1] 中共中央党史研究室著、胡绳主编：《中国共产党的七十年》，中央党史出版社1991年版，第2页。

快、组织制度之完备、斗争威力之大，都达到了中国旧式农民战争的巅峰。[1]但是农民不是先进的阶级，并不代表新的生产方式，提不出科学的斗争纲领，最终不可能战胜强大的敌人，也担负不起领导民主革命的重任。曾国藩、李鸿章、左宗棠、张之洞等人推行洋务运动，主张"中学为体，西学为用"，希望"师夷长技以制夷"，通过学习西方先进的科学技术，达到"自强""求富"的目的，但最终在中日甲午战争的炮火中惨败，这也宣告了洋务运动的破产。洋务运动的发起者企图在维护中国腐朽的封建主义社会制度的伦理原则的前提下引进西方资本主义国家新的军事和生产技术，这是注定要失败的，因为这两者是不相容的。甲午战争的屈辱迫使人们深刻认识到，对于中国和中华民族来说，清政府如同一艘千疮百孔将要沉没的大船，单靠修修补补已经无济于事，人们重新思考中国的道路应该向何处走。

甲午战争之后，以康有为、梁启超等为代表的资产阶级改良派发起维新变法，希望改变国体，学习日本的君主立宪体制。由于资产阶级维新派自身力量弱小，又把全部希望寄托在没有实权的光绪皇帝身上，因触犯清朝统治集团的利益，最终被封建顽固派所扼杀。戊戌维新运动的失败表明，在近代中国，资产阶级改良主义的道路是根本行不通的。上层士大夫为爱国救亡的戊戌变法刚失败，下层群众自发的反抗外国侵略者的斗争——义和团运动在全国兴起。义和团的英勇斗争给予外国侵略者和本国封建统治者以有力的打击。但是农民作为小生产者，并不代表新的生产力和生产关系，不可能找到中国实现独立和富强的正确道路，他们的斗争也最终惨烈失败了。农民占人口的绝大多数，落后分散的小农经济、小生产及其社会影响根深蒂固，又遭

---

[1] 中共中央党史研究室：《中国共产党历史》第一卷（1921—1949）上册，中共党史出版社 2011 年版，第 12 页。

受着西方列强侵略和压迫，经济文化十分落后，在这样一个半殖民地半封建性质的东方大国进行革命，选择一条什么样的道路才能把中国革命引向胜利成为首要问题。

随着民族危机日益深重，随着资本主义近代工业和新的社会力量的初步成长，随着民族的新觉醒，在中国民主革命先行者孙中山的领导下，一场新的革命运动开始了。孙中山在1905年发起成立中国同盟会，完整提出以建立一个资产阶级共和国为目标的政治纲领，并且努力用革命的手段来实现这个纲领。同盟会的誓词提出："驱除鞑虏，恢复中华，创立民国，平均地权。"这场革命的直接目标是推翻清朝统治，清政府又是帝国主义统治中国的工具，这是一场具有反帝反封建性质的革命。1911年，孙中山领导的辛亥革命轰轰烈烈爆发了。辛亥革命结束了清王朝的统治，使得存在于中国两千多年的封建统治制度得以结束，并且使民主共和的观念从此深入人心。这对推动中国社会进步、促进中国人民思想解放所起的作用是巨大的。但是辛亥革命也有明显的弱点，它没有能提出一个明确而完整的反对外国帝国主义侵略和反对封建社会制度的政治纲领，没有广泛发动群众，没有形成一个坚强有力的革命政党。当时帝国主义和封建势力仍然非常强大，资产阶级的力量还比较弱小，加上斗争经验不足，又脱离人民群众，没有勇气和力量将革命进行到底。辛亥革命最后以同旧势力妥协告终，辛亥革命的果实被以袁世凯为首的北洋军阀窃取了，资产阶级共和国昙花一现就夭折了。

辛亥革命失败后，中国进入更加黑暗的北洋军阀时期。北洋军阀是由袁世凯建立起来的封建的买办的反动政治武装集团，他们以地主阶级和买办资产阶级为主要社会支柱，以外国帝国主义为主要靠山，他们与资产阶级在利益和发展方向上是对立的。民国初年，资产阶级尝试在中国搞议会政治，由政党进行组阁。1912 年至 1914 年间各派政治势力为了在国会选举中获得席位，纷纷建立自己的政党，一时竟有 682 个之多。[1] 规模较大的有统一共和党、共和党、国民党、民主党，其中国民党势力最大，宋教仁希望通过国会选举组阁。1913 年 3 月，在国会召开前夕，袁世凯派人枪杀了热衷于议会政治的国民党人宋教仁，彻底击碎了资产阶级的共和梦。实践证明，多党制、议会制这套从西方学来的东西并不能解决中国的实际问题，只能成为各派军阀、官僚、政客借以争权夺利的工具。1916 年袁世凯称帝失败后，中国陷入了军阀割据的局面。

为了巩固和扩大地盘，并争夺对北京政府的控制权，各派军阀进行频繁的战争。军阀政府不惜以出卖国家权利为代价大量举借外债，不遗余力对民众进行搜刮和掠夺，中国在半殖民地半封建社会的深渊中愈陷愈深，这些使得人民的苦难更加深重，中国先进分子沉浸在极度的苦闷和彷徨之中。毛泽东曾经概括当时的情景："多次奋斗，包括辛亥革命那样的全国规模的运动，都失败了。国家的情况一天一天坏，环境迫使人们活不下去。怀疑产生了，增长了，发展了。"[2] 辛亥革命的失败使先进分子逐渐觉悟到，在中国的历史条件下建立资产阶级共和国是不可能的，必须另外探索新的道路才能挽救处于水深火热之中的中国人民、拯救濒临灭亡的中华民族。正如林伯渠在回顾自己思想历程时所说："辛亥革命前觉得只要把帝制推翻便可以天下太平，革命以后经过多少挫折，自己所追求的民主还是那样的遥远，于是慢慢的从痛苦经验中，发现了此路不通，终于走上了共产主义的道路。这不

[1] 李君如：《中国共产党建设史》，福建人民出版社 2011 年版，第 13 页。
[2] 毛泽东：《论人民民主专政》（1949 年 6 月 30 日），《毛泽东选集》第 4 卷，人民出版社 1991 年版，第 1470 页。

仅是一个人的经验,在革命队伍里是不缺少这样的人的。"[1] 旧的路走不通了,就会寻找新的出路。一场更加巨大的革命风暴正在孕育中。

北洋军阀统治时期,军阀势力继续利用封建思想禁锢人们的头脑,中国思想文化界出现了一股复古倒退的逆流,社会上诋毁共和制度、诽谤民主思想的言论甚嚣尘上,这股逆流严重束缚人们的思想,扼杀着民族的生机。为了进一步唤醒国民,打破封建思想的统治,1915 年9 月,陈独秀在上海创办《青年杂志》(后更名为《新青年》),在思想文化领域掀起一场以民主和科学为旗帜,向传统的思想、道德、文化宣战的新文化运动。针对辛亥革命后中国民主政治实验的失败,针对群众思想蒙昧和落后的状况,他们提倡民主,反对独裁专制;提倡科学,反对迷信盲从,这对推动社会进步有着重大而深远的意义。[2] 新文化运动对中国封建传统文化的勇猛冲击,形成一场前所未有的启蒙运动和空前深刻的思想解放运动,"自有中国历史以来,还没有过这样伟大而彻底的文化革命"。[3] 新文化运动斗争的方向是正确的,态度是坚决的,唤醒了一代青年,使中国的知识分子尤其是广大青年受到一次西方民主和科学思想的洗礼,从而打开了遏制新思想涌动的闸门,在中国社会上掀起了一股思想解放的潮流,这个潮流是生气勃勃的、前进的、革命的,[4] 这就为适合中国社会需要的新思潮,特别是马克思主义在中国的传播,创造了有利的条件。

---

[1] 林伯渠:《荏苒三十年》,《解放日报》1941 年 10 月 10 日。

[2] 中共中央党史研究室:《中国共产党历史》第一卷(1921—1949)上册,中央党史出版社 2011 年版,第 30 页。

[3] 毛泽东:《新民主主义论》(1939 年 12 月 20 日),《毛泽东选集》第 2 卷,人民出版社 1991 年版,第 700 页。

[4] 中共中央党史和文献研究院:《中国共产党的一百年》(新民主主义革命时期),中共党史出版社 2022 年版,第 13 页。

与此同时，20世纪初的世界处在大动荡大调整中。一方面，由于第二次工业革命的影响，资本主义国家生产力得到极大发展；另一方面，一些资本主义国家快速发展，成为工业化强国并向外扩张，各帝国主义之间的矛盾日益尖锐。一些后起的帝国主义国家要求打破原有的国际经济、政治格局，重新划分势力范围，并由此导致1914年到1918年的第一次世界大战。战争的空前残酷，欧洲参战国在战后的种种衰败和混乱景象，使西方资本主义文明的神话破灭。"这场空前残酷的大厮杀，把西方国家固有的社会矛盾以比以往任何时候更加尖锐的形式清楚地暴露出来。劫后的欧洲留下的是满目疮痍，处处是经济萧条和社会动荡，是令人震惊的灾难和混乱，一时仿佛看不到多少光明。"[1]人们第一次从世界范围内感到资本主义已失去了光明的前途。李大钊在大战将结束时说："此次战争，使欧洲文明之权威大生疑念。欧人自己亦对于其文明之真价不得不加以反省。"[2]这种怀疑和反思，为中国先进分子放弃资产阶级共和国方案，继续探寻救国救民的真理和接受马克思主义，创造了有利条件。与此同时，在第一次世界大战期间，西方主要帝国主义势力因忙于欧洲战场，对中国的经济侵略有所松懈，中国民族工业在此期间得以迅速发展，中国工人阶级和民族资产阶级也随之成长壮大。到1913年第一次世界大战爆发前，产业工人已增加到约100万人；五四运动前夕，产业工人已经达到200万人左右。这说明工人阶级已经成为一支日益重要的社会力量。毛泽东指出："帝国主义的侵略刺激了中国的社会经济，使它发生了变化，造成了帝国主义的对立物——造成了中国的民族工业，造成了中国的民族

---

[1] 金冲及：《二十世纪中国史纲》第一卷，社会科学文献出版社2009年版，第155页。

[2] 李大钊：《东西文明之根本异点》（1918年6—7月），《李大钊全集》第2卷，人民出版社2013年版，第316页。

资产阶级，而特别是造成了在帝国主义直接经营的企业中、在官僚资本的企业中、在民族资产阶级的企业中做工的中国的无产阶级。"[1]中国工人阶级因诞生于半殖民地半封建的近代中国，不仅受民族资产阶级和大地主阶级的直接和间接剥削与压榨，更深受帝国主义和官僚资本主义的残酷剥削和压迫，因此成为近代以来中国社会中最具革命性的阶级。救亡运动的新方向和工人阶级这一中国新革命力量的成长壮大，深刻呼唤全新革命思想和全新政治领导组织的出场。

　　1918年11月11日，第一次世界大战以协约国的胜利而告终。由于中国政府加入协约国正式对德宣战，并遣送大量劳工赴欧洲对协约国提供援助，人们满怀期待，希望战胜国能把战败国德国原先在山东攫取的特权归还中国。1919年1月，第一次世界大战的战胜国在法国巴黎召开和平会议。中国代表在会上提出废除外国在中国的势力范围、撤退外国在中国的军队等七项希望和取消中日"二十一条"及换文的陈述书，但这些合理要求都遭到无情的拒绝。中国在和会上外交失败的消息传来，深深刺痛了国人的内心。人们原本指望和平会议和国际联盟可以主持公道，人们原本对第一次世界大战后期兴起的"公理战胜强权"与"民族自觉"的宣传充满期望，结果却是如此悲惨和荒唐，这也深刻教育了国人，在"弱国无外交"的强权政治时代，没有什么神仙和救世主，只有把命运牢牢掌握在自己的手中，才是改变中国的唯一出路。这是一次民族主义的伟大觉醒，全国各界爱国人士的激愤已经到了极点，以学生斗争为先导的五四爱国运动在全国范围内轰轰烈烈大爆发。迫于人民群众的压力，北洋军阀不得不释放被逮捕的学生，并宣布罢免曹汝霖、章宗祥、陆宗舆的职务。6月28日，中国代

---

[1]　毛泽东：《丢掉幻想，准备斗争》(1949年8月14日)，《毛泽东选集》第4卷，人民出版社1991年版，第1484—1485页。

表没有出席巴黎和约的签字仪式。

五四运动是近代中国历史上，第一次由学生、工人和其他群众掀起的反对帝国主义、反对军阀卖国的全国规模的革命斗争。第一次世界大战以及五四运动，使中国广大进步知识分子和爱国民众日益清醒地意识到自己的力量和责任，他们开始尝试着发挥自己的政治作用。经历了五四运动这场大风暴的洗礼，很多先进分子在思想上迎来了大解放，甚至完全改变了他们的人生道路。同盟会最早会员之一的吴玉章回忆五四运动时说，"这是真正激动人心的一页，这是真正伟大的历史转折点"，"通过十月革命和五四运动的教育，必须依靠下层人民，必须走俄国人的道路，这种思想在我头脑中日益强烈、日益明确了"。[1] 五四运动期间，工人阶级在运动中发挥了主力军的作用，开始作为一支独立的政治力量登上历史舞台。这对中国先进分子认识工人阶级的历史作用和强大力量，接受马克思主义，促进马克思主义同中国工人运动的结合，有着重要的影响。[2] 五四运动是中国革命史上具有划时代意义的事件，它标志着中国新民主主义革命的伟大开端。正如毛泽东所说："五四运动的杰出的历史意义，在于它带着为辛亥革命还不曾有的姿态，这就是彻底地不妥协地反帝国主义和彻底地不妥协地反封建主义。"[3]

从世界范围看，第一次世界大战及其所引起的一系列灾难性后果，唤起了各国人民群众的觉醒，推动了各国革命运动的迅速高涨。在俄

---

[1] 吴玉章：《回忆"五四"前后我的思想转变》（1959 年 5 月），《吴玉章回忆录》，中国青年出版社 1978 年版，第 111、112 页。

[2] 中共中央党史研究室：《中国共产党历史》第一卷（1921—1949）上册，中共党史出版社 2011 年版，第 43 页。

[3] 毛泽东：《新民主主义论》（1940 年 1 月），《毛泽东选集》第 2 卷，人民出版社 1991 年版，第 699 页。

国，工人和士兵于1917年3月发动武装起义，推翻统治俄国300年之久的罗曼诺夫王朝，但国家政权最终落入由地主和资产阶级的代表人物组成的临时政府手中。1917年11月7日，在列宁的领导下，彼得堡的工人群众发动武装起义，推翻反动的资产阶级临时政府。随后，苏维埃政权在俄国各地相继建立。俄国十月社会主义革命取得伟大胜利。

俄国十月革命的胜利，是人类历史上一个划时代的事件，极大地改变了20世纪世界历史的进程。它唤醒了西方的无产阶级，也唤醒了东方的被压迫民族。列宁指出，"这第一次胜利还不是最终的胜利"，但"我们已经开始了这一事业。至于哪一个国家的无产者在什么时候、在什么期间把这一事业进行到底，这个问题并不重要。重要的是，坚冰已经打破，航路已经开通，道路已经指明"。[1] 在十月革命的影响下，西方无产阶级争取社会主义的斗争与东方殖民地、半殖民地人民争取民族解放的斗争开始汇合。在世界革命运动高涨的形势下，至1918年底，欧美一些国家的无产阶级建立了第一批共产党。在欧美革命风暴掀起以及亚洲各国民族解放运动高涨，但第二国际破产的情况下，迫切需要有一个世界性的无产阶级政党组织，对各国革命进行协调和指导。1919年3月2日，国际共产主义代表大会在莫斯科克里姆林宫举行，决定成立共产国际，强调无产阶级必须通过暴力革命来实现无产阶级专政。共产国际成立后，也开始密切关注亚洲各国特别是中国的革命运动情况，帮助这些国家建立自己的政党组织，并积极支持和推动这些国家的民族解放运动和人民革命斗争的发展。

俄国十月革命的胜利，极大地鼓舞了中国人民和中国先进分子。

---

[1]　列宁：《十月革命四周年》(1921年10月14日)，《列宁全集》第42卷，人民出版社2017年版，第186页。

"十月革命的一声炮响，给我们送来了马克思列宁主义"。[1]"十月革命的胜利使中国人民明显地感觉到，俄国工农大众敢于冲破世界帝国主义阵营，建立一个新型的社会主义国家，这表明帝国主义的力量并不是绝对不可战胜的，中国人民的反帝斗争不再是孤立无援的。长期饱受帝国主义欺辱而又在反帝斗争中屡遭失败的中国人民，由此增强了斗争的勇气和必胜的信心。"[2]列宁领导布尔什维克取得十月革命胜利的事实，也启发了陈独秀、李大钊组建革命政党的念头。他们逐步认识到，要用马克思主义改造中国，走十月革命的道路，就必须像俄国那样，建立一个无产阶级政党，使其充当革命的组织者和领导者。而酝酿建党的具体实践，则始于 1920 年 2 月陈独秀为避免反动军阀的迫害，由李大钊护送其离开北京前往天津的途中。两人都认为，要对中国进行彻底的改造，没有坚强的政党来领导是不可想象的，两人约定分别在上海、北京建立中国共产党的组织。

1920 年 5 月，陈独秀在上海发起组织马克思主义研究会，探讨社会主义学说和中国社会改造问题，不久又与《新青年》同仁达成建立真正革命政党的共识。同时，共产国际在理论、组织和经费上对中国早期共产主义运动给予帮助，这对中国共产党的创建起了一定的促进作用。8 月，共产党早期组织在上海法租界老渔阳里 2 号《新青年》编辑部成立。在上海成立的共产党早期组织，实际上是中国共产党的发起组织，是各地共产主义者进行建党活动的联络中心。上海的共产党早期组织成立不久，陈独秀就多次向李大钊转达尽快创建党组织和发

---

[1] 毛泽东：《论人民民主专政》(1949 年 6 月 30 日)，《毛泽东选集》第 4 卷，人民出版社 1991 年版，第 1471 页。

[2] 中共中央党史研究室：《中国共产党历史》第一卷（1921—1949）上册，中央党史出版社 2011 年版，第 37 页。

展党员的意见，又负责联系、派人指导或者具体组建北京、武汉、广州等地的共产党早期组织。1920 年 10 月，李大钊等在北京成立共产党早期组织，当时称为"共产党小组"，同年年底决定成立共产党北京支部。在上海及北京党的早期组织的联络和推动下，从 1920 年至 1921年上半年，董必武等人在武汉，毛泽东等人在长沙，王尽美等人在济南，谭平山等人在广州分别建立起中国共产党的早期组织。另外，在日本、法国等国外的中国先进分子也建立起共产党的早期组织。各地共产党早期组织的建立，为中国共产党的成立提供了政治和组织基础。随着建立全国统一的中国共产党的条件越来越成熟，中国共产党第一次全国代表大会被提上日程。

1921 年 7 月 23 日，中国共产党第一次全国代表大会在上海秘密开幕。由于会场受到暗探注意和法租界的巡捕搜查，最后一天的会议转移到浙江嘉兴的游船上举行。党的一大通过了中国共产党的第一个纲领和决议。大会确定党的名称是"中国共产党"。党的纲领是"革命军队必须与无产阶级一起推翻资本家阶级的政权"，"承认无产阶级专政，直到阶级斗争结束"，"消灭资本家私有制"，以及联合第三国际。

中共一大的召开，标志着一个以马克思主义为指导的、无产阶级领导的中国马克思主义政党的诞生。中国共产党的诞生，给灾难深重的中国人民带来了光明和希望。中国革命的面貌从此焕然一新。习近平总书记指出："中国产生了共产党，这是开天辟地的大事变，深刻改变了近代以后中华民族发展的方向和进程，深刻改变了中国人民和中华民族的前途和命运，深刻改变了世界发展的趋势和格局。"[1] 中国共产党的成立，也标志着近代救亡图存运动进入了新的篇章，中国共

---

[1]　习近平：《在庆祝中国共产党成立 100 周年大会上的讲话》(2021 年 7 月 1 日)，人民出版社 2021 年版，第 3 页。

党开启了为人民谋幸福、为民族谋复兴的时代。中国共产党是中国共产党人在早期建党活动中产生的政党组织，伟大建党精神则是中国共产党人在创党实践中形成的精神产物。伟大建党精神集中体现了党的坚定信念、根本宗旨、优良作风，凝聚着中国共产党人艰苦奋斗、牺牲奉献、开拓进取的伟大品格，深深融入党、国家、民族、人民的血脉中，这是中国共产党的精神之源，并在实践中形成了以此为源头的精神谱系，为立党、兴党、强党提供了丰厚滋养。

第二节　伟大建党精神孕育形成的思想理论基础

马克思主义理论是伟大建党精神得以形成的理论根基，它不是空洞的乏味的理论，而是能够指导实践的科学真理，是世界观和方法论的统一。这一理论深刻地把握了社会发展和现实状况，指明了人类社会普遍的发展规律。十月革命前，已有西方来华的传教士、维新派启蒙思想家、留学日本的中国学生等不同人物介绍过马克思主义。但这些人物对马克思主义的介绍多是零散片面的，多是采取实用主义的态度。而作为马克思主义阶级载体的工人阶级也尚未登上历史舞台。因此，彼时的马克思主义并未引起人们的注意。1917年俄国十月革命取得伟大胜利，在帝国主义的链条上打开了薄弱的一环。俄国十月革命第一次把社会主义从书本上的学说变成活生生的现实。十月革命中俄国工农大众在社会主义旗帜下所进行的英勇斗争和所取得的历史性胜利，极大地鼓舞了中国人民，给予正在苦苦探求救国救民真理而又茫然无措的中国先进分子以新的革命方法的启示，有力地推动先进的中国人倾向于社会主义，同时也推动他们认真了解马克思主义学说。毛泽东在分析五四运动后马克思主义能够在中国广泛传播并被中国先进分子接受的原因时指出，"是因为中国的社会条件有了这种需要，是因为同中国人民革命的实践发生了联系"。[1]

俄国十月革命以后，马克思主义在中国得到广泛传播。李大钊是中国宣传十月革命、传播马克思主义的第一人。1918 年，李大钊发表《法俄革命之比较观》，论述 1917 年俄国十月革命与 1789 年法国资产阶级革命的本质区别，指出："俄罗斯之革命是二十世纪初期之革命，是立于社会主义上之革命"，同法国大革命预示着世界进入资产阶级革命时代一样，俄国十月革命预示着社会主义革命时代的到来，是"世界的新文明之曙光"。他在同一年写的《庶民的胜利》和《布尔什维主义的胜利》两篇文章中热烈地赞扬十月革命，指出无产阶级的社会主义革命是世界历史的潮流。他预言，十月革命所掀起的潮流是不可阻挡的，"试看将来的环球，必是赤旗的世界"。1919 年，李大钊发表《我的马克思主义观》，肯定马克思主义为"世界改造原动的学说"，对马克思主义作了比较全面、系统的介绍。他指出，马克思主义是它的历史论、经济论和政策论，即唯物史观、经济学说和社会主义理论的统一，"而阶级竞争说恰如一条金线，把这三个原理从根本上联络起来"。该文的发表，不但表明李大钊完成从民主主义者向马克思主义者的转变，而且标志着马克思主义在中国进入比较系统的传播阶段。1920 年初，李大钊在北京秘密成立了马克思主义学说研究会，组织和领导北大进步学生开展学习和宣传马克思主义的活动。在此前后，李大钊在其创办、指导或参与编辑的《每周评论》《新青年》《晨报》等刊物上宣传马克思主义，并在《晨报》副刊专门开辟"马克思研究"专栏，对马克思主义的重要著作进行长达半年的译介，有力地扩大了马克思主义的影响。在社会主义各种流派众说纷纭的情况下，

---

[1]　毛泽东：《唯心历史观的破产》(1949 年 9 月 16 日)，《毛泽东选集》第 4 卷，人民出版社 1991 年版，第 1515 页。

李大钊对马克思主义的介绍，对提高人们的认识和鉴别能力有着重要作用。

新文化运动的精神领袖、《新青年》杂志创办者陈独秀，对马克思主义的传播也发挥了极其重要的作用。在推动马克思主义宣传的各种报刊中，当属由陈独秀创办的《新青年》影响最大。五四运动前夕陈独秀就指出：在20世纪的人看来，资产阶级民主制度，"不过做了一班政客先生们争夺政权的武器。现在人人都要觉悟起来，立宪政治和政党，马上都要成历史上过去的名词了，我们从此不要迷信他罢"。[1] 1919年前后，马克思主义的传播中心在北京，但由于北洋军阀统治下的北京，社会动乱、管制森严，严密控制革命知识分子的思想和行动，使马克思主义的传播中心也由北京转移到上海。1920年，陈独秀由京返沪，由他任主编的《新青年》也随之回迁。

为方便先进知识分子更好地学习、研究和宣传马克思主义，1920年夏，社会主义研究社在上海成立。陈望道翻译的《共产党宣言》(第一个中文译本)在该社出版。其后，上海共产党早期组织还出版了李汉俊翻译的《马格斯〈资本论〉入门》、李达翻译的《唯物史观解说》等经典篇目，向进步青年较为系统地宣传了马克思主义。1920年9月，陈独秀发表长篇论文《谈政治》，以鲜明的科学社会主义思想同温和的社会主义和无政府主义针锋相对，宣布"我承认用革命的手段建设劳动阶级（即生产阶级）的国家，创造那禁止对内对外一切掠夺的政治法律，为现代社会第一需要"。[2] 为进一步加大马克思主义理论的宣

[1] 陈独秀：《随感录》(1919年6月8日)，《陈独秀文集》第1卷，人民出版社2013年版，第486页。

[2] 陈独秀：《谈政治》(1920年9月1日)，《陈独秀文集》第2卷，人民出版社2013年版，第39—40页。

传，推动党组织发展壮大，11 月 7 日，上海共产党早期组织的机关刊物《共产党》月刊创刊。陈独秀在《共产党》月刊第 1 号发表宣言，旗帜鲜明地表示要走共产党的道路。他说："要想把我们的同胞从奴隶境遇中完全救出，非由生产劳动者全体结合起来，用革命的手段打倒本国外国一切资本阶级，跟着俄国的共产党一同试验新的生产方法不可。"[1]《共产党》月刊积极宣传马克思主义理论、列宁建党思想以及国际共产主义运动的开展情况，同时，也对无政府主义等社会思潮进行猛烈的抨击，坚定对共产主义的追求和建立无产阶级国家的信念，成为各地共产党早期组织的必读刊物，推动了马克思主义的传播。除了李大钊和陈独秀，当时一些留学期间接触过马克思主义学说的先进青年，对马克思主义在中国的早期传播也起到了非常重要的作用。留日归来的杨匏安发表《马克思主义》《社会主义》《国家社会主义》和《社会主义改良》等文章，介绍各派社会主义学说，重点对马克思主义唯物史观、经济学说和科学社会主义作了相当系统的介绍。留日学生李达翻译了《唯物史观解说》《社会问题总览》《马克思经济学说》等书并在国内出版，介绍和宣传马克思主义学说。

在李大钊、陈独秀等人的影响和推动下，在学习和传播马克思主义过程中，毛泽东、周恩来、邓中夏、蔡和森等一批著名学生领袖和青年知识分子纷纷开始研究十月革命，学习并传播马克思主义。毛泽东在五四运动的推动下，由激进民主主义者逐渐转变为马克思主义者。五四运动后，他主编《湘江评论》，以宣传最新思潮为主旨，发表了大量充满革命激情与富有批判精神的文章。他热情赞赏列宁领导的俄共（布），指出："以政治组织改良社会组织，以国家促进地方，以

---

[1]　陈独秀：《〈共产党〉月刊短言》(1920 年 11 月 7 日)，《陈独秀文集》第 2 卷，人民出版社 2013 年版，第 76 页。

团体力量改造个人，原是一种说法。但当在相当环境相当条件下，如列宁之以百万党员，建平民革命的空前大业，扫荡反革命党，洗刷上中阶级，有主义（布尔失委克斯姆），有时机（俄国战败），有预备，有真正可靠的党众，一呼而起，下令于流水之原，不崇朝而占全国人数十分之八九的劳农阶级，如响斯应。俄国革命的成功，全在这些处所。"[1]讴歌十月革命，认为这个胜利"必将普及于全世界"，"我们应当起而效仿"。《湘江评论》宣传反帝反封建的思想，深刻论述人民革命的观点，歌颂十月革命的胜利，宣传马克思主义，形成了强大的舆论力量，有力推动了进步思想的传播。周恩来在五四运动爆发后不久，从日本回到天津，主编《天津学生联合会报》和《觉悟》，以宣传群众，指导天津的学生运动。他作为学生代表两次进京请愿，与北京学生一起进行斗争。1919 年 9 月，他发起觉悟社，介绍和研究新思潮。1920 年 11 月，他前往欧洲考察，通过对当时流行的打着社会主义旗号的种种思潮进行认真比较，最后下定决心："我们当信共产主义的原理和阶级革命与无产阶级专政两大原则，而实行的手段则当因时制宜！""我认的主义一定是不变了，并且很坚决地要为他宣传奔走。"[2]参加过辛亥革命的董必武、林伯渠、吴玉章等一批先进分子，结合自己的亲身经历和实践，通过学习马克思主义，最终抛弃旧的主张，同样实现了思想上的转变，成为马克思主义者。董必武回忆道，我们过去和孙中山一起搞革命，"革命发展了，孙中山掌握不住，结果叫

---

[1] 毛泽东：《打破没有基础的大中国建设许多的中国从湖南做起》（1920 年 9 月 5 日），中共中央文献研究室等编：《毛泽东早期文稿》，湖南人民出版社 2013 年版，第 456 页。

[2] 周恩来：《西欧的"赤"况》《伍的誓词》（1922 年 3 月），中共中央文献研究室、南开大学编：《周恩来早期文集（1912.10—1924.6）》下卷，中央文献出版社、南开大学出版社 1998 年版，第 451、453 页。

别人搞去了。于是我们就开始研究俄国的方式"，开始读"马克思主义"。[1]先驱者们接受马克思主义是经过深思熟虑的，是经过反复的比较和实践检验后，才作出的抉择。"这些有着不同经历的先进分子殊途同归的事实表明，抛弃资本主义的建国方案，走马克思主义的科学社会主义指引的道路，是相当多的中国先进分子共同做出的历史性的选择。"[2]

中国先进分子通过对马克思主义的宣传和介绍，使人们对这一科学理论有了比较完整的认识，同时又把马克思主义与其他社会思潮进行了比较，使人们认识到它们之间的区别和联系。中国的先进分子在接受马克思主义之后，并没有抛弃五四运动的科学和民主的精神，而是在马克思主义的指导下，赋予它们以新的更加深刻的内容。民主不再是狭隘的资产阶级民主，而是指多数人的民主、以劳动阶级为主体的民主；科学不只是自然科学，首先讲马克思主义的科学世界观、方法论和社会革命学说；反封建的思想斗争也进一步升华，从争取个人的个性解放上升到争取人民群众的社会解放，从由少数人进行宣传工作发展到主要由人民群众进行的革命实践，这些推动中国人的思想在更广大的范围内和更深刻的程度上获得解放。"中国先进分子传播马克思主义的一个明显特点，是他们传播的主要目的不是探求学理，不是在玩弄新的词藻，而是为了正确认识社会发展规律，认识资本主义制度的本质，为担负起改造中国的历史使命在寻找和掌握革命的科学理

---

[1]《董必武谈中国共产党第一次全国代表大会和湖北共产主义小组》（1971年8月4日），中共中央党史研究室、中央档案馆编：《中国共产党第一次全国代表大会档案文献选编》，中共党史出版社2022年版，第169页。

[2] 中共中央党史和文献研究院：《中国共产党的一百年》（新民主主义革命时期），中共党史出版社2022年版，第24页。

论。"[1] 五四运动后马克思主义在中国迅速而广泛的传播，为中国共产党的成立奠定了坚实的思想理论基础，也为伟大建党精神的形成提供了思想理论指导。

第三节　伟大建党精神孕育形成的文化根源

文化是精神生成的母本，精神是文化发展的结晶。中华文明是世界上唯一延绵不断且以国家形态发展至今的伟大文明。中华优秀传统文化所铸就的民族精神和优良品质，是近代以来先进知识分子奋起救亡、追求真理的精神支柱和力量源泉，为伟大建党精神的形成提供了丰厚文化积淀。马克思指出，"人们自己创造自己的历史，但是他们并不是随心所欲地创造，并不是在他们自己选定的条件下创造，而是在直接碰到的、既定的、从过去承继下来的条件下创造。"[2] 正如艾思奇所说："中国的马克思主义，就是以马克思的科学共产主义的理论为滋养料，而从中国民族自己的共产主义的种子中成长起来的。"[3] 一些西方学者也强调马克思主义传播必须与一个国家当地文化相适应，"实质上，马克思主义要在亚洲取得进展，需要具备两个条件：首先，马克思主义必须适应当地的文化价值"。[4] 伟大建党精神是政党文化与民族文化的深度融合，是马克思主义基本原理同中国具体实际相结合、同中华优秀传统文化相结合的生动范例。

---

[1] 中共中央党史研究室：《中国共产党历史》第一卷（1921—1949）上册，中央党史出版社 2011 年版，第 49 页。

[2] 马克思：《路易·波拿巴的雾月十八》，《马克思恩格斯选集》第 1 卷，人民出版社 2012 年版，第 669 页。

[3] 艾思奇：《五四文化运动在今日的意义》，《新中华报》1939 年 4 月 28 日。

[4] 特伦斯·鲍尔、贝拉米主编：《剑桥二十世纪政治思想史》，任军锋、徐卫翔译，商务印书馆 2016 年版，第 231 页。

习近平总书记指出，"中华优秀传统文化源远流长、博大精深，是中华文明的智慧结晶，其中蕴含的天下为公、民为邦本、为政以德、革故鼎新、任人唯贤、天人合一、自强不息、厚德载物、讲信修睦、亲仁善邻等，是中国人民在长期生产生活中积累的宇宙观、天下观、社会观、道德观的重要体现，同科学社会主义价值观主张具有高度契合性"。[1]一百多年来，一代代中国共产党人都坚定不移地坚持和弘扬中华优秀传统文化，将马克思主义和中华优秀传统文化相结合，从中汲取推动党不断进步和社会发展的丰厚养料。伟大建党精神既内含了马克思主义政党的政治信仰、政治目标、政治品质和政治纪律，又彰显了中华优秀传统文化的思想观念、价值观点、道德规范和人文情怀。中华民族作为拥有着五千多年历史的伟大民族，在民族发展的历史长河中，沉淀着无数优秀的文化内核，中华民族优秀的民族品质、优良的民族精神、崇高的民族气节、高尚的民族情怀以及延绵不断的中华优秀传统文化，正是伟大建党精神形成的文化土壤和根基。

一、中华民族历来推崇追求真理、天下为公的思想，这为伟大建党精神"坚持真理、坚守理想"的内涵产生奠定了重要文化基础

自古以来，中华民族的先贤们就将追求真理作为人生的重要目标。古人往往把"道"作为真理的化身，它既可以是事物的道理和规律，又可引申为政治主张和最高原则。探究"道"、追求"道"，就成为先贤们的一种人生的理想。春秋战国时期，诸子百家提出了关于"道"的理论。老子不断追寻世界的本源和万物的准则，"有物浑成，先天地生。寂兮寥兮，独立而不改，周行而不怠，可以为天下母。吾不知其

---

[1]　习近平：《高举中国特色社会主义伟大旗帜　为全面建设社会主义现代化国家而团结奋斗——在中国共产党第二十次全国代表大会上的报告》，人民出版社2022年版，第18页。

名，强字之曰道""大道泛兮，其可左右""道生一，一生二，二生三，三
生万物""人法地，地法天，天法道，道法自然"。[1]在老子那里，道
既是宇宙的本体，又是万物的规则，还是人生的准则。"无为而无不
为"，[2]不仅是道之大德、大用，同时也是支配天地万物之最根本规
律，是个人安身立命之根本法则，是所谓"道理"。孔子也同样推崇
"道"，在《论语》中，"道"有多种含义。首先，道是真理，要"士志
于道""朝闻道，夕死可矣"。[3]同时，道也是一种立场、观念或者人
生追求的目标，只有志同道合的人才能谋划共事、成就事业。反之，
"道不同，不相为谋"。[4]墨家以"兼爱"为道，"视人之身，若视其
身"，[5]主张取消一切分别，天下相亲相爱，同时提出以"三表法"即
以"古者圣王之事""百姓耳目之实""国家百姓人民之利"[6]为标准判
断是非利害，这在中华文化史上较早提出真理的标准问题。诸子百家
对"道"的具体所指虽有所不同，但都提倡对"道"百折不挠、矢志
不渝的坚忍追寻，提倡"路漫漫其修远兮，吾将上下而求索"[7]的坚定
追求。王夫之以"理者，物之固然，事之所以然"[8]说明真理的客观
性，还以"力行而后知之真"[9]说明"行"是真理的检验标准，较为全
面地概述了中国古代的真理观。

---

[1]《道德经》。

[2]《道德经》。

[3]《论语·里仁》。

[4]《论语·卫灵公》。

[5]《墨子·兼爱中》。

[6]《墨子·非命上》。

[7]《离骚》。

[8] 王夫之：《张子正蒙注·至当》。

[9] 王夫之：《四书训义》卷十一。

建党先驱们是先进知识分子为主体的，他们深受中华优秀传统文化的熏陶，始终立志于追求真理和践行真理。李大钊高呼"人生最高之理想，在求达于真理"；[1]陈独秀立志"出了研究室就入监狱，出了监狱就入研究室"，要过这种"人生最高尚优美的生活"；[2]周恩来的诗歌"大江歌罢掉头东，邃密群科济世穷，面壁十年图破壁，难酬蹈海亦英雄"，[3]这些都反映了建党先驱们寻求救国真理的情形。

同时，中国传统文化中一直有追求天下大同的崇高理想，希望能够生在一个人人共有、和睦相处的理想社会，这在整个中国传统社会具有广泛深厚的社会基础和文化底蕴。《诗经》描绘了"乐土""乐国"的美好期盼，《尚书》构想了"万邦咸宁"的社会愿景，《周易》展望了"天下和平"的热切向往。孔子提出"仁"的道德观念，并被孟子发挥为"仁政"的政治主张。孟子描绘了这种理想化的社会："五亩之宅，树之以桑，五十者可以衣帛矣……谨庠序之教，申之以孝悌之义，颁白者不负戴于道路矣。"[4]正式提出大同社会的理想，"大道之行也，天下为公。选贤与能，讲信修睦。故人不独亲其亲，不独子其子，使老有所终，壮有所用，幼有所长，矜寡孤独废疾者皆有所养，男有分，女有归……是故谋闭而不兴，盗窃乱贼而不作，故外户而不闭。是谓大同。"[5]在宋代，"天下大同"思想的内涵实现了由人类社会向万事万

[1]　李大钊：《真理之权威》(1919年4月17日)，《李大钊全集》第2卷，人民出版社2013年版，第148页。

[2]　陈独秀：《研究室与监狱》(1919年6月8日)，《陈独秀文集》第1卷，人民出版社2013年版，第487页。

[3]　周恩来：《临别书赠张鸿诰》(1919年3月)，《周恩来早期文集(1912.10—1924.6)》上卷，中央文献出版社、南开大学出版社1998年版，第411页。

[4]　《孟子·梁惠王上》。

[5]　《礼记·礼运》。

物的扩充。张载提出"民吾同胞,物吾与也",[1] 认为天地之间万民皆为我之同胞,万物皆为我之同类,故而要爱一切人和一切物类。程颢、程颐言"仁者,以天地万物为一体",[2] 强调万物皆备于我,彰显出对于国家长治久安的政治理想,也成为大同理想的境界和追求。近代以来,康有为著《大同书》,借鉴《春秋公羊传》的"三世"思想及空想社会主义、达尔文进化论等西方理论对"大同"作出新的阐释。孙中山的民生思想也饱含对社会主义的同情,其主张的民生主义体现了中国人对于人人平等、世界大同的追求。但是,由于时代和思想局限,这些理论注定只是一种美好的憧憬。

中国共产党人不仅继承了中国传统对大同社会的美好追求,还将其提升至社会主义、共产主义的崇高境界,超越了大同理想的原初意涵。毛泽东青年时期就有志于"立德、立功、立言以尽力于斯世",[3] 希冀"经过人民共和国到达社会主义和共产主义,到达阶级的消灭和世界的大同"。[4] 吴玉章说:"社会主义书籍中所描绘的人人平等、消灭贫富的远大理想大大地鼓舞了我,使我联想起孙中山先生倡导的三民主义和中国古代世界大同的学说。"[5] 伟大建党精神中"坚持真理、坚守理想"的内容展示了中国共产党人始终坚持科学真理的品质,追求中国特色社会主义共同理想和共产主义远大理想的崇高目标,这与

[1] 章锡琛点校:《张载集》,中华书局 1978 年版,第 62 页。

[2] 程颢、程颐著,王孝鱼点校:《二程集》第 1 册,中华书局 1981 年版,第 15 页。

[3] 毛泽东:《致黎锦熙信》(1917 年 8 月 23 日),《毛泽东早期文稿》,湖南人民出版社 2013 年版,第 76 页。

[4] 毛泽东:《论人民民主专政》(1949 年 6 月 30 日),《毛泽东选集》第 4 卷,人民出版社 1991 年版,第 1471 页。

[5] 吴玉章:《回忆"五四"前后我的思想转变》(1959 年 5 月),《吴玉章回忆录》,中国青年出版社 1978 年版,第 105 页。

中华民族始终追求真理、渴望大同的民族文化高度一致，也正是两者的高度一致才产生共鸣，并在历史的长河中不断丰富和发展，推动了马克思主义在中国落地生根。

二、敢于担当和家国情怀一直以来是中华民族的优良品质，这是伟大建党精神"践行初心、担当使命"的内涵产生的重要文化渊源

崇尚家国情怀是中华民族生生不息的强大精神动力，自古以来就有"大禹治水三过家门而不入""夸父追日""精卫填海"等传说，这表明了中华民族先辈们为了国家民族利益勇于担当的强烈责任感。在中国早期文化传统中，虽然没有直接出现"担当"二字，但担当精神一直融入先贤们的血脉。

春秋战国时期，面对战乱纷争、礼崩乐坏，儒家并没有选择消极回避，而是积极倡导入世精神，希望有志之士能够挺身而出，使天下恢复良好的秩序。孔子为了政治理想而奔走列国，虽然历经坎坷，但始终坚守志向，这也体现了作为士大夫的担当精神。曾子所言，"士不可以不弘毅，任重而道远"，[1]强调有远大抱负的人肩负重大使命，必须具有强烈的责任意识。孟子主张"穷则独善其身，达则兼济天下"，进而提出"如欲平治天下，当今之世，舍我其谁"，[2]主张"乐以天下，忧以天下"，[3]展现着对国家民族命运的深切关怀与强烈担当《礼记·大学》提出"身修而后家齐，家齐而后国治，国治而后天下平"。儒家所推崇的担当精神，强调士人君子要不断涵养"以天下为己任"的情怀。西汉贾谊的"国而忘家，公而忘私"[4]表达出一心一意为公

---

[1]《论语·泰伯》。

[2]《孟子·公孙丑下》。

[3]《孟子·梁惠王下》。

[4]《汉书·贾谊传》。

家，不顾一己之私利。北宋范仲淹的名篇《岳阳楼记》中"先天下之忧而忧，后天下之乐而乐"，体现了浓厚的家国情怀和忧国忧民的担当精神。北宋苏轼发出"报国之心，死而后已"[1]的誓言，包含着坚定的爱国意志。北宋大儒张载所言"为天地立心，为生民立命，为往圣继绝学，为万世开太平"，[2]更是成为历代无数中国知识分子的理想追求。明代顾炎武提出"天下兴亡，匹夫有责"，[3]直接把国家兴盛衰亡与每个人的责任联系起来。

纵观中华民族发展的历史，尽管时代不同，但在民族危难之际，总有肩扛重任的优秀分子挺身而出，体现了可歌可泣的家国情怀，谱写了一曲又一曲气吞山河的英雄壮歌。岳飞面对金军的大举入侵，立志精忠报国，组建了一支纪律严整、骁勇善战的岳家军，成为南宋抗金的中流砥柱。他的《满江红·怒发冲冠》更是成为千古传诵的爱国名篇，激励了一代又一代仁人志士。林则徐不计个人安危，领导虎门销烟，他的"苟利国家生死以，岂因祸福避趋之"，体现了为国奉献的大无畏精神。

建党先驱们以救国救民为己任，立志改造社会、反抗压迫，实现民族复兴。面对山河破碎、国将不国，李大钊说："钊自束发受书，即矢志努力于民族解放之事业，实践其所信，励行其所知，为功为罪，所不暇计。"[4]毛泽东17岁在离家时，借诗言志，"孩儿立志出乡关，学不成名誓不还，埋骨何须桑梓地，人生无处不青山"，[5]表达了一心

［1］《续资治通鉴长编·卷六十五》。

［2］黄宗羲：《宋元学案·横渠学案》。

［3］顾炎武：《日知录·正始》。

［4］李大钊：《狱中自述》（1927年4月），《李大钊全集》第5卷，人民出版社2013年版，第301页。

［5］中共中央党史和文献研究院：《毛泽东年谱》第1卷，中央文献出版社2023年版，第8页。

向学和志在四方的决心。1919 年，毛泽东在《〈湘江评论〉创刊宣言》中写道："时机到了！世界的大潮卷得更急了！洞庭湖的闸门动了，且开了！浩浩荡荡的新思潮业已奔腾澎湃于湘江两岸了！顺他的生。逆他的死。""国家者我们的国家。社会者我们的社会。我们不说，谁说？我们不干，谁干？"[1] 这体现了青年毛泽东立志于拯救民族于危难的远大志向和舍我其谁的担当精神。蔡和森在 1918 年赴北京组织赴法勤工俭学的路上，写下了"匡复有吾在，与人撑巨艰。忠诚印寸心，浩然充两间。虽无鲁阳戈，庶几挽狂澜"，[2] 表达了救国救民的抱负和理想。中华文化中敢于担当的精神和浓厚的家国情怀，已经内化为中华民族的文化基因，深深融入中国人民的思想血脉，对于中国共产党"践行初心、担当使命"的形成提供了丰厚的文化滋养。

三、中华民族向来崇尚不畏强权、舍生取义，这是伟大建党精神"不怕牺牲、英勇斗争"的内涵产生的重要文化根脉

几千年来，中华民族无数的仁人志士为了民族和国家大义，不惜抛头颅、洒热血，舍生取义成为中华民族崇高的价值追求和精神品质。舍生取义一词，最早出自孟子，"生，亦我所欲也，义，亦我所欲也。二者不可得兼，舍生而取义者也"。[3] 从孟子的这句话可以看出，求生是人的本能欲望，但正义事业比生命更宝贵，为了正义事业可以牺牲生命。

舍生取义的精神源远流长。从盘古开天地，到女娲补天、夸父追

---

[1] 毛泽东；《民众的大联合（三）》（1919 年 8 月 4 日），《毛泽东早期文稿》，湖南人民出版社 2013 年版，第 275 页。

[2] 蔡和森：《少年行——北上过洞庭有感》（1918 年），《蔡和森文集》上册，人民出版社 2013 年版，第 23 页。

[3] 《孟子·告子上·鱼我所欲也》。

日、精卫填海、大禹治水等，这些早期神话传说勾勒出自强不息、勇于抗争、舍生取义的精神。儒家"取义成仁"的价值取向在春秋战国时期就已形成。郑国大夫子产推行赋税改革而遭到非议时感叹道："苟利社稷，死生以之。"[1]孔子和孟子则对"取义成仁"的价值观念作了充分阐发，"志士仁人，无求生以害仁，有杀身以成仁"[2]"仁以为己任，不亦重乎？死而后已，不亦远乎"[3]"知死不辟，勇也"[4]，这些都强调了仁者无所畏惧、舍生取义的精神。《吕氏春秋》言，"石可破也，而不可夺坚；丹可磨也，而不可夺赤"；"士之为人，当理不避其难，临患忘利，遗生行义，视死如归"。朱熹认为，"义在于生，则舍死而取生；义在于死，则舍生而取死"。[5]文天祥在他的名篇《过零丁洋》中所言"人生自古谁无死，留取丹心照汗青"，表达了仁人志士的爱国壮志。

几千年以来，"取义成仁"的价值追求凝铸成一种积淀在中华民族血脉中的文化基因，影响着一代又一代中华儿女。屈原受排挤被放逐，后因亡国而投江自尽，以身殉国，他的"亦余心之所善兮，虽九死其犹未悔"，[6]诠释了他为追求国家富强、政治清明理想而九死无悔的勇气。唐朝诗人王昌龄的"黄沙百战穿金甲，不破楼兰终不还"，体现了唐朝戍边战士英勇无畏、坚韧不拔，誓死捍卫国家的英雄气概。张巡、许远固守睢阳，以数千疲弱之师抵挡叛军十八万，最后城破殉国。南

---

[1]《左传·昭公四年》。
[2]《论语·卫灵公》。
[3]《论语·泰伯》。
[4]《左传·昭公·昭公二十年》。
[5]《朱子语类》卷五十九。
[6]《离骚》。

宋末年，文天祥在抵抗外敌失败被俘后，面对元军的威逼利诱，毫不动摇，写下大义凛然的《正气歌》，"是气所磅礴，凛烈万古存。当其贯日月，生死安足论。地维赖以立，天柱赖以尊"激励着一代代为理想而奋斗的仁人志士。明朝政治家于谦，在"土木之变"、明英宗兵败被俘后，面对瓦剌的大举进攻，他力排南迁之议，力挽狂澜坚决保卫京师，粉碎了瓦剌军企图夺取北京的野心，使明王朝转危为安。他在《石灰吟》中托物言志，"粉身碎骨浑不怕，要留清白在人间"，表达了不避千难万险、勇于自我牺牲，以保持忠诚清白品格的远大志向和可贵精神。明末南京兵部尚书史可法血战扬州、绝不投敌，誓与扬州共存亡。近代以来，谭嗣同在戊戌变法失败后，慷慨赴死，从容就义，留下了"我自横刀向天笑，去留肝胆两昆仑"的豪迈诗篇。

面对民族危亡的历史关头，中国共产党人没有选择逃避，而是积极入世，不惜抛头颅、洒热血，用一生来为革命事业而奋斗，这体现了中华民族自强不息、舍生取义、英勇无畏的精神品质。1919 年，年轻的李大钊写道："人生的目的，在发展自己的生命，可是也有为发展生命必须牺牲生命的时候……有时不如壮烈的牺牲足以延长生命的音响和光华。"[1] 陈独秀的《新青年》、李大钊的《晨钟报》、毛泽东的《湘江评论》在面临查抄、封禁的情况下依然坚持传播马克思主义，这种于困境之中以国家大义为先的品质都彰显出共产党人不怕牺牲、英勇斗争的精神气节。大革命失败后，中国共产党党员由六万锐减至一万多人，无数先烈面对生死考验，大义凛然、舍生取义。1927 年，李大钊被捕后坚贞不屈，面色坦然走上绞刑架。陈延年被捕后受尽酷

---

[1] 李大钊：《牺牲》(1919 年 11 月 9 日)，《李大钊全集》，人民出版社 2013 年版，第107 页。

刑，留下"革命者光明磊落、视死如归，只有站着死，决不跪下"[1]的遗言后英勇就义。夏明翰被捕后写下了就义诗"杀了夏明翰，还有后来人"[2]，激励鼓舞了一代又一代中国共产党人。这些与中华优秀传统文化中的大无畏精神具有高度的内在统一性。

四、中华民族历来强调忠诚和民本的思想，这为伟大建党精神"对党忠诚、不负人民"的内涵产生提供了传统文化的滋养

忠诚是中国传统文化中的重要伦理道德。"忠"，《说文解字》解作"敬也"，即忠诚无私、尽心竭力为忠。"诚"，《说文解字》解作"信也"，即真实无伪、心志专一为诚。忠诚观念在春秋战国时期已经出现。晋国大夫赵孟说，"临患不亡国，忠也"。[3]忠诚就是面临祸患却依然尽己报国的道德选择。孔子反复讲忠，提出说话时要"言思忠"，[4]与人相交要"主忠信"，[5]事奉君主要"臣事君以忠"，[6]教育学生要"文行忠信"。[7]《左传·文公元年》把"忠"界定为德行正直："忠，德之正也。"《左传·桓公六年》言："上思利民，忠也"都体现出胸怀社稷、心系百姓的"忠"。荀子言"执一如天地，行微如日月，忠诚盛于内，贲于外，形于四海，天下其在一隅邪！夫有何足致也！"[8]强调忠诚的极端重要影响。他还强调"以德复君而化之，大忠也；以

[1] 黎显衡等编：《陈延年》，广东人民出版社1985年版，第102页。

[2] 夏明翰：《就义诗》，吕芳文、蒋薛：《夏明翰》，人民出版社1984年版，第1页。

[3]《左传·昭公元年》。

[4]《论语·季氏》。

[5]《论语·子罕》。

[6]《论语·八佾》。

[7]《论语·述而》。

[8]《荀子·尧问》。

德调君而辅之，次忠也；以是谏非而怒之，下忠也"，[1] 即臣子以崇高道德感化、辅佐、劝谏君主都是"忠"的重要体现。两汉时期，忠诚观念发展为较系统的关于忠德的学说，臣子忠诚于君、精忠报国这一意义上的"忠"被进一步强调。东汉经学家马融仿照《孝经》著《忠经》十八章，提出"天下至德，莫大乎忠""善莫大于作忠""为臣事君，忠之本也"，[2] 认为忠诚是天地间的至理至德和人们行为的最高准则。此外，宋代将孝、悌、忠、信、礼、义、廉、耻并称为"八德"，所强调的都是忠诚精神对于国家和社会的重要意义。对于国家的忠诚是中国古代的读书人和士大夫们始终推崇的君子之道。

同时，中华传统文化中一直有着民本思想的传承和发展。"民本"即以民为本，强调在君民关系上，民是国家安定的根基所在，故而君主必须重民、爱民、安民。《尚书·五子之歌》言，"民惟邦本，本固邦宁"。《诗经》有云："民之所好好之，民之所恶恶之，此之谓民之父母"。春秋战国时期，诸子百家对民本思想作了进一步阐发。老子有言，"圣人无常心，以百姓心为心"。[3] 孔子提出使民以时、养民也惠、"博施于民而能济众"[4] 等观点。孟子则提出"民为贵，社稷次之，君为轻"[5] 的民本思想。荀子提出"君者，舟也；庶人者，水也。水则载舟，水则覆舟"。[6] 此外，《左传·庄公三十二年》言"吾闻之，国将兴，听于民；将亡，听于神"，管子言"政之所兴，在顺民心；政之

---

[1]《荀子·臣道》。

[2]《忠经·天地神明章》。

[3]《道德经》。

[4]《论语·雍也》。

[5]《孟子·尽心下》。

[6]《荀子·哀公》。

所废，在逆民心"，[1]晏子言"卑而不失尊，曲而不失正者，以民为本也"，[2]这些都体现了以民为本的思想。后世儒者对君民关系作了更为深刻的反思与辨析。董仲舒曰"天之生民，非为王也；而天立王也，以为民也"。[3]程颐曰："民不能自保，故戴君以求宁；君不能独立，故保民以为安"。[4]明末清初思想家黄宗羲在《明夷待访录》中提出"为天下之大害者，君而已矣"的"民主君客"论，矛头直指君主专制制度而主张主权在民。"民本"思想对于后世的影响十分深远，对于近代中国的先进知识分子也有重大的影响。孙中山提出"三民主义"，正是对中国古代"民本"思想的传承，它们具有内在的显著联系。

几千年来，中国传统文化中所蕴含和推崇的忠诚品质和民本思想，是孕育中国共产党人民立场的文化沃土。正是基于马克思主义基本原理同中华优秀传统文化相结合，建党先驱们超越中国传统文化中对忠诚和民本思想的阶级局限，把对党、对国家、对人民的忠诚高度统一起来。党的一大纲领明确规定，党员的条件就是，"凡承认本党纲领和政策，并愿成为忠实党员的人"。[5]党的二大通过的党章第一条强调，本党党员的条件是"凡承认本党宣言及章程并愿忠实为本党服务者"。对党忠诚的内涵，除了关于党员本身的限制，还包括忠于党的性质和宗旨，忠于党的奋斗目标，遵守党的纪律、保守党的秘密，随时准备

---

[1]《管子·牧民》。

[2]《晏子春秋》。

[3]《春秋繁露》。

[4]《周易程氏传》。

[5]《中国共产党第一个纲领》（1921年7月），中共中央文献研究室、中央档案馆编：《建党以来重要文献选编（1921—1949）》第1册，中央文献出版社2011年版，第1页。

为党和人民的利益牺牲一切。对党忠诚是建立在对马克思主义真理和党的性质的科学认知基础上的更高层次的忠诚，是对传统忠诚观念和民本思想的扬弃与飞跃，体现了中国共产党人的理论逻辑、思想逻辑和行动逻辑的统一。

第四节　伟大建党精神的科学内涵

伟大建党精神源于马克思主义科学理论，厚植于中华民族的优秀文化，孕育于中国共产党先驱们的奋斗实践，集中体现了中国共产党的思想品质、道德风尚、优良作风和崇高精神追求，具有丰富的内涵。

一、"坚持真理、坚守理想"着重从思想建党、理论强党的视角呈现了建党精神的思想性与科学性，充分彰显了中国共产党人鲜明的思想品质

思想是行动的指南。政党在政治上的成熟和坚定，首先是以思想理论上的清醒和自觉为基础的。马克思恩格斯创立了辩证唯物主义和历史唯物主义，创立了揭示资本主义剥削秘密的剩余价值学说，发现了人类社会发展规律和资本主义必然灭亡、社会主义必然胜利的总趋势，指明了人类实现从"必然王国"向"自由王国"飞跃的途径，实现了人类认识史上划时代的伟大变革。马克思主义诞生后，以社会主义为目标的工人运动逐渐形成一股势不可挡的历史潮流，特别是十月革命的胜利，占世界六分之一的土地上建立起第一个社会主义国家，开辟了人类历史的新纪元，这些更加彰显了马克思主义所闪耀着的真理光芒。列宁指出："严格的无产阶级世界观只有一个，这就是马克思主义。"[1]

---

[1] 列宁：《新的革命工人联合会》(1905 年 6 月 4 日〔17 日〕)，《列宁全集》第 10 卷，人民出版社 2017 年版，第 271 页。

在近代民族救亡运动陷入困境之际，马克思主义凭借其无与伦比的真理性吸引了大批中国先进分子，最终成为中国共产党建党的理论基石，并成为中国共产党人安身立命的精神支柱和行动旗帜。正如毛泽东在《唯心历史观的破产》一文中指出的，"从一八四〇年的鸦片战争到一九一九年的五四运动的前夜，共计七十多年中，中国人没有什么思想武器可以抗御帝国主义"，"一九一七年的俄国革命唤醒了中国人，中国人学得了一样新的东西，这就是马克思列宁主义"。[1] 正是由于坚持马克思主义的真理学说，伟大建党精神才具备了科学性的内涵。马克思主义以其科学的世界观和方法论，成为中国共产党建党兴党强党的思想武器。

中国共产党坚持马克思主义基本原理，并与中国的具体实际相结合，从而洞察时代大势，把握历史主动，创造人间奇迹。正如习近平总书记所指出的："中国共产党之所以能够完成近代以来各种政治力量不可能完成的艰巨任务，就在于始终把马克思主义这一科学理论作为自己的行动指南，并坚持在实践中不断丰富和发展马克思主义。"[2] 党的奋斗历史，就是不断推进马克思主义中国化的历史，就是不断推进理论创新、理论创造的历史，就是不断丰富和发展马克思主义的历史。

革命理想高于天。一个政党的理想信念决定着政党的行动方向和前途命运。建立在唯物史观基础上的社会主义和共产主义理想是基于现实之上的科学想象，我们党在建党之初就将社会主义和共产主义确

---

［1］毛泽东：《唯心历史观的破产》（1949 年 9 月 16 日），《毛泽东选集》第 4 卷，人民出版社 1991 年版，第 1513—1514 页。

［2］习近平：《在庆祝中国共产党成立九十五周年大会上的讲话》（2016 年 7 月 1 日），人民出版社 2016 年版，第 8 页。

立为奋斗目标，并主张采用革命手段去实现这一社会理想。在马克思主义的理想信念体系中，实现共产主义是中国共产党人的最高社会理想。中国共产党从成立之日起就把共产主义确立为远大理想，作为激励自身不懈奋斗的精神力量，将其塑造为伟大建党精神的信仰要素，这样的理想信念是真实而崇高的。习近平总书记指出："认识真理，掌握真理，捍卫真理，是坚定理想信念的精神前提。中国共产党人的理想信念，建立在马克思主义科学真理的基础之上，建立在马克思主义揭示的人类社会发展规律的基础之上，建立在为最广大人民谋利益的崇高价值基础之上。"[1]中国共产党对于马克思主义真理和共产主义理想、中国特色社会主义信念的坚守，重构了中国人精神世界，推动着中国人向着建构美好精神家园的目标努力。

二、"践行初心、担当使命"从组织和制度建设的视角呈现了伟大建党精神的行动指向，充分彰显了共产党人鲜明的政治品质

一个政党的初心使命，集中反映了一个政党"我是谁、为了谁""从哪里来、到哪里去"的根本问题，集中反映该政党的政治属性。对于无产阶级来说，要改变自己被压迫、被剥削的命运，就必须推翻剥削阶级，建立自己的政权。

马克思恩格斯说："全部历史都是阶级斗争的历史，即社会发展各个阶段上被剥削阶级和剥削阶级之间、被统治阶级和统治阶级之间斗争的历史；而这个斗争现在已经达到这样一个阶段，即被剥削被压迫的阶级（无产阶级），如果不同时使整个社会永远摆脱剥削、压迫和阶级斗争，就不再能使自己从剥削它压迫它的那个阶级（资产阶级）下

[1] 习近平：《在纪念红军长征胜利80周年大会上的讲话》（2016年10月21日），人民出版社2016年版，第12页。

解放出来。"[1]列宁强调,"一切革命的根本问题是国家政权问题。不弄清这个问题,便谈不上自觉地参加革命,更不用说领导革命"。[2]无产阶级要实现社会主义和共产主义,首先必须组建一个坚强的无产阶级政党。马克思指出:"无产阶级在反对有产阶级联合力量的斗争中,只有把自身组织成为与有产阶级建立的一切旧政党不同的、相对立的政党,才能作为一个阶级来行动。"[3]

中国共产党根据马克思主义基本原理和人类社会发展规律,把党的性质宗旨和初心使命,紧紧地同中华民族的历史命运和中国人民的根本利益连在一起。马克思恩格斯指出,共产党人"没有任何同整个无产阶级的利益不同的利益"。[4]同时,一个政党所担负的历史使命、这个政党的所具有的阶级基础以及这个政党所处的历史时期和斗争环境,决定了一个政党的组织形式和组织原则。无产阶级政党必须具有严密的组织形式和组织纪律,这是由工人阶级性质所决定的。列宁指出:"无产阶级在争取政权的斗争中,除了组织,没有别的武器。"[5]除了具有严密的组织形式以外,无产阶级政党还应具有严格的组织纪律。列宁反复强调,无产阶级政党必须有"铁的纪律",认为"无产阶级实现无条件的集中和极严格的纪律,是战胜资产阶级的基本条件

---

[1] 马克思、恩格斯:《共产党宣言》,《马克思恩格斯选集》第 1 卷,人民出版社 2012 年版,第 380 页。

[2] 列宁:《论两个政权》(1917 年 4 月 8 日〔21 日〕),《列宁全集》第 29 卷,人民出版社 2017 年版,第 131 页。

[3] 马克思:《国际工人协会共同章程》,《马克思恩格斯选集》第 3 卷,人民出版社 2012 年版,第 173 页。

[4] 马克思、恩格斯:《共产党宣言》,《马克思恩格斯选集》第 1 卷,人民出版社 2012 年版,第 413 页。

[5] 列宁;《进一步,退两步》(1904 年 2 月—5 月),《列宁全集》第 8 卷,人民出版社 2017 年版,第 415 页。

之一"。[1]

回顾党的历史，在中国共产党的早期组织筹建期间，蔡和森从法国写信提出必须建立中国共产党，要加强组织，"因为他是革命运动的发动者、宣传者、先锋队、作战队。以中国现在的情形看来，须先组织他，然后工团、合作社，才能发生有力的组织。革命运动、劳动运动，才有神经中枢"。[2]党的一大通过的纲领明确提出要把工人、农民和士兵组织起来，并确定党的根本政治目的是实行社会革命。党纲还规定，在全党建立统一的组织和严格的纪律；地方组织必须接受中央的监督和指导；在党处于秘密状态时，党的重要主张和党员身份应当保守秘密。同纲领规定的奋斗目标相适应，大会要求党集中力量领导工人运动，首先是组织工会和教育工人。

党的二大宣言明确提出，党的目的是要"组织无产阶级，用阶级斗争的手段，建立劳农专政的政治，铲除私有财产制度，渐次达到一个共产主义的社会"。大会通过的决议明确提出，党的内部必须有严密的、高度集中的、有纪律的组织和训练。二大通过的《中国共产党章程》，对党员条件、党的各级组织的建设和党的纪律作出具体规定，它明确阐述了党的民主集中制原则。中国共产党通过加强组织和制度建设，不断增强自身的创造力、凝聚力和战斗力，把处于被压迫被奴役的如一盘散沙的中国人民动员起来、组织起来，从而让谋求国家独立、人民解放、民族复兴第一次真正成为亿万中国人的集体事业。

中国共产党按照民主集中制的原则将以马克思主义理论为思想武

---

[1] 列宁：《共产主义运动中的"左派"幼稚病》（1920年4月—5月），《列宁全集》第39卷，人民出版社2012年版，第4页。

[2]《蔡彬彬给毛泽东》（1920年8月13日），《蔡和森文集》上册，人民出版社2013年版，第57页。

装的无产阶级先进代表组织起来，开展一系列的加强组织和制度建设工作，充分保证了无产阶级和革命武装在战略上不偏离正确轨道。正如习近平总书记指出的："我们党是用革命理想和铁的纪律组织起来的马克思主义政党，组织严密、纪律严明是党的优良传统和政治优势，也是我们的力量所在。"[1] 中国共产党进行组织和制度建设，为其践行初心、担当使命奠定了组织和制度基础。

三、"不怕牺牲、英勇斗争"从中国共产党人精神风貌的视角呈现了伟大建党精神的品格元素，充分彰显了中国共产党人鲜明的意志品质

在社会历史发展过程中，政权从一个阶级转到另外一个阶级手中，不是一个自动的过程，往往伴随着艰苦的斗争，甚至靠鲜血和牺牲才能换来。正如马克思恩格斯所言："过去一切阶级在争得统治之后，总是使整个社会服从于它们发财致富的条件，企图以此来巩固它们已经获得的生活地位。无产者只有废除自己的现存的占有方式，从而废除全部现存的占有方式，才能取得社会生产力。"[2] 无产阶级必须用革命的方式才能推翻旧阶级的统治，从而建立无产阶级政权，实现社会主义和共产主义，"共产党人的最近目的是和其他一切无产阶级政党的最近目的一样的：使无产阶级形成为阶级，推翻资产阶级的统治，由无产阶级夺取政权"。[3]

中国共产党诞生于国家内忧外患、民不聊生的历史时期，要推翻

[1] 习近平：《在十八届中央政治局常委会第一百一十九次会议关于审议中国共产党廉政准则、党纪处分条例修订稿时的讲话》(2015年10月8日)，《习近平关于全面从严治党论述摘编》，中央文献出版社2021年版，第326页。

[2] 马克思、恩格斯：《共产党宣言》，《马克思恩格斯选集》第1卷，人民出版社2012年版，第411页。

[3] 马克思、恩格斯：《共产党宣言》，《马克思恩格斯选集》第1卷，人民出版社2012年版，第413页。

帝国主义、封建主义、官僚资本主义三座大山，实现民族独立、人民解放和国家富强，这是极其艰巨的使命，必然需要巨大的奉献和牺牲。中国共产党的理想信念、性质宗旨、初心使命及其革命性，决定了它是一个不怕牺牲、英勇斗争的政党。中国共产党从成立开始就面临种种生死考验，不怕牺牲、英勇斗争成为铭刻在伟大建党精神中的鲜红品质。从马克思主义在中国的广泛传播开始，帝国主义和封建军阀就把马克思主义传播者视为"洪水猛兽"，不惜使用各种残酷手段来镇压和迫害。一代又一代共产党人英勇奋斗，成千上万烈士为了理想献出宝贵生命。"砍头不要紧，只要主义真"，[1]这些铮铮誓言表达了共产党人视死如归、大义凛然的坚贞，充分彰显了"为有牺牲多壮志，敢教日月换新天"的大无畏气概。据不完全统计，从 1921 年到 1949 年，全国牺牲的有名可查的烈士就达 370 多万人。[2]

不怕牺牲、英勇斗争的内在品格源于中国共产党人对马克思主义的信仰、对社会主义和共产主义的信念、对中华民族伟大复兴的信心。正是从对真理的坚持和理想的坚守中，中国共产党人获得了正确的方向指引和强大的精神支撑。一方面，具有真理性和科学性的马克思主义为中国共产党人的革命斗争提供了正确的世界观和方法论指导；另一方面，具有道义性和正义性的共产主义的理想社会目标为中国共产党人提供了源源不断的精神动力。这些共同构成了中国共产党人不怕牺牲、英勇斗争的内在动因。习近平总书记指出："党和红军几经挫折而不断奋起，历尽苦难而淬火成钢，归根到底在于心中的远大理想和革命信念始终坚定执着，始终闪耀着火热的光芒。"[3]不怕牺牲、英勇

---

[1] 夏明翰：《就义诗》，吕芳文、蒋薛：《夏明翰》，人民出版社 1984 年版，第 1 页。

[2] 曲青山：《弘扬伟大建党精神》，《人民日报》2021 年 7 月 8 日，第 9 版。

[3] 习近平：《在纪念红军长征胜利 80 周年大会上的讲话》(2016 年 10 月 21 日)，人民出版社 2016 年版，第 3 页。

斗争作为伟大建党精神的重要内容，是我们党无所畏惧、勇于牺牲的优秀品行和敢于斗争、顽强奋斗的优良作风的集中体现，也是我们党团结带领人民战胜各种艰难险阻的精神伟力。

四、"对党忠诚、不负人民"从党性和人民性的视角呈现了伟大建党精神的政治归属，充分彰显了中国共产党人鲜明的道德品质

中国共产党要实现自己远大的政治理想和崇高的历史使命，就必须把党自身建设成高度集中统一、组织纪律严明和党员行为品德优良的先锋队组织。建党先驱们意识到，革命是集体的事业，无条件地忠于党是在党组织中发挥个人才能的前提。对党忠诚是由中国共产党的固有属性即党性所决定的。列宁指出："党性是高度发展的阶级对立的结果和政治表现。"[1]这表明政党的阶级属性不同，其党性内涵亦不同。中国共产党作为马克思主义政党，代表中华民族和中国最广大人民的根本利益就是其党性的本质规定。

全心全意为人民服务是党的根本宗旨，我们党没有任何自己的特殊的利益，也从来不代表任何利益集团、任何权势团体、任何特权阶层的利益。这使我们党得以摆脱以往一切政治力量追求自身特殊利益的局限，以唯物辩证的科学精神、无私无畏的博大胸怀领导和推动中国革命、建设、改革，不断坚持真理、修正错误。

中国共产党作为马克思主义政党，始终代表中国最广大人民的根本利益，其初心和使命就是为人民谋幸福、为民族谋复兴。建党之初，党的先驱们就深入到无产阶级中，组织广大工人开展各种经济斗争和政治斗争，争取工作、生活条件的改善。从中国共产党一百多年的历史看，中国共产党的诞生、成长和奋斗进程，就是为中国人民谋幸福、

---

[1] 列宁：《非党抵制派的错误议论》(1906年7月1日〔14日〕)，《列宁全集》第13卷，人民出版社2017年版，第273页。

为中华民族谋复兴的历程。习近平总书记指出："一百年来，中国共产党团结带领中国人民进行的一切奋斗、一切牺牲、一切创造，归结起来就是一个主题：实现中华民族伟大复兴。"[1]中国共产党的根基在人民，力量在人民，为的也是人民，打江山、守江山，就是为了人民过上美好生活，守的就是人民的心。

"对党忠诚、不负人民"是对中国共产党员鲜明的党性要求，是党组织对每位共产党员从入党那天就明确规定的组织纪律要求，也是党员约束规范自己行为的品德。《中国共产党第一个纲领》规定的入党标准指出："凡承认本党纲领和政策，并愿成为忠实党员的人"，才能"成为我们的同志"，且"在加入我们队伍之前，必须与企图反对本党纲领的党派和集团断绝一切联系"。[2]党的一大还要求所有党员的任何政治活动、任何工作行为，都必须经党组织批准、在党的指导和监督下进行。《中国共产党第一个决议》强调，在政治宣传和言论上必须同党保持一致，"任何出版物，无论是中央的或地方的，均不得刊登违背党的原则、政策和决议的文章"。[3]党的二大规定，"个个党员须牺牲个人的感情意见及利益关系以拥护党的一致"，"无论何时何地个个党员的言论，必须是党的言论，个个党员的活动，必须是党的活动，不可有离党的个人的或地方的意味"。[4]这些规定，初步确立了对党的组

[1] 习近平：《在庆祝中国共产党成立100周年大会上的讲话》(2021年7月1日)，人民出版社2021年版，第3页。

[2] 《中国共产党第一个纲领》(1921年7月)，中共中央文献研究室、中央档案馆编：《建党以来重要文献选编(1921—1949)》第1册，中央文献出版社2011年版，第1—2页。

[3] 《中国共产党第一个决议》(1921年7月)，中共中央文献研究室、中央档案馆编：《建党以来重要文献选编(1921—1949)》第1册，中央文献出版社2011年版，第5页。

[4] 《关于共产党的组织章程决议案》(1922年7月)，中共中央文献研究室、中央档案馆编：《建党以来重要文献选编(1921—1949)》第1册，中央文献出版社2011年版，第175页。

织和全体党员的政治纪律和忠诚要求。对党忠诚"必须体现到对党的信仰的忠诚上，必须体现到对党组织的忠诚上，必须体现到对党的理论和路线方针政策的忠诚上"。[1]

不负人民是我们党的性质和宗旨的集中体现。中国共产党的党性与人民性要求是高度统一的。我们党与其他政党的一个显著区别就在于我们党坚持全心全意为人民服务。党的先驱们在创建中国共产党之时就认识到，共产党不是"知识者所组织的马克思学会"，也不是"少数共产主义者离开群众之空想的革命团体"，中国共产党人"不是讲学的知识者，也不是空想的革命家"，"不必到大学校到研究会到图书馆去"，而要"到群众中去"。为了组成"一个大的群众党"，"不能忘了两个重大的律：（一）党的一切运动都必须深入到广大群众里面去。（二）党的内部必须有适应于革命的组织与训练"。[2]这就是后来概括的"群众路线"和"民主集中制"。

习近平总书记指出："坚持人民性，就是要把实现好、维护好、发展好最广大人民根本利益作为出发点和落脚点，坚持以民为本、以人为本。"[3]中国共产党诞生于拯救人民于水火、为人民谋幸福的实践中，人民立场成为伟大建党精神的价值追求。习近平总书记指出："党性说到底就是立场问题。"[4]这里的立场指的就是以人民为中心的立场。可

[1] 习近平：《牢固树立"四个意识"，维护党中央权威》（2016年12月26日、27日），《习近平著作选读》第一卷，人民出版社2023年版，第550页。

[2] 《关于共产党的组织章程决议案》（1922年7月），中共中央文献研究室、中央档案馆编：《建党以来重要文献选编（1921—1949）》第1册，中央文献出版社2011年版，第162页。

[3] 习近平：《把宣传思想工作做得更好》（2013年8月19日），《习近平著作选读》第一卷，人民出版社2023年版，第148页。

[4] 习近平：《深入推进党风廉政建设和反腐败斗争》（2014年1月14日），《十八大以来重要文献选编》上册，中央文献出版社2014年版，第766页。

见，党性和人民性在中国共产党这里实现了高度统一。一百多年来，我们党经受住了无数艰难险阻和惊涛骇浪的考验，但前行中没有任何困难能压垮我们党，任何强大的敌人都无法打垮我们党，靠的就是千千万万党员的无限忠诚。中国共产党来自人民，为人民而生，因人民而兴，人民是我们党的根基，是我们党最大的底气，是我们兴党强党的根本所在。

伟大建党精神塑造了中国共产党精神传承和发展的基因，贯穿到党的历史的全过程，是百年党史的根脉、是中国共产党的精神之源。伟大建党精神充分体现了争取民族独立、人民解放和实现国家富强、人民幸福这条中国共产党历史发展的主题和主线，充分展示了不懈奋斗史、不怕牺牲史、理论探索史、为民造福史、自身建设史这个中国共产党历史的主流和本质，充分彰显了中国共产党对国家、对中国人民、对中华民族作出的伟大历史贡献。一百年多年来，以伟大建党精神为源头的精神谱系是激励全党全国各族人民不断攻坚克难、从胜利走向胜利的强大精神动力。今天，我们比历史上任何时期都更接近、更有信心和能力实现中华民族伟大复兴的目标。越是接近民族复兴越不会一帆风顺，越充满风险挑战乃至惊涛骇浪。越是情况复杂、任务艰巨、挑战严峻，越是需要继承和弘扬伟大建党精神，走好新时代的长征路！

第二章

坚持真理、坚守理想：
共产党人思想品质的践行

"中国共产党是用马克思主义武装起来的政党，马克思主义是中国共产党人理想信念的灵魂。"[1]中国共产党从成立时，就在马克思主义真理的指导下，把实现社会主义、共产主义确立为奋斗目标和远大理想，一代代中国共产党人为此确立了不懈奋斗的坚定信念。"坚持真理、坚守理想"，是中国共产党人的精神旗帜和政治灵魂，集中体现了中国共产党人的思想品质。早期中国共产党人努力探寻真理、传播真理和实践真理，努力将马克思主义和中国革命实际相结合，推动建党伟业，确定民主革命纲领和策略，掀起轰轰烈烈的反帝反封建革命运动，体现了马克思主义强大的生命力和战斗力。

第一节　探寻真理、确立信仰

中国共产党人的理想信念，建立在马克思主义科学真理之上，代表了最广大人民的根本利益。辛亥革命失败后，中国处于北洋军阀的统治下，帝国主义对中国的侵略进一步加深，社会矛盾不断激化。面临严重的民族危机和深刻的社会危机，中国人民迫切需要新的指导思想引领中国革命。俄国十月革命使社会主义从空想变为现实，一批正处在苦苦探索中的中国先进分子从中看到了一条崭新道路。他们在五四运动前后经过反复探求、认真比较和思考后，最终选择科学社会主义，确立了对马克思主义的信仰和实现共产主义的远大理想，推动中国人民走向实现民族独立和人民解放的新道路。

---

[1] 习近平：《在纪念马克思诞辰二百周年纪念大会上的讲话》(2018 年 5 月 4 日)，人民出版社 2018 年版，第 24 页。

一、确立马克思主义信仰

社会主义思潮发端于 16 世纪的空想社会主义，19 世纪逐渐风靡欧洲，并出现不同流派的社会主义，其中包括马克思主义。19 世纪末 20 世纪初马克思主义在中国开始传播。1899 年，上海广学会创办的《万国公报》发表译介文章《大同学》，简要介绍马克思和马克思主义，这是中文书刊首次出现马克思的名字。其后马克思主义逐渐传播开来，但早期介绍都相对零星片面、不成系统，影响有限。

1917 年俄国爆发十月革命，建成世界第一个社会主义国家，给中国带来巨大的震动。处在彷徨和苦闷中的中国先进分子从中看到解决中国问题的出路，纷纷引进社会主义，兴起传播社会主义的热潮。但社会主义流派众多，究竟什么是社会主义，众说纷纭，并不十分明白。正如瞿秋白所描述："社会主义的讨论，常常引起我们无限的兴味。然而究竟如俄国十九世纪四十年代的青年思想似的，模糊影响，隔着纱窗看晓雾，社会主义流派，社会主义意义都是纷乱，不十分清晰的。正如久壅的水闸，一旦开放，旁流杂出，虽是喷沫鸣溅，究不曾自定出流的方向。其时一般的社会思想大半都是如此。"[1] 这种纷乱状态持续时间并不长，很快马克思主义就以其科学性、人民性和实践性，在纷然杂陈的社会主义思潮中脱颖而出，占据上风。

五四时期报刊上公开发表介绍和宣传马克思主义的文章不断增多。越来越多的中国先进知识分子，通过对各种社会主义学说和救国方案的比较、研究和抉择，不仅逐步认清马克思主义与其他社会主义流派的界限，还逐渐弄清了共产主义和社会主义的区别，认识到共产主义是马克思主义的重要内容，共产主义是社会主义的精华和终极理想。

---

[1] 瞿秋白：《饿乡纪程》，《瞿秋白文集》文学编第 1 卷，人民文学出版社 1985 年版，第 26 页。

他们强调"对于社会主义自然要绝对的信奉。共产主义是社会主义的精华，对于共产主义自然要更绝对的信奉"。[1] 由此，中国最早一批信仰马克思主义、运用马克思主义指导中国革命的中国共产党人在历史发展大潮中应运而生。他们探寻真理、转变思想、确立信仰的过程，大致可分为以下几类：

一是以李大钊、陈独秀等为代表的一些新文化运动的思想领袖。他们通过学习探究，创办进步期刊、成立马克思研究团体以及"与劳工为伍"的实践，成为最早一批赞成俄国十月革命道路、具有初步共产主义思想的先进分子。为了共同的革命理想，他们"相约建党"，领导创建中国共产党，影响一代进步青年。李大钊作为最早系统研究并信奉马克思主义者，撰写大量富有激情、影响深远的传播马克思主义的文章。陈独秀在五四运动后迅速由一名激进的民主主义者向马克思主义者转变。他在探寻真理的过程中，逐渐明白马克思主义与其他社会主义派别的不同，"马克思社会主义所以称为科学的不是空想的，正因为他能以唯物史观的见解，说明资本主义的生产方法和资本主义的社会制度所以成立所以发达所以崩坏，都是经济发展之自然结果，是能够在客观上说明必然的因果，不是在主观上主张当然的理想，这是马克思社会主义和别家空想的社会主义不同之要点"。[2] 李大钊、陈独秀在传播马克思主义的过程中起到重要作用。

二是在五四运动中成长起来的一批进步学生领袖和青年知识分子。他们深受新文化运动以及李大钊、陈独秀的影响，经历五四运动后快速成长为马克思主义者。其中不少进步青年后来还赴海外继续寻求救

---

[1] 《编辑室杂记》，《新青年》第9卷第6号，1922年7月1日。

[2] 陈独秀：《马克思学说》(1922年4月23日)，《陈独秀文集》第2卷，人民出版社2013年版，第239页。

国救民真理。毛泽东谈到他的思想变化时说道，"我在李大钊手下，在国立北京大学当图书馆助理员的时候，就迅速地朝着马克思主义的方向发展。陈独秀对我在这方面的兴趣是很有帮助的。我第二次到上海去的时候，曾经和陈独秀讨论我读过的马克思主义书籍。陈独秀谈他自己信仰的那些话，在我一生中可能是关键性的这个时期，对我产生了深刻的印象"，"到了一九二〇年夏天，在理论上，而且在某种程度的行动上，我已成为一个马克思主义者了，而且从此我也认为自己是一个马克思主义者了"。[1]

受无政府主义、空想社会主义的思想影响，当时短暂的工读主义试验新潮对一些进步青年的思想转变也有很大影响。1919年底陈独秀、李大钊、蔡元培、王光祈等发起成立北京工读互助团，幻想通过工读团体改造社会，不久失败。1920年初，陈独秀、毛泽东、彭璜等26人发起组织上海工读互助团，由于经济困难，也未能正式成立。其后部分留沪湖南青年组织沪滨工读互助团，勉强维持六个月后解散。工读主义失败证明，回避阶级斗争、试图以资产阶级改良主义改造社会的实践必然失败。参与其中的一些进步青年，如施存统、俞秀松很快从失败中走出，确立对马克思主义的信仰。

1919年11月，当时还是浙江一师的学生施存统、俞秀松等创办《浙江新潮》周刊，主张社会改造，成为浙江最早受俄国十月革命影响宣传社会主义的刊物。《浙江新潮》第2期刊登施存统写的《非孝》一文，他以热情洋溢的反叛精神猛烈抨击封建旧传统，被守旧当局视为"洪水猛兽""大逆不道"。随即《浙江新潮》被查封，并引发了"一师风潮"，施存统、俞秀松等一些进步师生被迫离开。1920年初，

[1]［美］埃德加·斯诺：《红星照耀中国》，董乐山译，人民出版社2016年版，第147—149页。

施存统、俞秀松慕名到北京参加工读互助团，不久就发现工读试验是一种不切实际的空想。北京工读互助团解散后，他们离开北京到上海，投身于《星期评论》社。5月1日，施存统在《星期评论》发表了长文《"工读互助团"底实验和教训》，俞秀松写了附记。他们认为工读互助团"试验共产失败"了，"我们并不因此怀疑共产主义，我们因此更信共产主义，晓得现在社会底经济组织，非根本改造不可"。[1] 他们认为将工读互助团作为改造社会的手段是不可能的，要想用和平的渐进的方法改造社会也一样不可能，"改造社会要用急进的激烈的方法，钻进社会里去，从根本上谋全体的改造"。[2] 随后他们同陈独秀、李汉俊等一起在上海创建共产党早期组织，成为最早一批信奉马克思主义的中国共产党人。

三是一批在日本受社会主义思潮影响、回国后宣传研究马克思主义的留日学生。李汉俊、李达、杨匏安等一批留日学生在日本期间深受社会主义思潮影响，归国后致力于翻译宣传马克思主义。李汉俊在日本东京帝国大学攻读工科期间，通晓日、德、英、法文，努力钻研马克思主义。1918年底回国后，他在进步期刊《星期评论》撰写大量宣传马克思主义的文章，曾负责《新青年》《共产党》《劳动界》的编辑工作，支持工人运动，提倡妇女解放，主张建立无产阶级政党，在宣传马克思主义方面发挥很大作用。董必武就深受其影响，称其为"我的马克思主义老师"。

李达早年怀有教育救国、实业救国的民主主义思想，革命活动屡屡受挫的经验教训使他深切地觉悟到："要想救国，单靠游行请愿是

---

[1] 存统：《"工读互助团"底实验和教训》，《星期评论》第48号，1920年5月1日。

[2] 《存统复哲民》，《民国日报》副刊《觉悟》1920年4月11日。

没有用的；在反动统治下，'实业救国'的道路也是一种幻想。只有由人民起来推翻反动政府，像俄国那样走革命的道路。而要走这条道路就要加紧学习马克思列宁主义的理论，学习俄国人的革命经验。这样，我再到东京后，就停止了物理数学的学习，专事马克思主义的学习。"[1] 他抛弃早年"实业救国"的想法，师从日本马克思主义理论家和经济学家河上肇教授，认真学习马克思主义理论。五四运动期间，他撰写《什么叫社会主义》《社会主义的目的》两篇文章，寄回国内发表。1920 年 8 月，李达抱着"回国寻找同志干社会革命"的目的，离开日本回到上海。在建党时期，他参加上海共产党早期组织，参与《新青年》《共产党》月刊的编辑工作，出版《唯物史观解说》《社会问题总览》，发表大量阐述马克思主义的文章，在社会主义传播和论战中发挥重要作用。杨匏安在日本游学期间接触和学习了社会主义学说，回国后发表许多宣传马克思主义的文章，作为华南地区第一个系统传播马克思主义的学者，影响了不少华南进步青年。

四是一批留法赴俄寻求真理的进步青年。欧洲是马克思主义的故乡，也是工人运动的诞生地，各种社会主义思潮活跃。五四运动前后，大批中国青年知识分子不辞劳苦到欧洲寻求救国救民之道，1919—1920 年是留法勤工俭学运动的高潮。蔡和森、周恩来、赵世炎等一批留法勤工俭学先进分子，在欧洲直接阅读马列主义经典著作，亲身体验战后资本主义世界的真相和工人阶级的生活状态，进而发起建立旅欧党、团组织，走上马克思主义信仰之路。

蔡和森在留法期间"猛看猛译"各类政治思想，了解西方工人运动，探索建党理论。1920 年 8 月在给毛泽东的信中表达了他对社

[1] 李达：《沿着革命的道路前进——为纪念党成立 40 周年而作》（1961 年 7 月），《李达全集》第 19 卷，人民出版社 2016 年版，第 420 页。

会主义的认同。他写道："我近对各种主义综合审缔，觉社会主义真为改造现世界对症之方，中国也不能外此。社会主义必要之方法：阶级战争——无产阶级专政。"他主张"先要组织党——共产党"。9月16日，他给国内毛泽东等人的信中详细介绍世界共产主义发展趋势，重点阐述列宁的建党纲领、原则、方法和步骤。他认为，"中国民众运动幼稚如此，将怎样呢？我以为非组织与俄一致的（原理方法都一致）共产党，则民众运动、劳动运动、改造运动皆不会有力，不会彻底"。[1]他的理论探索对早期共产党人的建党思想起到重要作用。

周恩来在青少年时代就树立为中华之崛起而读书的远大志向，发奋图强，品学兼优。1917年到日本留学后，受十月革命影响，开始接触马克思主义，并积极参加留日中国学生和华工的反日爱国活动。1919年归国后，热情投入五四运动，积极组织和领导天津学生运动。1920年1月因参加反帝爱国运动被捕，在狱中多次向难友讲述马克思主义学说，7月获释。为了进一步寻求真理，了解欧洲无产阶级的斗争状况，11月他赴欧留学，同时兼天津《益世报》旅游通讯员。他说到欧留学目的"唯在求实学以谋尽立，虔心考察以求了解彼邦社会真相暨解决诸道，而思所以应用之于吾民族间者"。[2]旅欧期间，他在分析、比较欧洲各种社会主义思潮后，确立了对马克思主义的信仰，在留法勤工俭学生中积极从事建党建团活动。

苏俄是世界上第一个社会主义国家，在矢志于追求真理的进步青

[1]《蔡林彬给毛泽东》(1920年8月13日)、《蔡林彬给毛泽东》(1920年9月16日)，《蔡和森文集》(上)，人民出版社2013年版，第56、57、73页。

[2] 中央文献研究室编：《周恩来年谱（1898—1949）》修订本，中央文献出版社2020年版，第44页。

年心目中，到俄国取得火种并把它点燃在中国黑暗的大地上是令人向往之事。1920 年 3 月，毛泽东在北京写信给周世钊说道："我觉得俄国是世界第一个文明国。我想两三年后，我们要组织一个游俄队。"[1] 7月，他在长沙创办文化书社，发行马克思主义著作和进步书刊。9 月，他参加筹办的俄罗斯研究会在文化书社正式成立，会务主要有三：从事关于俄国一切事情之研究，以研究所得，发行俄罗斯丛刊；派人赴俄，从事实地调查；提倡留俄勤工俭学。[2] 该会发表了不少介绍俄国十月革命的文章。

建党前后，到苏俄学习的渠道不断增多，前往学习者络绎不绝。共产国际成立后，加大对中国革命的指导和帮助。1920 年共产国际代表维经斯基等到中国后，与陈独秀、李大钊等沟通联系，并商讨选送青年赴苏俄留学事宜。当年夏，陈独秀、维经斯基、杨明斋等在新渔阳里 6 号创办外国语学社，这是党第一所培养青年干部的学校。1921年初，外国语学社挑选刘少奇、罗亦农、任弼时、李启汉等 30 名左右学员，分批进入莫斯科东方劳动者共产主义大学学习。他们不少人回国后成为传播马克思列宁主义及推动中国革命的生力军。

一些报社为适应社会所需，选派人员赴苏俄学习考察，深入了解苏俄社会主义的建设情况。瞿秋白是被选派的代表人物之一。瞿秋白积极参加五四运动，努力寻求改造社会途径。1920 年秋为系统研究马克思主义、深入了解社会主义革命实践，他以北京《晨报》记者身份，由北京启程到苏俄考察。他在莫斯科不到两年时间内，深入调查研究苏俄革命历史和建设现状，确立马克思主义信仰。他陆续发表

[1] 毛泽东：《致周世钊信》(1920 年 3 月 4 日)，《毛泽东早期文稿》，湖南人民出版社 2013 年版，第 337 页。

[2] 《湖南之俄罗斯研究会》，《民国日报》1920 年 9 月 23 日。

了《共产主义之人间化》《苏维埃俄罗斯之经济问题》等几十篇专题通讯，是十月革命后中国人首次对社会主义国家建设的系统通讯报道。他赴俄期间撰写的《饿乡纪程》《赤都心史》两本通讯集，讲述自己的考察见闻和心路历程，剖析自己思想信仰的变化，影响了很多进步青年。

五是一批老同盟会会员和参加过辛亥革命的先进知识分子。其中以董必武、林伯渠、吴玉章等为代表，他们从五四运动中感受到人民群众的力量，认为中国革命要想成功，必须以人民群众为基础，走俄国十月革命的道路。吴玉章说："以往搞革命的人，眼睛总是看着上层的军官、政客、议员，以为这些人掌握着权力，千方百计运动这些人来赞助革命。如今在五四群众运动的对比下，上层的社会力量显得何等的微不足道。在人民群众中所蕴藏的力量一旦得到解放，那才真正是惊天动地、无坚不摧的。"进而他说到自己思想的变化："处在十月革命和五四运动的伟大时代，我的思想上不能不发生非常激烈的变化。当时我的感觉是：革命有希望，中国不会亡，要改变过去革命的办法。"通过十月革命和五四运动的教育，他日益明确中国革命"必须依靠下层人民，必须走俄国人的道路"。[1]

同样经历革命接连失败、正处于失望苦闷中的董必武，1919年在上海接受李汉俊等人的帮助和影响，通过比较中俄两国革命的成败经验和教训，领悟到马克思主义真理。董必武说："当时社会上有无政府主义、社会主义、日本的合作运动等，各种主义在头脑里打仗。李汉俊来了，把头绪理出来了，说要搞俄国的马克思主义，介绍《马克思主义入门》，看政治经济学入门到底是资本主义，还是帝国资本主义，

[1] 吴玉章：《回忆"五四"前后我的思想转变》(1959年5月)，《吴玉章回忆录》，中国青年出版社1978年版，第111—112页。

我们也弄不懂，这就是我们的老师，我们的'本钱'。"[1] 遂决定在武汉办一张报纸或开办一所学校，以培养新型人才。1920 年，他与张国恩、陈潭秋等创办了一所私立武汉中学，传播新思想。在他们苦心经营下，至 1922 年学校已发展至 4 个年级 8 个班的规模，成为培育新型革命人才的摇篮，从中走出不少革命党、团员和革命烈士。[2]

众多不同年龄、不同经历和背景的知识分子殊途同归的事实证明，选择信仰马克思主义、走无产阶级革命道路，成为那个时代先进知识分子的共识和心声。刘少奇说："我们在当时接受马克思主义并不是随便接受的，而是经过了研究、考虑、和无政府主义者辩论之后，认为它确实是真理，确能救中国，才确定接受的。不少马克思主义小组的建立，是在和无政府主义者辩论之后才建立的。"[3] 马克思主义信仰确立之后，革命道路和方向逐渐清晰。正如毛泽东所宣称的"主义譬如一面旗子，旗子立起了，大家才有所指望，才知所趋赴"。[4]

二、传播和捍卫真理

思想理论是灵魂，认识真理、掌握真理、信仰真理、捍卫真理，是坚定理想信念的精神前提。马克思主义真理在中国早期的传播和运用，经历了初步接触、主动传播、捍卫运用、创建政党的过程。

在马克思主义早期译介传播中，陈望道翻译的《共产党宣言》起

---

[1] 《董必武谈中国共产党第一次全国代表大会和湖北共产主义小组》(1971 年 8 月 4 日)，中共中央党史研究室、中央档案馆编：《中国共产党第一次全国代表大会档案文献选编》，中共党史出版社 2022 年版，第 169 页。

[2] 张军锋：《开端：中国共产党成立述实（图文版）》中，吉林人民出版社 2022 年版，第 444—455 页。

[3] 刘少奇：《关于思想改造问题报告提纲》(1951 年 11 月)，《建国以来刘少奇文稿》第 3 册，中央文献出版社 2005 年版，第 779 页。

[4] 中共中央文献研究室编：《毛泽东年谱（1893—1949）》第 1 卷，中央文献出版社 2023 年版，第 70 页。

到重要作用。《共产党宣言》1848 年 2 月在伦敦出版，是马克思主义诞生的主要标志。《共产党宣言》随着社会主义引入中国后，起初是根据需要摘录其零星语句，五四运动时期具有社会感召力的内容被引用的频率增多。随着建党步伐的加快，出版《共产党宣言》中文全译本，成为早期马克思主义者的迫切愿望。1920 年春，从日本留学归国不久的陈望道，因精通日文、英文，又信奉马克思主义，受《星期评论》社委托翻译《共产党宣言》全本。陈望道拿到日译本和英译本《共产党宣言》，回到家乡浙江义乌分水塘村专心从事翻译。他"费了平常译书的 5 倍工夫，把彼底全文译了出来"。[1] 有一次他专心工作时，误将墨汁当成蘸粽子的红糖水吃，满嘴乌黑，还连声说甜。这就是"真理的味道非常甜"的故事。[2]

陈望道译完《共产党宣言》后回到上海时，因《星期评论》社被查封，他便委托俞秀松将译稿交给陈独秀。陈独秀、李汉俊校译后，8 月由新成立的又新印刷厂印刷单行本第一版，初印 1000 本。首版封面印有马克思半身像，水红底色，因排字工的疏忽，书名被错印成《共党产宣言》，到 9 月出版第二版时被改正过来。出版《共产党宣言》中文全译本，成为马克思主义在中国传播的一件标志性大事，拉开马克思学说全面译介的序幕。[3]《共产党宣言》全译本出版后，即成为各地早期党、团组织和马克思主义研究会的必读物，对众多进步青年走上马克思主义道路产生重要影响。刘少奇说，当时我把《共产党宣言》看了又看，看了好几遍，从这本书中，我了解共产党是干什么的，是

---

[1] 玄庐：《答人问〈共产党宣言〉底发行所》，《民国日报》副刊《觉悟》，1920 年 9 月 30 日。

[2] 邓明以：《陈望道传》，复旦大学出版社 2005 年版，第 40 页。

[3] 方红：《马克思主义在中国的早期传播》，上海三联书店 2016 年版，第 149—150 页。

怎样的一个党，经过一段时间的深思熟虑，最后决定参加共产党，同时也准备献身于党的事业。《共产党宣言》全译本出版后很受欢迎，各地争相翻印，不断再版。仅过6年，至1926年5月便印刷17版，有的书社曾重印近20次，成为当时中国流传最广、影响最大的一部马克思主义经典著作。

除了翻译《共产党宣言》全译本外，早期共产党人还翻译出版了其他一些重要的马克思主义著作。1920年9月，新青年社出版李汉俊翻译的《马格斯资本论入门》；10月，李季翻译的《社会主义史》出版，该书"叙述各国社会主义运动的事实，源源本本，非常详尽"，"此书是欧战以前一部包罗最宏富的社会主义史"。[1]1921年1月，恽代英翻译的《阶级争斗》出版，这是中国第一本专门介绍阶级斗争学说的中译本。这些译作对许多进步青年接受马克思主义起到重要作用。毛泽东1936年对斯诺说："我热心地搜寻那时候能找的为数不多的用中文写的共产主义书籍。有三本书特别深地铭刻在我的心中，建立起我对马克思主义的信仰。我一旦接受了马克思主义对历史的正确解释以后，我对马克思主义的信仰就没有动摇过。这三本书是：《共产党宣言》，陈望道译，这是用中文出版的第一本马克思主义的书；《阶级斗争》，考茨基著；《社会主义史》，柯卡普著。"[2]从这些译作中，进步青年了解到人类历史的阶级斗争史，初步领略马克思主义认识问题的世界观和方法论。

1921年中共一大召开不久，在上海建立人民出版社，由李达负责，专门从事马克思主义著作的翻译和出版工作。该社主要出版马列主义

---

[1]《新青年出版丛书广告》，《新青年》第9卷第5号，1921年9月1日。

[2][美]埃德加·斯诺：《红星照耀中国》，董乐山译，人民出版社2016年版，第146—147页。

的译著，在不到一年的时间，出版了"马克思全书"2 种、"列宁全书"5 种、"康明尼斯特丛书"（共产主义一词的音译）5 种。[1]马克思主义著作的翻译出版，为当时进步知识分子学习研究马克思列宁主义创造了条件。

早期共产党人创办的《新青年》《共产党》等期刊，在传播马克思主义中发挥了主阵地作用。1920 年《新青年》编辑部随陈独秀迁回上海，自 8 卷 1 号起被改组为上海共产党早期组织的机关刊物。11 月7 日，在俄国十月革命胜利 3 周年之际，上海共产党早期组织创办了《共产党》月刊。该刊宗旨明确、旗帜鲜明、战斗性强，反映建党时期早期共产主义者的思想认识和理论水平。各地共产党人还利用一些公开发行的报刊，如上海的《民国日报》副刊《觉悟》、湖北的《武汉星期评论》、济南的《励新》半月刊、广州的《广东群报》等，宣传马克思主义。

为指导工人运动，1920 年 8 月 15 日，上海共产党早期组织创办《劳动界》周刊，这是第一份面向工人群众宣传马克思主义的通俗刊物。随后北京共产党早期组织创办《劳动音》，广州共产党早期组织创办《劳动者》，启发工人觉悟。1921 年 8 月，中国劳动组合书记部创办《劳动周刊》，这是中国共产党成立后第一份指导全国工人运动的重要刊物。

马克思主义在中国的快速传播，引起资产阶级各政治派别的惊恐和反对，从而在思想理论战线上出现了三场马克思主义与反马克思主义思潮的论战。在激烈的交锋中，马克思主义得到传播和捍卫，真理

---

[1]《中共中央执委会书记陈独秀给共产国际的报告》（1922 年 6 月 30 日），中共中央党史研究室、中央档案馆编：《中国共产党第二次全国代表大会档案文献选编》，中共党史出版社 2022 年版，第 111—112 页。

越辩越明。

第一场论争是"问题"与"主义"之争。这次论争的实质是中国是否需要马克思主义、是否需要社会革命的问题。"问题"与"主义"之争，主要发生在新文化运动代表人物、北大教师胡适和李大钊之间。

1919年7月，资产阶级改良主义者胡适在《每周评论》上发表《多研究些问题，少谈些主义》，提倡"一点一滴的改良""少谈些纸上的主义"，攻击马克思主义。针对胡适的这种观点，李大钊发表题为《再论问题与主义》的文章，指出只有以马克思主义为指导、用革命的方法解决整个中国社会的根本问题后，一个一个具体的社会问题才有解决的希望。随后胡适又发表《三论问题与主义》《四论问题与主义》，继续阐明自己改良主义的观点。8月底，由于《每周评论》被北洋政府查封，双方争论阵地移到《新青年》杂志。12月，胡适发表《新思潮的意义》，提出"研究问题，输入学理，整理国故，再造文明"的口号，企图把新文化运动限制在学术研究范围内。李大钊随后发表《由经济上解释中国近代思想变动的原因》一文，以历史唯物主义的观点阐述新文化运动产生的深刻的经济根源和马克思主义传播的必要性。通过论战，扩大了马克思主义在中国的影响，对进一步探索改造中国社会起到积极作用。此后，新文化运动阵营出现明显分化，其中一部分人投入马克思主义阵营。

第二场是与基尔特社会主义者的论战。这场论战主要围绕中国能否发展资本主义、能否实行社会主义这两个重要问题展开，实质是关于中国是走社会主义道路还是资本主义道路的这个根本问题。五四运动后的社会主义传播思潮中派别纷杂，其中梁启超、张东荪等提倡的基尔特社会主义（又称行会社会主义，基尔特为英语音译，意为行会或同业联合会），打着社会主义旗号反对宣传马克思主义，反对建立无产阶级政党，影响很大。

1920 年 9 月，英国哲学家罗素到中国后，宣扬中国当务之急是开发中国资源、发展实业，走资本主义改良道路。陪同罗素到湖南等地考察的张东荪赞同罗素观点，发表《由内地旅行而得之又一教训》《现在与将来》等文章，认为中国贫困落后，不具备社会主义革命的条件，应走资本主义发展道路。为反驳这种观点，1920 年 12 月 1 日出版的《新青年》开辟"关于社会主义讨论"专栏。陈独秀、李达等发表《社会主义批评》《讨论社会主义并质梁任公》文章，集中论述资本主义道路在中国行不通、中国应走社会主义道路这一观点。随后，张东荪又发表《现在与将来》系统阐述他的观点。梁启超发表《复张东荪书论社会主义运动》，支持张东荪的观点。1921 年 9 月他们在《时事新报》增辟副刊《社会主义研究》旬刊，宣称"我们信任基尔特社会主义确是民主主义思想的究极，而且是社会改造原理最彻底的一个"。[1]

针对张、梁等不断宣扬的基尔特社会主义观点，早期共产党人尝试应用马克思主义理论分析中国社会，说明中国不要重蹈资本主义的覆辙，应走俄国十月革命的道路，要建立无产阶级政党，走社会主义道路。陈独秀在《社会主义批评》中清晰地回答了三个问题：为什么要讲社会主义？为什么能讲社会主义？应讲何种社会主义？文章系统剖析资本主义制度的危机，论证中国走社会主义道路的可能性和必要性。这场论战延续至 1922 年夏大体结束。通过论战，早期共产党人初步运用马克思主义理论，消除了"温和的社会主义"的消极影响，使许多进步青年从资产阶级改良主义的迷惘中清醒过来，转变为马克思主义者。

---

[1]《〈社会主义研究〉宣言》，《时事新报》副刊《社会主义研究》第 1 号，1921 年 9 月 16 日。

第三场是与无政府主义者的论战。双方主要围绕要不要国家政权、要不要建立无产阶级政党、要不要组织纪律等问题展开论战。无政府主义思想庞杂，但基本思想是主张无政府、无国家，主张个人绝对自由。中国小资产阶级人数众多，易受这种思想影响，早期中国共产党人中有不少曾受其影响。无政府主义者在早期反封建、反军阀斗争中曾起到一定积极作用，但是随着马克思主义在中国影响的扩大，无政府主义者转而歪曲和攻击马克思主义。

1919年至1920年初，无政府代表人物黄凌霜、区声白发表《评〈新潮杂志〉所谓今日世界之新潮》《马克思学说的批评》等文章，公开攻击马克思主义，反对组建无产阶级政党。早期共产主义者运用初步掌握的马克思主义理论，与无政府主义者展开激烈论战。陈独秀在《新青年》开辟的"讨论无政府主义"专栏，发表大量批驳无政府主义的文章。陈独秀的《谈政治》、李达的《马克思派社会主义》等文章，集中论述无产阶级专政的意义、本质、作用和形式，对从理论上划清马克思主义和修正主义、唯物史观和唯心史观、科学社会主义和假社会主义的区别具有重要意义。他们认为，"实行无产阶级革命与专政，无产阶级非有强大的组织力和战斗力不可，要造成这样强大的组织力和战斗力，都非有一个强大的共产党做无产阶级底先锋队与指导者不可"。[1]这场论战的影响非常大，在许多进步社团和国外留学生中都展开过讨论，持续到1922年夏基本终止。这次论战捍卫了马克思主义，虽有少数无政府主义者仍顽固坚持自己的立场，但越来越多的进步青年抛弃无政府主义不切实际的空想，转而接受马克思主义。

接连兴起的论战引起思想界的强烈震撼，使很多进步青年深受影

---

[1] 陈独秀：《答黄凌霜（无产阶级专政）》（1922年7月1日），《陈独秀文集》第2卷，人民出版社2013年版，第264—265页。

响和启发，成为马克思主义的信奉者、宣扬者和实践者，为建设一个以共产主义为奋斗目标的无产阶级新型政党奠定了坚实基础。

第二节　制定革命纲领和政策策略

马克思主义是实践的理论，实践性是马克思主义理论区别于其他理论的显著特征。早期中国共产党人在探索马克思主义真理的同时，不是坐而论道，而是以马克思主义为行动指南，在将马克思主义与中国革命实际相结合的实践中，不断推进建党伟业。在党的创建和发展过程中，探索制定民主革命纲领，调整革命联合战线策略，团结引领更多民众走上革命道路。

一、制定民主革命纲领

革命理想高于天。理想信仰确定后，各地建党先驱就迅速付诸行动。然而，在历史悠久的中国大地上建立一个新型的马克思主义政党，并不是一蹴而就的事情。为此，他们成立马克思主义研究团体，建立现代工会，创办工人学校，将马克思主义的普遍原理与中国工人运动实践相结合。在此进程中，开创性地在上海、北京、武汉、长沙、广州、济南，在海外的东京、巴黎，创建了共产党早期组织。

为探索无产阶级政党建党原则和纲领，上海共产党早期组织在1920年夏成立后，非常注重介绍列宁建党思想和苏俄共产党情况，11月制定《中国共产党宣言》。《宣言》鲜明亮出"中国共产党"名称，坚持马克思主义唯物史观，分为共产主义者的理想、共产主义者的目的、阶级斗争的最近状态三个部分，阐明中国共产党人的革命理想、最终目标和基本主张。在经济方面，提出党的奋斗目标是消灭私有制，实行公有制。在政治方面，提倡进行无产阶级斗争，建立无产阶级专政。在社会方面，主张消灭阶级剥削，实现共产主义社会。在革命方法上，提倡阶级斗争，提出效仿俄国革命道路，建立无产阶级政党。《宣言》提出中国共产党的责任是"要组织和集中这阶级争斗的势力，使那攻打资本主义的势力日增雄厚"，"引导革命的无产阶级去向资本家争斗，并要从资本家手里获得政权"。强调无产阶级专政的任务是"一面继续用强力与资本主义的剩余势力作战，一面要用革命的办法造出许多共产主义的建设法"。[1]

《宣言》虽没有公开发表，但作为收纳党员的标准，为早期党组织的发展提供了基本原则，为党的一大纲领的形成提供了重要基础。但是，由于当时中国共产党刚刚起步，对中国社会、中国革命实际情况还没有透彻了解，还不具备结合中国国情制定切实的革命战略和主张的条件，仍具有一定的局限性。毛泽东后来肯定该宣言作为党的革命纲领"是基本正确的"，但也指出它的局限在于："不提反帝反封建的民主革命，只提社会主义的革命，是空想的。作为社会主义革命的纲领则是基本正确的。但土地国有是不正确的。没有料到民族资本可以和平过渡。更没有料到革命形式不是总罢工，而是共产党领导的人民解放战争，基本上是农民战争。"[2]

一个政党的纲领就是一面旗帜。1921年7月中共一大召开的重要任务之一就是制定党的纲领。在中共一大召开时，大会选出一个起草纲领和工作计划的委员会，张国焘、李达、董必武承担起草工作。7月25—26日，起草委员会用了两天时间起草供大会讨论的党纲和工作计

[1]《中国共产党宣言》(1920年11月)，中共中央党史研究室、中央档案馆编：《中国共产党第一次全国代表大会档案文献选编》，中共党史出版社2022年版，第30、32页。

[2] 毛泽东：《在一九二〇年〈中国共产党宣言〉上的批语》(1958年6月)，中共中央文献研究室编：《建国以来毛泽东文稿》第12册(1957年8月—1958年8月)，中央文献出版社2023年版，第454页。

划。7月27—29日连续三天会议讨论纲领和决议草案。经过充分讨论，中共一大通过《中国共产党的第一个纲领》，表明中国共产党建党时就旗帜鲜明把实现社会主义、共产主义作为奋斗目标，并且坚持用革命手段实现这个目标，义无反顾地肩负起实现中华民族伟大复兴的历史使命。

纲领第1条确定党的名称为"中国共产党"。第2条阐述党的纲领，明确革命军队必须与无产阶级一起推翻资本家阶级的政权；承认无产阶级专政，直到阶级斗争结束；"消灭资本家私有制"；"联合第三国际"。第3条规定党在组织形式上，"承认苏维埃管理制度，把工农劳动者和士兵组织起来"，确立党的集体领导的制度。确定党的根本政治目的是实行社会革命。在同其他党派关系方面，主张"彻底断绝同黄色知识分子阶层及其他类似党派的一切联系"。第4至15条是属于党章性质的一些条文，规定了党员条件、入党手续、中央组织及地方组织规范等内容。[1]这些含有党章条文内容，对加强党的组织建设，保持党的团结统一，具有重要意义。

尽管一大通过的纲领对于中国国情的认识还显得较为肤浅，还未认清中国半殖民地半封建的特殊社会性质，不能把反对帝国主义、反对封建军阀的民族民主革命，同消灭一切剥削、消灭私有制的社会主义革命区别开来；对于在特殊的中国社会条件下，是否能立即实行社会主义革命，要经过什么步骤才能最后实现社会主义、共产主义等重大问题，认识也不清楚。但是，它破天荒地在中国历史上提出了用社会主义、共产主义来救中国，并且确定用无产阶级的力量和革命的手

---

[1]《中国共产党第一个纲领》(1921年7月)，中共中央文献研究室、中央档案馆编：《建党以来重要文献选编（1921—1949）》第1册，中央文献出版社2011年版，第1—2页。

段达到这个目的，表明中国共产党运用马克思主义指导中国革命实践进入新的历史时期。

中共一大后，中国共产党人积极投身实际革命斗争中，努力运用马克思主义观点观察、分析中国面临的实际问题。但是，面对帝国主义国家加紧侵略中国、国内各派军阀更加激烈混战的革命形势，如何制定出适合中国国情的民主革命纲领和策略，是迫切而又重大的任务。

1922年初，为揭露帝国主义国家利用华盛顿会议的侵略扩张实质，共产国际在莫斯科召开远东各国共产党及民族革命团体第一次代表大会（简称远东代表大会），号召东方各被压迫民族进行反对帝国主义和封建主义的民族民主革命。这次大会根据列宁关于民族和殖民地问题的理论，指明"现在中国劳动群众和群众中进步分子——中国共产党——当前的第一件事便是把中国从外国的羁轭下解放出来，把督军推倒，土地收归国有，创立一个简单联邦式的民主主义共和国"。[1] 出席这次大会的中国共产党代表团，深刻领会大会的精神实质，回国后将大会的精神给以传达落实。中国共产党根据远东代表大会精神，逐渐酝酿和形成一个大体符合中国国情的革命纲领。

在中国共产党的推动和引领下，1922年5月第一次全国劳动大会和中国社会主义青年团第一次全国代表大会先后在广州举行，提出"打倒帝国主义""打倒封建军阀"的政治口号。6月15日，中共中央发表《中国共产党对于时局的主张》，指出解决中国社会问题的关键，在于用革命手段打倒帝国主义和封建军阀，建立民主政治。这是中国共产党第一次就中国民主革命的重大问题，向全国人民公开自己的政

[1] ［苏俄］萨发洛夫：《第三国际与远东民族问题》（1922年1月26日），中共一大会址纪念馆编：《中共首次亮相国际政治舞台：档案资料集》，上海人民出版社2016年版，第270页。

治主张，其中含有民主革命纲领的主要原则。

1922 年 7 月 16 日至 23 日在上海召开的中共二大通过 9 个议决案，并公开发表党的宣言。中共二大全面分析国际形势的基本特点和中国经济政治状况，揭示了中国社会半殖民地半封建的社会性质以及中国革命的对象和动力等重要问题，第一次在中国近代史上明确提出彻底的反帝反封建的民主革命纲领。《中国共产党第二次全国代表大会宣言》指出党的目的"是要组织无产阶级，用阶级斗争的手段，建立劳农专政的政治，铲除私有财产制度，渐次达到一个共产主义的社会"。[1]这是党的最高纲领。确定在目前的历史条件下，党的奋斗目标是：消除内乱，打倒军阀，建设国内和平；推翻国际帝国主义的压迫，达到中华民族完全独立；统一中国为真正的民主共和国，即明确了党在当前阶段的反帝反封建的民主革命纲领。这是党的最低纲领。中共二大提出的革命纲领，既包含无产阶级政党为实现共产主义而奋斗的最高理想，又明确提出党在现阶段的行动纲领是进行反帝反封建的民主革命纲领。

随之，现阶段中国革命的性质、对象、动力、策略、任务和目标也都基本明确下来。中国革命的性质是民主主义革命；革命的对象是帝国主义和封建军阀；革命的动力是工人、农民和小资产阶级，民族资产阶级也是革命的力量之一；革命的策略是组成各阶级的联合战线；革命的任务是打倒军阀，推翻国际帝国主义的压迫，实现中华民族的独立和中国的统一；革命的前途是走向社会主义、共产主义。[2]从党的一大确定

---

[1]《中国共产党第二次代表大会宣言》(1922 年 7 月)，中共中央文献研究室、中央档案馆编：《建党以来重要文献选编（1921—1949）》第 1 册，中央文献出版社 2011 年版，第 133 页。

[2] 中共中央党史和文献研究院著：《中国共产党的一百年》(新民主主义革命时期)，中共党史出版社 2022 年版，第 43 页。

直接进行社会主义革命，到党的二大确定首先进行民主革命然后再进行社会主义革命，这是党的战略方针的一次重大转变，也是党把马克思主义基本原理同中国革命实际相结合的一个重要理论成果。

20世纪初在中国先后建立的众多不同性质的政党，都未能提出正确的纲领，也未能发动和带领人民群众解决近代中国社会面临的迫切问题。中国共产党在成立后仅用了一年时间，就能够从中国国情出发，初步认识到最低纲领与最高纲领的关系，表明只有以马克思主义为指导并将它与中国革命实际相结合的中国共产党，才能反映中国人民的愿望和要求，指明中国革命的正确方向，肩负起领导中国革命的历史重任。

二、建立革命联合战线

有了正确的民主革命纲领，还必须有与之相应的政策策略。中共一大后，早期共产党人在领导革命实践中，逐渐认识到在半殖民地半封建的中国，仅靠工人阶级孤军奋斗、不团结最广泛的社会力量，难以取得中国革命的胜利。中国共产党人开始积极寻求与其他党派、阶级之间的合作。同时，屡遭革命失败的孙中山也正在寻找同盟力量。

1921年12月23日，孙中山同共产国际代表马林和中国共产党人张太雷举行会谈。马林向孙中山提出两项建议：一是组织一个能联合各阶层尤其是工农群众的政党；二是建立革命的武装核心应先创办军官学校，培养革命骨干。孙中山赞同这些建议。

1922年1月，在莫斯科召开的远东民族代表大会提出建立广泛的革命统一战线。列宁在会议期间抱病接见中国共产党、国民党两党的代表和铁路工人代表，讨论了国共合作建立革命统一战线的问题，期望国共两党实现合作。为商谈和促进国共合作问题，1922年4月底中共中央领导人和各地负责干部在广州召开工作会议。共产国际代表达林在会议中强调建立反帝统一战线的必要性，并讨论在保持共产党员政治独立性的条件下加入国民党的问题。6月15日，中共中央发表《中国共产党对于时局的主张》，首次公开表达愿与革命的民主派建立民主主义联合战线的政治主张。

6月19日，陈炯明叛变，孙中山的革命事业再遭重大挫折。孙中山痛定思痛，坚定寻找新的革命道路和同盟者的决心。在共产国际代表和共产党人影响和帮助下，他表示欢迎苏俄援助中国革命，愿意同共产党合作，共同推动中国革命的发展。

7月，中共二大通过《关于"民主的联合战线"的议决案》，这是党最早提出关于统一战线政策主张的文件。该决议案指出：在当前中国政治经济和无产阶级现状下，在中国进行民主革命固然是资产阶级利益，而对于无产阶级也是有利益的。因此共产党应该出来联合全国革新党派，组织"民主的联合战线"，"以扫清封建军阀推翻帝国主义的压迫，建设真正民主政治的独立国家为职志"。指出无产阶级同资产阶级民主派的联合，决不是投降、附属与合并于他们，"乃因为在事实上必须暂时联合民主派才能够打倒公共的敌人——本国的封建军阀及国际帝国主义——之压迫"。[1]

围绕民主联合战线的建立，中共二大在关于议会政治、工人运动、青年运动、妇女运动等议决案中，都有明确的政策要求。中共二大通过的《关于议会行动的决议案》，改变了中共一大纲领规定的不经党的特许不得担任政府官员或国会议员的规定，主张通过议会政治进行维护劳动群众利益的合法斗争，指出共产党人在各级议会中要维护无产

---

[1]《关于"民主的联合战线"的议决案》（1922 年 7 月），中共中央文献研究室、中央档案馆编：《建党以来重要文献选编（1921—1949）》第 1 册，中央文献出版社 2011 年版，第 139 页。

阶级和贫苦农人经济生活的利益，"以反抗本国幼稚的资产阶级对于劳动者一切的压迫"。[1]

在《关于"工会运动与共产党"的议决案》中，明确阐述工人阶级在联合战线中的斗争、地位、作用，指出工人阶级组织的工会不是无政府工团主义，要作政治运动，争取合法地位，在民主主义联合战线中占"独立的重要的地位"。[2] 在《关于"国际帝国主义与中国共产党"的议决案》中指出中国工人阶级要联合在中国共产党旗帜下，"一方面加入民主革命的战线；一方面做增进自己阶级地位的奋斗"。加入民主革命联合战线，"是达到工人阶级夺得政权的一步过程"，组织"民主主义联合战线"是党的一种政策。[3]

在《关于少年运动问题的决议案》中，要求青年在联合战线中发挥突出作用。指出："中国少年运动的先锋，他不但要在共产主义与少年国际领导之下为了少年劳动者经济和文化利益而奋斗，将他们组成了无产阶级革命的少年军旅，他同时要联络中国一切被压迫的少年们的革命势力在一条民主革命的联合战线上，引导他们做打倒帝国主义和封建势力的奋斗。"[4] 中共二大通过的首个《关于妇女运动决议案》，

[1]《关于议会行动的决议案》(1922年7月)，中共中央文献研究室、中央档案馆编：《建党以来重要文献选编（1921—1949）》第1册，中央文献出版社2011年版，第148页。

[2]《关于"工会运动与共产党"的议决案》(1922年7月)，中共中央文献研究室、中央档案馆编：《建党以来重要文献选编（1921—1949）》第1册，中央文献出版社2011年版，第151—154页。

[3]《关于"国际帝国主义与中国共产党"的议决案》(1922年7月)，中共中央党史研究室、中央档案馆编：《中国共产党第二次全国代表大会档案文献选编》，中共党史出版社2022年版，第19页。

[4]《关于少年运动问题的决议案》(1922年7月)，中共中央文献研究室、中央档案馆编：《建党以来重要文献选编（1921—1949）》第1册，中央文献出版社2011年版，第158页。

指出妇女解放要随着劳动解放而进行，共产党要为所有被压迫的妇女们的利益而奋斗，为引领广大妇女参加民主联合战线奠定了思想基础。

中共二大制定民主革命纲领，提出联合全国一切革命党派、资产阶级民主派，组织民主革命联合战线，如此就改变了中共一大关于不同其他党派建立联系的规定，体现早期共产党人对马克思主义的深入探索和灵活运用。为系统宣传中共二大提出的反帝反封建的民主革命纲领，阐释党的方针政策，1922 年 9 月 13 日中共中央在上海创办政治机关报《向导》周报，蔡和森任主编。《向导》出版后，充分发挥舆论宣传和政策指导作用。

中共二大后，中共中央相继派李大钊、陈独秀同孙中山等国民党人会晤，商谈国共合作的具体问题。但是孙中山不接受中国共产党提出的国共实行党外平行联合的合作方式，只同意以共产党员加入国民党的方式进行合作。为此，1922 年 8 月底中共中央在杭州西湖举行会议，决定在孙中山改组国民党的条件下，共产党员可以加入国民党，以党内合作方式实现国共合作。西湖会议不久，李大钊、陈独秀、蔡和森、张太雷等共产党人即以个人身份加入国民党，并开始帮助孙中山改组处于松散状态的国民党。1923 年 1 月，孙中山会晤苏俄政府代表越飞，发表《孙文越飞联合宣言》，公开确立国民党的联俄政策。然而，当时中国共产党党内大多数人对国共党内合作仍有疑虑，持有不同意见。但是，京汉铁路工人大罢工的失败，又使更多共产党人对建立革命统一战线的必要性有更深切的体会。

为统一党内思想认识，1923 年 6 月在广州召开中共三大，通过《中国共产党党纲草案》《关于国民运动及国民党问题的议决案》等文件，确定共产党员以个人身份加入国民党，把国民党改造成为工人、农民、小资产阶级、民族资产阶级的革命联盟的方针政策。这为动员和组织全国人民进行反帝反封建的革命斗争，建立民主革命统一战线，创造了重要条件。

在共产国际和中国共产党的积极推动和帮助下，国民党的改组工作也加速进行。1923年10月，苏联政府代表鲍罗廷应孙中山邀请到达广州任国民党组织教练员，李大钊被任命为国民党改组委员会五个委员之一。10月25日，国民党改组特别会议在广州召开，讨论改组计划。10月28日国民党临时中央执行委员会成立，谭平山为九名中央执委之一，李大钊为五名候补执委之一。1924年1月国民党第一次全国代表大会在广州召开，确定了联俄、联共、扶助农工"三大政策"，同意共产党员、共青团员以个人身份加入国民党的国共合作原则。国民党一大的召开标志着国民党改组的完成和第一次国共合作正式形成。

国共合作后，以马克思主义为指导思想的中国共产党，公开推动大规模的群众反帝反封建活动，不断扩大了马克思主义在革命群众中的影响力，为迎接和推进大革命高潮奠定重要基础。

第三节　在大革命中绽放理想信仰之光

理想信仰是精神动力的源泉和行动的指南，一经点燃就会产生巨大的精神力量和革命成果。国共合作实现后，很快就汇聚起全国的革命力量，在中国大地爆发了一场轰轰烈烈的大革命运动。但随之又出现许多新问题、新情况，需要给以科学解答和理论指导。为此，中国共产党加强理想信念教育，探索无产阶级革命领导权、工农联盟等重要理论问题，同时持续批判国民党右派言论，捍卫马克思主义真理，推进工农运动蓬勃发展。

一、加强理想信念教育

对马克思主义、共产主义的信仰，是中国共产党人追求真理、坚定信仰的精神之源，也是激励共产党人不断前行、经受考验的强大精神动力。中国共产党成立伊始就非常重视理想信念的宣传教育工作，通过各种方式传播马克思主义真理，努力提升全党的政治理论水平和党性修养。

中共一大通过党的第一个决议，围绕马克思主义的宣传教育，分列党的宣传、工人学校、工会组织的研究机构等部分。决议指出工会研究机构的组成、目的和工作内容，说明工会研究机构"应由各个产业部门的领导人、有觉悟的工人和党员组成，应研究产业工会组织的工作方法等问题。成立这种机构的主要目的，是教育工人，使他们在实践中去实现共产党的思想。应特别注意组织工人工会，援助其他部门的工人运动，研究工人工会以及其他无产阶级组织的情况。为了更适当地进行工作，这种机构的研究工作应分为以下几类：工人运动史，组织工厂工人的方法，卡尔·马克思的经济学说，各国工人运动的现状。研究的成果应定期发表，应特别注意中国本国的工人运动问题"。[1]这充分体现理想信念教育是党的思想建设的首要任务。

1923年6月在广州召开的中共三大通过的宣言，强调要"十分注意对民众的政治宣传"，"对于工人农民之宣传与组织，是我们特殊的责任；引导工人农民参加国民革命，更是我们的中心工作"。[2]10月15日，中共中央颁发《教育宣传委员会组织法》，决定成立中央教育宣

[1]《中国共产党第一个决议》（1921年7月），中共中央文献研究室、中央档案馆编：《建党以来重要文献选编（1921—1949）》第1册，中央文献出版社2011年版，第5—6页。

[2]《中国共产党第三次全国代表大会宣言》（1923年6月），中共中央文献研究室、中央档案馆编：《建党以来重要文献选编（1921—1949）》第1册，中央文献出版社2011年版，第277页。

传委员会，规定各地方应当组织读书会性质的马克思研究会，学习材料包括经济学及社会进化史、社会学及唯物史观、社会思想及运动史、社会问题、国际政治及帝国主义等讲义。[1] 11 月，中共中央通过《教育宣传问题议决案》，提出要结合实际进行科学社会主义和共产主义的教育，特别注意"自然及社会科学之常识，共产主义之浅释（当与工人以整个的科学的奋斗的人生观）""世界劳动运动史略及现势"等内容；要注重进行唯物主义的宇宙观、社会观及集体主义的人生观教育，反对虚幻的东方文化派、充满玄学的人生观、旧的宗法观及西方的宗教迷信。该决议案还指出共产党员都应该是宣传者，要以共产党、青年团出版物为材料，对马克思主义基本原理、党纲党章、政治形势和社会实际生活，进行认真学习讨论。[2]

国共合作正式开启后，理想信念的宣传教育工作更加重要。为此，1924 年 5 月中共中央制定《党内组织及宣传教育问题议决案》，指出应设立中央机关报编辑委员会，它"应当是真正工作的集合体，指导并训练政治及策略问题的全党思想"。[3] 同月，中共中央设立出版部，领导全国出版发行工作，推动马列主义在全国的传播。1925 年 1 月，中共四大通过《对于宣传工作之议决案》，其中与马列主义学习宣传教育有关的主要内容有：（1）加强中央宣传部的统筹领导作

［1］《教育宣传委员会组织法》（1923 年 10 月），中共中央组织部等编：《中国共产党组织史资料（1921.7—1949.9）》第 8 卷"文献选编"（上），中共党史出版社 2000 年版，第 27—28 页。

［2］《教育宣传问题议决案》（1923 年 11 月），中共中央文献研究室、中央档案馆编：《建党以来重要文献选编（1921—1949）》第 1 册，中央文献出版社 2011 年版，第 353—355 页。

［3］《党内组织及宣传教育问题议决案》（1924 年 5 月），中共中央文献研究室、中央档案馆编：《建党以来重要文献选编（1921—1949）》第 2 册，中央文献出版社 2011 年版，第 74 页。

用。（2）在中宣部下设中央编译委员会，致力于马列主义、世界革命运动的宣传编译工作，"以端正党的理论方向"。（3）指导各地成立马克思主义研究学术团体。[1]不久，五卅运动爆发，掀起全国范围的大革命高潮，更加迫切需要马克思主义的理论指导。同年10月，中共中央在《宣传问题决议案》，指出要发展党的机关报，使他们通俗化，"翻译马克思主义的书籍——是文字上的宣传和鼓动的根本职任。同时还要收集整理种种材料，以便根据马克思主义编辑关于中国问题的著作——做解决民族革命及阶级斗争中种种问题的理论上根据"。[2]

　　这一时期共产党人创办的各类期刊，成为传播马克思主义的重要阵地。1923年6月《新青年》以季刊形式出版，瞿秋白任主编。其职志是"要与中国社会思想以正确的指导，要与中国劳动平民以智识的武器"，"为中国无产阶级革命的罗针"。[3]7月，中共中央机关刊物《前锋》创刊，瞿秋白为主编。10月，团中央机关刊物《中国青年》周刊出版，恽代英任主编。11月，中共中央党内刊物《中国共产党党报》创刊。同月，成立上海书店，作为党、团刊物及马列主义书籍的出版发行机构。1924年10月，《中国工人》创刊，指导全国工人运动。杨贤江将商务印书馆编辑的《学生杂志》发展为进步刊物，与《中国青

［1］《对于宣传工作之议决案》（1925年1月），中共中央文献研究室、中央档案馆编：《建党以来重要文献选编（1921—1949）》第1册，中央文献出版社2011年版，第256—257页。

［2］《宣传问题议决案》（1925年10月），中共中央文献研究室、中央档案馆编：《建党以来重要文献选编（1921—1949）》第2册，中央文献出版社2011年版，第530页。

［3］《〈新青年〉之新宣言》（1923年6月15日），中共中央文献研究室、中央档案馆编：《建党以来重要文献选编（1921—1949）》第1册，中央文献出版社2011年版，第237页。

年》等刊物相呼应，在进步青年中广为流传。

由共产党创办和支持的各类学校，在马克思主义传播教育中也发挥了重要作用。党校教育是系统进行马列主义教育、宣传党的方针政策、提升党员理论素质的重要举措。国共合作后，由于很多共产党员到国民党中工作，忽视党的自身建设，致使党的不少工作处于半停顿状态，于是党员教育被提到重要日程。1924年5月，中共中央指出"党内教育的问题非常重要，而且要急于设立党校养成指导人才"。[1] 1925年1月，中共四大制定的《对于宣传工作之议决案》指出："党中教育机关除支部具其一部分作用，另外于可能时更有设立党校有系统地教育党员，或各校临时讲演讨论会增进党员相互间对于主义的深切认识之必要。"[2] 1925年10月，中共中央通过的《宣传问题议决案》，提出举办区委、地委两级党校建设。1926年2月，中共中央"决定在北京及广州各办一长期党校"[3]。7月，中共中央会议强调要竭力养成工作人才，要求中央宣传部有计划编译共产主义ABC等理论著作，编印包括《革命常识》《党务常识》等"党校的教本及普遍的党员教育大纲"。[4] 1926年9月，中共中央指示"沪粤湘鄂四区都即须设

[1]《党内组织及宣传教育问题议决案》(1924年5月)，中共中央文献研究室、中央档案馆编：《建党以来重要文献选编(1921—1949)》第2册，中央文献出版社2011年版，第74页。

[2]《对于宣传工作之议决案》(1925年1月)，中共中央文献研究室、中央档案馆编：《建党以来重要文献选编(1921—1949)》第2册，中央文献出版社2011年版，第257页。

[3]《开办最高党校问题》(1926年2月)，中共中央组织部等编：《中国共产党组织史资料(1921.7—1949.9)》第8卷"文献选编"(上)，中共党史出版社2000年版，第82页。

[4]《关于宣传部工作议决案》(1926年7月)，中共中央文献研究室、中央档案馆编：《建党以来重要文献选编(1921—1949)》第3册，中央文献出版社2011年版，第287—288页。

立普通党校，以养成党的及职工运动的下级干部人才"。[1]

随之，全国力量较强的一些地方党组织先后成立党校。1924 年 12 月，中共安源地委党校正式成立，刘少奇任校长。1925 年 8 月，中共上海区委通过成立党校的议案，不久上海区委党校成立。10 月，中共北方区委在北京创办区委党校，开设课程有党的基本知识、马克思主义政治经济学、历史唯物主义、阶级斗争学说、列宁主义、世界革命史、国际共产主义、工农运动、国共合作政策、时事政治等系列课程。[2]湖南、湖北、广东等地的党校也逐渐开办。

由国共两党共同举办、实为共产党人主持的上海大学于 1922 年 10 月创办。它非常注重系统传播马克思主义理论，积极培养革命人才。李大钊在 1923 年一年内曾四次到上海大学作《劳动问题的根源》《社会主义释疑》等专题演讲。上海大学的社会学系师资力量尤其强大，共产党选派蔡和森、瞿秋白、恽代英、张太雷等一批党内知名理论家任教。他们在上海大学社会系任教期间撰写的授课讲义，体现这一时期党内马列主义的认知水平。瞿秋白在任教期间出版的《现代社会学》《社会哲学概论》全面系统地阐述辩证唯物主义与历史唯物主义的理论，开辩证唯物主义启蒙之先河，对中国共产党人深入了解和掌握马克思主义哲学的立场和方法论，认识和指导中国革命运动具有重要意义。[3]学校还利用暑假举办讲习班请恽代英讲《中国政治经济状况》、董亦湘讲《唯物史观》、萧楚女讲《中国农民问题》、邓中夏讲《中国

---

[1]《中央通告第十八号——配合北伐年内各地应完成的十六项工作》(1926 年 9 月 22 日)，中共中央文献研究室、中央档案馆编：《建党以来重要文献选编（1921—1949）》第 3 册，中央文献出版社 2011 年版，第 403 页。

[2] 彭健华：《关于一九二五年春北方区创办党校的回忆》，《党史资料丛刊》第 1 辑，上海人民出版社 1983 年版，第 114—119 页。

[3] 李曙新：《中国共产党哲学思想史》，中共党史出版社 2003 年版，第 37—40 页。

劳工问题》等，传播马克思主义思想。上海大学在反对国民党右派、
五卅运动、上海工人武装起义中都冲锋在前，成为传播马克思主义的
重要阵地、反帝反封建运动的坚强堡垒。

在苏联和中国共产党的帮助下，孙中山于 1924 年 5 月在广州创办
了一所培养军事政治干部的新型学校——黄埔军校。各地共产党组织
选送大量优秀党、团员和进步青年报考军校。黄埔军校第一期招收学
生 706 人，其中有蒋先云、陈赓、左权、许继慎、徐象谦（徐向前）
等共产党员和青年团员五六十人，约占学生总数的十分之一。黄埔军
校实施政治教育与军事教育并重的教学方针，设立政治部和党代表制
度。1924 年 11 月，刚从欧洲归国不久、任中共广东区委委员长的周恩
来出任政治部主任，对军校的政治工作和政治教育做出重要贡献。高
语罕、恽代英、萧楚女、聂荣臻等共产党人曾在政治部任职或任政治
教官。黄埔军校的政治课教学大纲"其中既有关于军阀制度、帝国主
义的课程，也有关于马克思和列宁的课程"。[1] 它允许本校学生购阅关
于社会主义、共产主义、马克思主义的书籍，有利于促进马克思主义
传播。黄埔军校培养了大批军事政治干部，其中不少后来成为中国共
产党的高级军事将领。

国共合作后，在"扶助农工"政策下，国民党执行委员会下专设
农民部，首任部长林伯渠负责领导农民运动。为培养从事农民运动的
骨干，从 1924 年 7 月起，国共合作共举办七期中央农民运动讲习所，
彭湃、罗绮园、阮啸仙、谭植棠、毛泽东等共产党人先后担任过农讲

---

[1]《索洛维约夫向联共（布）中央政治局中国委员会提出的关于中国形势的书面报
告》（1926 年 7 月 7 日），中共中央党史研究室第一研究部译：《联共（布）、共产国
际与中国国民革命运动（1926—1927）》第 3 卷，中共党史出版社 2020 年版，第
319 页。

所主任。共产党人将大量党员输送进农讲所培训，并在农讲所设置马列主义课程。该所共培养全国 700 多名农运骨干，他们参加培训后，再以特派员身份到各地培训农民群众，为大规模动员农民投身反帝爱国运动提供了有力支撑，促进全国农民运动蓬勃发展。

在大革命蓬勃发展和北伐战争胜利进军中，全国除新疆、青海、贵州、西藏、台湾外，都建立了党的组织或有了党的活动。中共中央和各地党组织先后创办刊物，建立书店、印刷所和各大城市的发行网，扩大党的影响力和覆盖面，马克思主义随之得到广泛的传播。

二、反击国民党右派的言行

群众革命运动的蓬勃发展，使帝国主义、地主买办阶级和军阀势力大为恐慌，也促使国民党内部进一步分化，左右派之间的矛盾日益扩大，特别是代表资产阶级、地主阶级的国民党右派反共加剧。在革命统一战线内部出现联合还是分裂、前进还是倒退的复杂局面。面对新问题，中国共产党人在思想理论战线以马列主义为思想武器，展开同国民党新老右派言论的斗争，扩大了马克思主义的影响力。

国民党原本组织松懈、成分复杂，内部充满激烈纷争。从国共合作开启之初，国民党右派的反对之声就不绝如缕，起初都被孙中山领导的国民党左派和共产党人压制下去。1924 年 1 月国民党一大否决了国民党右派提出的反对共产党员"跨党"的提案。大会根据孙中山的联俄、联共、扶助农工三大革命政策，对三民主义作了新的阐释，树立起新三民主义旗帜，成为国共两党合作的政治基础。1924 年 6 月，国民党中央监察委员邓泽如、张继、谢持以社会主义青年团刊印的一些宣言、决议案等材料，批评共产党员在国民党内搞党团活动，主张"绝对不宜党中有党"，又提出《弹劾共产党案》。为平息风波、继续推进革命，7 月国民党中央执行委员会经过讨论后发表宣言，否决了弹劾案。然而，国民党右派分子并未就此罢休。8月，张继等又发表所谓《护党宣言》，公开反对反帝反军阀的政治纲领，诬蔑共产党员加入国民党的目的是消灭国民党。在共产党人和国民党左派的坚决反击下，国民党第一届中央执行委员会召开第二次全会，经过激烈争论，通过《关于国民党内之共产派问题》《关于国民党与世界革命运动之联络问题》两个决议案，坚持国共合作，冯自由因煽动一伙人反对国共合作而被孙中山开除出党。但是，国共关系紧张态势并未完全消除，也没有得到根本解决。

1925年3月孙中山逝世后，国民党右派加紧反共活动，争夺革命领导权。11月，国民党老右派邹鲁、谢持等在北京西山碧云寺自行召开所谓"国民党一届四中全会"，非法宣布取消共产党员的国民党党籍，形成西山会议派。会后，他们在上海自行组织"国民党中央"，同广州的国民党中央相对抗。

中国共产党人痛斥西山会议派违背国民党一大政纲、破坏革命队伍内部团结的反动言行和错误观点。时任国民党代理宣传部长的毛泽东在《政治周报》发表不少政论文章，揭露西山会议派的实质，指出同西山会议派的斗争实质是继续革命与放弃革命之争。他认为一部分国民党右派从革命中分裂出去是一种阶级必然，是一种合乎阶级斗争规律的现象，"并不足以妨碍国民党的发展，并不足以阻挠中国的国民革命"。[1]

为从组织上惩治西山会议派，中国共产党积极促成国民党第二次全国代表大会于1926年1月在广州召开。大会对参加西山会议的老右派分子痛加斥责，并分别给予警告乃至开除党籍的处分。这样，西山

---

[1] 毛泽东：《国民党右派分离的原因及其对于革命前途的影响》（1925年冬），中共中央文献研究室、中央档案馆编：《建党以来重要文献选编（1921—1949）》第2册，中央文献出版社2011年版，第668页。

会议派被压制下去，但以蒋介石、戴季陶为代表的国民党新右派，利用戴季陶主义快速形成和发展，且出现新、老右派合流之势。

五卅运动后，面对全国工农革命力量空前高涨的形势，国民党右派极为惊恐，亟需反革命理论为之服务。1925 年 6—7 月，戴季陶抛出《孙文主义的哲学基础》和《国民革命与中国国民党》两本小册子，提出一套反动的理论主张，形成所谓的"戴季陶主义"。戴季陶主义在号称建立"纯正三民主义"和继承孙中山遗教的名义下，对新三民主义加以修正。它一面打着拥护孙中山三民主义旗号表示"联共"，一面又以"限共"的形式反共，具有很大的迷惑性和危险性。在某种程度上，戴季陶主义促成了国民党新、老右派的结合，为国民党右派发动反革命政变，建立大地主大资产阶级反革命政权提供了理论武器。其实质是仇俄、反共、压制工农，必须从理论上给以坚决反击。

戴季陶主义一经推出，立刻遭到共产党人和国民党进步人士的强烈批评。中国共产党人指出戴季陶主义是对孙中山学说的严重歪曲，并列举大量事实证明共产党员加入国民党后，不但没有损害国民党，而且促进了国民党的发展。

针对戴季陶主义关于国民革命与阶级斗争谬论，中共中央通告说明阶级斗争在国民革命中的重要作用，要求："要多举事实，说明离开阶级争斗，便无法防止资产阶级的妥协，实现民族主义，便无法使工农奋起使全国最大多数的人民得到民权，便无法使资产阶级承认节制资本，地主阶级承认平均地权，实现民生主义，更进一步非到共产社会，民生主义不能算完满成功。"[1]

---

[1]《中央通告第六十五号——与国家主义派及国民党右派斗争问题》(1925 年 11 月)，中共中央文献研究室、中央档案馆编：《建党以来重要文献选编（1921—1949）》第 2 册，中央文献出版社 2011 年版，第 600—601 页。

针对戴季陶主义所谓的"借国民党的躯壳，发展共产党组织"等错误论调，共产党人也进行了反驳。恽代英在国民党第二次全国代表大会上义正词严地说道：我加入国民党，"是因为想做官吗？想认识某要人吗？我完全是因为国民党能反对帝国主义、军阀，为被压迫农工利益而奋斗所以来的"。"各位同志不要管我是不是共产派，只要问我是不是实行三民主义。如果有违背三民主义去做反革命的事情，便马上可以拿去枪毙。如果没有，便不能开除。我的理由在这里说得很明白了，如果你说我是共产派，我这个共产派便是这样主张的"。[1]瞿秋白的《中国国民革命与戴季陶主义》系统批判了戴季陶主义。他指出共产党是无产阶级政党，有自己的"躯壳"，何必借助国民党？他说："中国国民革命运动能发展，只有两条路：一、注重工农阶级的阶级斗争，以无产阶级引导一切革命阶级前进；二、侧重资产阶级的利益，讲'中庸'、'调和'、'统一'而反对阶级斗争，其结果是为买办阶级的力量所利用，完全到右派及帝国主义一方面去。"[2]

中国共产党人对戴季陶主义的批判，极大地缩小其恶劣影响，扩大了马克思主义唯物史观和阶级斗争学说的传播。但是，由于中共中央主要领导人陈独秀在指导思想上开始出现迁就国民党右派的右倾机会主义错误，对戴季陶主义的批判并不彻底。1926年先后出现的中山舰事件和"整理党务案"都与这一时期的复杂形势和戴季陶主义反动思潮有密切关系。

[1] 恽代英：《在国民党第二次全国代表大会上的演说》，《恽代英全集》第8卷，人民出版社2014年版，第20页。

[2] 瞿秋白：《中国国民革命与戴季陶主义》(1925年8月)，中共中央文献研究室、中央档案馆编：《建党以来重要文献选编（1921—1949）》第2册，中央文献出版社2011年版，第463、467页。

这个时期，中国共产党人还对以曾琦、李璜等为代表的国家主义派展开批判。国家主义思潮萌发于五四时期，1923年底，曾琦、李璜在巴黎建立中国青年党，反对马克思主义，破坏国共合作。1924年秋，他们回国后，创办《醒狮》周报，在全国各地建立国家主义派小组织，从1925年冬到1926年上半年嚣张一时。国家主义派否认国家的阶级性，宣扬超阶级的资产阶级国家观，竭力反苏反共，反对工农革命。甚至把国民党右派挑动争端、破坏合作的行为，也说成是由于中国共产党人坚持阶级斗争之故。中国共产党人以马克思主义的国家观，同国家主义派进行坚决的斗争。恽代英用大量事实说明中国阶级对立和斗争的客观存在，说明无产阶级革命的必要性。他说："我们心目中的国家，是为抵御国际资本主义的压迫而存在的；我们心目中的政府，是为保障无产阶级平民的利益而存在的；我们要全民族自爱自保，是为要使全民族从帝国主义政治经济压迫之下解放出来；要求全民族解放，我们自然更要注意力求那些最受压迫而占人口最大多数的农工阶级的解放。"[1] 在中国共产党人的坚决斗争下，国家主义派逐渐丧失对群众的影响，1926年下半年国家主义派内部发生分化，随后陷入组织瓦解和思想破产的境地。

三、探索中国革命理论的基本问题

思想理论不可能凭空产生，理想信念也不可能轻而易举坚守。国共合作开启后，一些新问题随着革命的发展而日益突显，需要从思想理论上给以解决。一方面，由于中国共产党没有认识到党在民主革命中的领导权问题，且对国民党内的复杂情况和国共复杂关系也估计不足，面临着国民党右派不断滋生的攻击问题。1924年下半年，国民党

---

[1] 恽代英：《答〈醒狮周报〉三十二期的质难》，《恽代英全集》第7卷，人民出版社2014年版，第181页。

右派不断升级反共分裂行为，有的地方甚至发生暴力冲突行为。8月1日，国民党右派喻育之纠众到国民党上海执行部，殴打《民国日报》邵力子。10月10日在上海天后宫双十节庆祝大会上，国民党右派指使流氓大打出手，致使上海大学学生、共产党员黄仁被殴后死亡。上海大学内部国共双方的斗争也随之尖锐起来，迫使瞿秋白辞职，国民党右派的何世桢也辞职。另一方面，中国共产党在积极推进国共合作之初忽视党自身建设，使党的发展出现停顿徘徊的状况，一些地方甚至出现党员数量下降的趋势。

在此复杂情形下，如何推进国共合作？如何处理与资产阶级的关系？如何认识无产阶级革命领导权问题？如何看待与农民同盟关系？都需要中国共产党人在不断总结新的斗争经验基础上，结合新的革命形势，从理论上给以解答。中国共产党人以马克思主义为指引，坚定理想信仰，不断探索和解决中国革命的一些基本理论问题。

一是明确无产阶级革命领导权和工农联盟问题。1925年1月在上海举行的中共四大在正确分析世界革命运动和中国革命运动形势、各阶级在民族革命中的地位和趋向的基础上，明确提出无产阶级在民主革命中的领导权问题。中共四大通过的《对于民族革命运动之议决案》指出："中国的民族革命运动，必须最革命的无产阶级有力的参加，并且取得领导的地位，才能够得到胜利"，无产阶级参加民族民主运动，"不是附属资产阶级而参加，乃以自己阶级独立的地位与目的而参加"，"是为了推翻全世界资本帝国主义之压迫，推翻外国的资本主义，同时也反对本国的资本主义，并且要由民族革命引导到无产阶级的世界革命"。[1] 这对党在大革命中发动和领导工农运动起到重要作用。

---

[1]《对于民族革命运动之议决案》(1925年1月)，中共中央文献研究室、中央档案馆编：《建党以来重要文献选编（1921—1949）》第2册，第216—217页。

半殖民地半封建中国，农民占全国人口的 80% 以上。如何实现无产阶级领导权，关键在于能否调动农民的革命积极性并与其结成联盟。中共四大认为无产阶级政党如果不联合农民起来斗争，就不可能取得中国革命的成功和无产阶级领导地位，这是无产阶级实现领导权的关键问题。党的四大强调工农同盟军问题，指出农民是中国革命运动的重要成分，并且因利害关系，天然是工人阶级的同盟军。"农民问题，在无产阶级领导的世界革命，尤其是在东方的民族革命运动中，占一个重要的地位"。"所以农民问题在中国尤其在民族革命时代的中国，是特别的重要。中国共产党与工人阶级要领导中国革命至于成功，必须尽可能地系统地鼓动并组织各地农民逐渐从事经济的和政治的争斗，没有这种努力，我们希望中国革命成功以及在民族运动中取得领导地位，都是不可能的。"因此，"务必在反帝国主义反军阀的民族革命时代努力获得最大多数农民为工人阶级之革命的同盟"。同时，必须"随时随地注意启发农民的阶级觉悟"，向他们解释党的性质、党纲、策略，使他们"渐渐知道本党是真为他们利益而奋斗的党"，引导农民由原始自然的反抗到自觉加入有组织的经济和政治斗争。[1] 根据这种精神，1925 年 5 月全国第二次劳动大会通过《工农联合的决议案》，把引导农民参加民主革命、与农民建立巩固的联盟，作为民主革命胜利的保证。这对即将到来的工农运动高潮具有重要意义。

但是，党的四大提出无产阶级领导权问题，但对无产阶级如何实现对革命的领导权，并没有给以具体的解答，也没有充分认识到掌握政权和武装力量的重要性。虽提出工农联盟和保护农民利益的主张，但没能提出土地革命是解决农民问题的根本思想。这些需要在以后的

---

[1]《对于农民运动之议决案》（1925 年 1 月），中共中央文献研究室、中央档案馆编：《建党以来重要文献选编（1921—1949）》第 2 册，第 239—242 页。

革命实践中逐渐加以认识。

在波澜壮阔的大革命中，先后爆发的五卅运动、省港大罢工、汉口九江英租界的收回、上海工人三次武装起义等一系列斗争，沉重打击了帝国主义在华势力，基本推翻北洋军阀的反动统治，充分显示工农大众已成为反帝反封建的中坚力量。同时，社会各阶级的政治态度在大革命中也有充分展示出来，革命联合战线内部争夺领导权的矛盾日益突出，使共产党人进一步认识到掌握革命领导权的重要性。1925年7月，周恩来在省港罢工工人第六次代表大会上作的政治报告中指出："工人是国民革命的领袖，要领导农人兵士而为工农兵的大联合，共同来打倒帝国主义。"[1]1926年5月，刘少奇在第三次全国劳动大会的报告中说："工人阶级在'五卅'反帝国主义运动中牺牲为最大，主张最为急进，奋斗最能坚持，力量亦表现得非常伟大。在各种奋斗事实中，足以证明工人阶级在国民革命运动中之领导地位，是确凿不移的。"[2]瞿秋白认为，五卅运动中资产阶级的妥协性和小资产阶级的犹豫畏怯，足以"证明无产阶级在国民革命中取得指导权之必要"。这些都表明中国共产党人对同资产阶级争夺革命领导权的问题、对工农联盟问题有了普遍一致的深入认识。

在蓬勃发展的工农群众运动中，中国共产党人也日益认识到发动组织农民参加革命和解决农民问题的重要性。1925年10月在北京召开的中共中央执行委员会扩大会议，根据广东、湖南等地农民斗争经验和农民运动发展的新形势，强调要使农民革命化、把农民组织起来，

___

[1] 中共中央文献研究室编：《周恩来年谱（1898—1949）》，中央文献出版社2020年版，第77页。

[2] 刘少奇：《工人阶级在革命中的地位与职工运动方针》，《刘少奇选集》上卷，人民出版社1981年版，第1页。

巩固与农民的同盟。大会通过《中共中央执行委员会扩大会议告农民书》，指出解决农民贫困的根本问题是废除封建土地所有制，实行"耕地农有"，"如果农民不得着他们最主要的要求——耕地农有，他们还是不能成为革命的拥护者"。它还提出农民经济上、政治上的平等权利，提出成立农会、减免赋税等各项具体措施。[1] 这是中共中央决议中第一次提出农民土地问题。1926 年 5 月，党领导召开的广东省第二次农民代表大会专门作出《农民运动在国民革命中之地位决议案》，指出农民问题是国民革命中的一个中心问题，国民革命能否进展和成功，必以农民运动能否进展和成功为转移。

这一时期，毛泽东对农民问题的论述尤为系统深入。1925 年他开始以大量精力从事农民运动，在湘潭韶山一带建立 20 多个农会，随后又在广州主持第六届农民运动讲习所，这使他对农民问题有了更为深刻的认识。1925 年 12 月，他在《中国社会各阶级的分析》中指出，"绝大部分半自耕农和贫农是农村中一个数量极大的群众。所谓农民问题，主要就是他们的问题"，"他们是农民中极艰苦者，极易接受革命的宣传"。[2] 1926 年 1 月，他发表《中国农民中各阶级的分析及其对于革命的态度》，运用马克思主义的阶级分析法，将农村居民分为大地主、小地主、自耕农、半自耕农、半益农、贫农、雇农及乡村手工业者、游民八个阶级，并就各个阶级对革命的态度进行深入科学分析，初步形成关于农村阶级分析的理论。9 月，他发表《国民革命与农民运动》，

[1]《中共中央执行委员会扩大会议告农民书》(1925 年 10 月 10 日)，中共中央文献研究室、中央档案馆编：《建党以来重要文献选编（1921—1949）》第 2 册，第 504—508 页。

[2] 毛泽东：《中国社会各阶级的分析》(1925 年 12 月 1 日)，中共中央文献研究室、中央档案馆编：《建党以来重要文献选编（1921—1949）》第 2 册，第 605 页。

集中论述"农民问题乃国民革命的中心问题"的观点，号召共产党人和革命者从农民的痛苦与需要中，"引导他们组织起来，引导他们向土豪劣绅争斗，引导他们与城市的工人、学生、中小商人合作建立起联合战线，引导他们参与反帝国主义反军阀的国民革命运动"。[1] 1927年初他对湖南农民运动进行了为期32天的考察后，3月在《湖南农民运动考察报告》中，驳斥非难农民运动的各种谬论，论述了农民运动的伟大意义。这为中国共产党后来领导土地革命、制定正确农民政策奠定了一定的理论基础。

二是进一步深入探讨中国革命性质问题。五四运动是中国革命史上具有划时代意义的一个重大事件。五四运动之后的中国民主革命，与此前的辛亥革命相比较，究竟有何本质不同？产生什么新的特点？在性质上有无变化？这是随着革命的发展而需要从理论上厘清的问题。中共二大指出中国革命的性质是反帝反封建军阀的资产阶级民主革命。1923年5月，蔡和森认为中国革命运动的性质与历程与欧美资产阶级的民主革命大大不同，当前"殖民地的革命运动已不是纯粹资产阶级民主革命的问题，事实上业已变成为国民革命（亦可称民族革命）的问题，而且这个问题要待列入世界革命的议事日程中才得解决"。[2] 五卅运动后，共产党人对此在理论上有了更为深入的探讨。毛泽东在《国民党右派分离的原因及其对于革命前途的影响》中对此作了进一步论述。他结合时代变化和阶级构成，指出中国新、旧两种革命的区别：

---

[1] 毛泽东：《国民革命与农民运动——〈农民问题丛刊〉序》（1926年9月1日），中共中央文献研究室、中央档案馆：《建党以来重要文献选编（1921—1949）》第3册，中央文献出版社2011年版，第386页。

[2] 蔡和森：《中国革命运动与国际之关系》（1923年5月2日），中共中央文献研究室、中央档案馆编：《建党以来重要文献选编（1921—1949）》第1册，中央文献出版社2011年版，第233页。

一是革命对象不同。辛亥革命的对象是封建贵族阶级，五四运动后革命的对象是国际帝国主义及其工具官僚军阀买办地主阶级。二是革命的主体力量不同。辛亥革命的主体力量是资产阶级，是资产阶级"一阶级的革命"，五四运动后革命的主体力量是小资产阶级、半无产阶级和无产阶级，是这三个阶级"合作的革命"；三是革命的目的不同，所要建立的国家政权不同。辛亥革命是要建立"资产阶级—阶级统治的国家"，五四运动后的革命是要建立"一个革命民众合作统治的国家"。[1] 尽管当时毛泽东还没有作出五四运动是中国旧民主主义革命走向新民主主义革命的转折点、五四运动后中国革命是新民主主义革命的正式论断，但已有此思想的萌芽。

三是进一步明确各阶级在中国革命中的地位、动力和作用问题。中国革命如要成功，必须团结联合社会各阶级组成广泛的统一战线，如何认识和对待资产阶级问题成为其中一个重要问题。中国共产党成立后的一段时间内，对于资产阶级的构成及其在革命中的作用的认识是不确定的，如何分析对待民族资产阶级也不清楚。1924 年国共合作后，随着国民党右派反共活动的加剧，如何正确地分析中国社会各阶级关系，分清楚谁是革命的敌人，谁是革命的朋友，成为中国共产党人的当务之急。1925 年 1 月召开的中共四大对资产阶级的构成进行初步分析，指出中国存在"买办官僚的资产阶级"和"民族的工业资产阶级"，认为前者的"经济基础，大部分是依赖外国资本主义之侵入（外货外资），另一部分是勾结军阀政府，以重利盘剥国家，掠夺平民"，他们"完全是帝国主义之工具"，"是中国资产阶级之反革命

---

[1] 毛泽东：《国民党右派分离的原因及其对于革命前途的影响》（1925 年冬），中共中央文献研究室、中央档案馆编：《建党以来重要文献选编（1921—1949）》第 2 册，中央文献出版社 2011 年版，第 663—664 页。

派"。[1]但是对民族资产阶级的复杂性缺乏细致分析。

经历五卅运动之后，随着国共两党争夺中国革命领导权的斗争加剧，辨清敌友的问题更加凸显出来。1925年12月，毛泽东发表《中国社会各阶级的分析》，文中运用马克思主义唯物史观和辩证法，开宗明义地说道："谁是我们的敌人？谁是我们的朋友？这个问题是革命的首要问题。中国过去一切革命斗争成效甚少，其基本原因就是因为不能团结真正的朋友，以攻击真正的敌人。"在对各阶级正确分析的基础上，中国革命对象、力量以及革命策略方针也就得以明确。他指出，"可知一切勾结帝国主义的军阀、官僚、买办阶级、大地主阶级以及附属于他们的一部分反动知识界，是我们的敌人。工业无产阶级是我们革命的领导力量。一切半无产阶级、小资产阶级，是我们最接近的朋友。那动摇不定的中产阶级，其右翼可能是我们的敌人，其左翼可能是我们的朋友——但我们要时常提防他们，不要让他们扰乱了我们的阵线"。[2]他的论述揭示了中国社会各阶级之间的相互关系和发展变化，以及中国不同阶级在革命中的动力和作用问题，原则性地回答了有关中国革命的对象、领导者、同盟军等系列问题，是马克思主义中国化的早期重要成果，为党后来制定正确的革命方针政策，特别是正确处理同民族资产阶级的关系，提供了重要理论根据。

四是日益重视武装夺取政权的斗争问题。在如火如荼的大革命中，共产党人参加建设黄埔军校、统一广东革命根据地和北伐战争，认识

---

[1]《对于民族革命运动之议决案》（1925年1月），中共中央文献研究室、中央档案馆编：《建党以来重要文献选编（1921—1949）》第2册，中央文献出版社2011年版，第217—218页。

[2] 毛泽东：《中国社会各阶级的分析》（1925年12月1日），中共中央文献研究室、中央档案馆编：《建党以来重要文献选编（1921—1949）》第2册，中央文献出版社2011年版，第602、607页。

到武装斗争和革命军队的重要性，初步提出一些颇具见地的军队政治工作原则和武装斗争思想。1925年5月，邓中夏在《劳动运动复兴期中的几个重要问题》中，明确指出政权不是从天外飞到中国工人手中的，"是要我们从实际政治斗争去一点一滴的以至于全部的取得。政权我们不取，资产阶级会去取的。所以我们对于国民革命，即为了取得政权而参加的"。只有无产阶级在政治上的地位与势力日见增长与巩固，才能"消极方面得防范资产阶级在革命中之妥协软化，并制止其在革命后之政权独揽；积极方面，造就我们在政治上的深厚的基础，为将来建设'工人政府'或'无产阶级专政'预为准备"。[1]10月，中共中央执委会扩大会议讨论武装工人阶级的问题，提出要"有组织的去预备武装工人阶级中最勇敢忠实的分子"，并决定中央之下应有职工运动、农民运动及军事运动委员会。其后成立中央军事委员会领导党的军事工作。

1926年4月，瞿秋白发表《中国革命中之武装斗争问题》，论述革命战争的意义和革命斗争的各种方式，特别论述了武装工农、革命党对军队的领导权及革命后建立革命政权的关系。他认为，"中国国民革命里极端需要革命的正式军队"，必须组织和训练工人、农民、小资产阶级群众组成正式的革命军队。"政治上以革命民众的政党为主体，军事上以正式的革命军队为主体，从事于革命的作战"，"而后中国平民才有彻底解放的希望"。[2]1927年春，瞿秋白在《中国革命之争论问题》中，围绕"中国革命吗？""谁革谁的命？""谁能领导革命""如何

---

[1]　邓中夏：《劳动运动复兴期中的几个重要问题》，《邓中夏全集》上，人民出版社2014年版，第539—540页。

[2]　瞿秋白：《中国革命中之武装斗争问题——革命战争的意义和种种革命斗争的方式》，《瞿秋白文集》政治理论编第4卷，人民出版社2013年版，第59—61页。

去争领导?""领导的人怎样?"等问题,论述中国革命的任务、性质、前途、动力、领导权、统一战线等重要问题,对党内出现的右倾机会主义错误进行了比较系统的批评,阐述必须坚持无产阶级领导权。

周恩来、恽代英、聂荣臻、李富春等共产党人在相关文章和讲话中,就革命军队的性质和职任、军队政治工作的目的和任务、军队政工人员应具备的条件等方面,阐明了革命军队政治工作的若干基本理论。[1] 1926 年,恽代英提出革命军队应具备两个条件:"一、是要明了而服从党的主义,在党的指导之下与中国民族的仇敌作战。所以我们要政治教育,要党部组织,每个同志要服从党纪。二、是要能够有充分作战的能力,为党的主义有切实把握能够杀敌致果。所以我们要军事教育,要作战训练,每个同志要服从军纪。"[2] 进而,明确党纪和军纪的关系,使广大官兵懂得为谁打仗,为什么打仗。他特别强调理论主义教育的重要性,说道"我们政治工作人员无论在如何困难的环境中,必须要丝毫不妥协的将这种理论传达到士兵方面去"。[3] 他认为东征和北伐的胜利,"固然是前敌将士忠勇奋斗;而其因为有政治工作,能得一般民众的同情拥护,亦是很大的一个原因"。[4] 这些理论经验都为其后中国共产党建立自己的军队政治工作打下了坚实的基础。

中国共产党关于中国革命基本问题的初步认识和探讨,是中国共产党人努力应用马克思主义分析中国实际情况、解决中国实际问题的重要成果,也为大革命的推进提供了思想保障。但是,大革命后期由

---

[1] 肖甡:《中共早期历史探究》,上海人民出版社 2013 年版,第 187—189 页。

[2] 恽代英:《党纪与军纪》,《恽代英全集》第 8 卷,人民出版社 2014 年版,第 48 页。

[3] 恽代英:《军队中政治工作的方法》,《恽代英全集》第 8 卷,人民出版社 2014 年版,第 160 页。

[4] 恽代英:《国民党中央及各省区代表联席会议之经过》,《恽代英全集》第 8 卷,人民出版社 2014 年版,第 410 页。

于统一战线内部急剧分化乃至破裂，蒋介石集团、汪精卫集团先后投入反革命阵营，再加上还处在幼年时期的中国共产党缺乏应对如此复杂环境的政治经验，党内以陈独秀为代表的右倾机会主义在妥协退让中，放弃了无产阶级的革命领导权尤其是武装力量的领导权等各类复杂原因，致使共产党人在敌人突然袭击下不能组织有效反抗，最终大革命从高潮急剧走向失败。大革命虽然失败了，但它为共产党人继续前行积累了丰富的斗争经验和理论基础。其后，以毛泽东为代表的中国共产党人坚定理想信念，在吸取上述斗争经验和理论成果的基础上，创造性地将马克思主义与中国革命实际相结合，成功走出一条农村包围城市，武装夺取政权的新革命道路，推动中国革命不断取得胜利。

马克思主义是我们党立党立国、兴党兴国的根本指导思想。百年来，中国共产党始终将马克思主义写在自己旗帜上，始终坚定理想信念，始终重视思想建党、理论强党，才能在一次次挫折中奋起、历经艰难困苦而不断发展壮大。"实践告诉我们，中国共产党为什么能，中国特色社会主义为什么好，归根到底是马克思主义行，是中国化时代化的马克思主义行。拥有马克思主义科学理论指导是我们党坚定信仰信念、把握历史主动的根本所在。"[1] 理论的生命力在于不断创新，推动马克思主义不断发展是中国共产党人的神圣职责。新时代我们要坚定理想信念，坚持把马克思主义基本原理同中国具体实际相结合、同中华优秀传统文化相结合，不断开辟马克思主义中国化时代化新境界，确保中国式现代化劈波斩浪、行稳致远。

---

[1] 习近平：《高举中国特色社会主义伟大旗帜　为全面建设社会主义现代化国家而团结奋斗——在中国共产党第二十次全国代表大会上的报告》（2022 年 10 月 16 日），人民出版社 2022 年版，第 16 页。

第三章

践行初心、担当使命：
共产党人政治品质的践行

中国共产党人的初心和使命，就是为中国人民谋幸福、为中华民族谋复兴。[1]毛泽东曾深刻指出："共产党员是一种特别的人，他们完全不谋私利，而只为民族与人民求福利。"[2]"践行初心、担当使命"始终是一条贯穿党的奋斗历程的鲜明主线，集中体现了中国共产党崇高的政治品质。早期共产党人怀着救国救民的赤子之心，以无私无畏的奉献精神、坚如磐石的革命意志投身革命事业，谱写了一曲党与人民血肉相连、命运与共的壮丽篇章，充分彰显了共产党人对初心使命矢志不渝的执着坚守。

第一节 初心使命的确立

在中华民族深陷苦难与危机的时刻，中国共产党应运而生。自诞生之日起，党就明确将为中国人民谋求幸福、为中华民族谋求复兴作为自己的初心与使命。习近平总书记指出："我们党从诞生那一天起，就同中国人民和中华民族的前途命运紧密联系在一起。"[3]在党的二大上，党进一步明确了反帝反封建的民主革命纲领，彰显了为民族独立和人民解放而不懈奋斗的使命担当。

---

[1] 习近平：《决胜全面建成小康社会，夺取新时代中国特色社会主义伟大胜利》（2017年10月18日），人民出版社2017年版，第1页。

[2] 毛泽东：《中共中央为抗战六周年纪念宣言》（1943年7月2日），《毛泽东文集》第3卷，人民出版社1996年版，第47页。

[3] 习近平：《在党史学习教育动员大会上的讲话》（2021年2月20日），人民出版社2021年版，第5页。

一、作劳苦大众的代表

人民性是马克思主义的本质属性。全世界共产党人的初心记录在马克思、恩格斯所著《共产党宣言》中，这篇伟大文献指出："无产阶级的运动是绝大多数人的，为绝大多数人谋利益的独立的运动。"[1]毛泽东在新中国成立前夕曾回忆道："从前我当小学教员时，只是靠教书吃饭，没有想到要搞共产党，共产党是后来因为人民需要才成立的。"[2]在党的创建时期，中国共产党人就对党的性质、宗旨等问题进行了理论探索。陈独秀认为，共产党应该代表全社会的利益，为全社会的幸福而奋斗。他指出："对于一切拥护少数人私利或一阶级利益，眼中没有全社会幸福的政党，永远不忍加入。"[3]他在《新青年》发表文章强调："新文化运动影响到产业上，应该令劳动者觉悟他们自己的地位，令资本家要把劳动者当做同类的'人'看待，不要当做机器、牛马、奴隶看待。"[4]李大钊参照俄国十月革命的经验，提出中国应该建立一个布尔什维克主义的政党，这个政党"不是政客组织的政党，也不是中产阶级的民主党，乃是贫民的劳动家的政党，即是社会主义团体"。[5]这些理论探讨为中国共产党确立无产阶级政党性质提供了重要思想基础。

这些具有初步共产主义思想的知识分子，并没有停留在理论的宣传和探讨上，而是深入到工人群众中去，了解他们的疾苦，表达了对

---

[1] 马克思、恩格斯：《共产党宣言》，《马克思恩格斯选集》第1卷，人民出版社2012年版，第411页。

[2] 毛泽东：《依靠群众办好铁路建设事业》(1949年7月9日)，《毛泽东文集》第5卷，人民出版社1996年版，第305—306页。

[3] 陈独秀：《本志宣言》，《新青年》第7卷第1号，1919年12月1日。

[4] 陈独秀：《新文化运动是什么？》，《新青年》第7卷第5号，1920年4月1日。

[5] 李大钊：《团体的训练与革新的事业》，《曙光》第2卷第2号，1921年3月。

广大劳苦大众的关心关注。1920年初陈独秀到上海后，在工人中宣传马克思主义，鼓励工人为自身权益而奋斗。他在上海船务栈房工界联合会成立会发表演说，"只有做工的人最有用、最贵重"，并将工人觉悟分为待遇改良和要求管理权两个阶段。鉴于中国的劳动运动刚起步，他希望工人觉悟到有第二步境界，鼓励工人为实现第一步而努力。[1]他主编的《新青年》"劳动节纪念号"，刊载了各地工人状况的调查报告，揭示了资本家的剥削行径和工人们的悲惨命运。在陈独秀的指导和影响下，上海各业5000多工人于5月1日举行集会，高呼"劳工万岁"等口号，并通过了《上海工人宣言》。此外，一批先进知识分子走出书斋，穿起工人的服装，与工人一起劳动生活。如俞秀松到厚生铁工厂做工，给工人讲课。俞秀松还提出，可先在上海组建一个"工人俱乐部"，对工人进行教育，改变他们的旧思想，灌输新知识，然后再组织各种工人团体开展劳动运动。这种办法很快在早期共产党人开展的上海工运中付诸实践。这表明，中国共产党在孕育阶段就注重将马克思主义理论与中国工人运动实践相结合，始终把维护工人阶级利益作为根本出发点。

1920年中国共产党发起组成立之际，将劳工专政确定为中国共产党达到社会革命的重要手段，开展工人运动顺理成章成为早期共产党人的重要工作。各地共产党早期组织成立后，更加自觉地有组织有计划地向工人群众传播马克思主义，通过创办工人刊物、开办工人学校、组织工会等各种形式开展工人运动，引导工人走上革命道路。

为启发工人阶级觉悟、维护工人切身利益，各地共产党早期组织积极创办面向工人的通俗刊物。如上海有《劳动界》，北京有《劳动

---

[1] 陈独秀：《劳动者底觉悟》（在上海船务栈房工界联合会演说），《新青年》第7卷第6号，1920年5月1日。

音》，广州有《劳动与妇女》，济南有《劳动周刊》等。1920 年 8 月，中国共产党发起组创办的向工人进行马克思主义启蒙教育的通俗周报《劳动界》问世。先进知识分子从社会现象出发，用通俗易懂的语言描述劳资之间的不平等，向劳工讲授价值、剩余价值等理论，剖析资本家剥削工人的原因，为劳工悲惨命运呐喊，以此激发他们的觉悟，同时唤起社会各界的同情与关注。上海杨树浦路电灯工厂工人陈文焕感言："有了你们所刊行的《劳动界》，我们苦恼的工人，有话可以讲了，有冤可以伸了，做我们工人的喉舌，救我们工人的明星呵"，[1] 生动反映了这份刊物在工人群体中的广泛影响。

在工人集中的地方通过开办工人补习学校，是中国共产党联系工人、教育工人的重要途径。上海小沙渡和北京长辛店是中国共产党最初做职工运动的起点，[2] 这两处工人补习学校办得最有成绩。1920 年秋，中国共产党发起组委托党员李启汉到上海小沙渡纱厂集中区开办工人学校，对工人进行文化和马克思主义思想教育。初办时学生人数不多，李启汉及时调整策略，引入文娱活动等生动形式，成功吸引了更多的工人参与学习。在教课中，李启汉通俗地向工人传播马克思主义的真理。他告诉大家：工人们要解放，就要联合起来闹革命，推翻剥削的反动统治，由劳动人民掌握政权。工人与工人是阶级兄弟，要齐心一致同剥削阶级作斗争，一面争取改善生活待遇，一面积聚力量准备最后的决战。[3] 1921 年 1 月，在北京共产党早期组织领导下，长

[1] 陈文焕：《通信》，《劳动界》第 5 册，1920 年 9 月 12 日。

[2] 邓中夏：《中国职工运动简史 1919—1926》，《邓中夏全集》下册，人民出版社 2014 年版，第 1359 页。

[3] 姜沛南编写：《五卅运动前后沪西工人的革命斗争——上棉二厂厂史选载》，中国人民政治协商会议上海市委员会文史资料工作委员会编：《文史资料选辑》1978 年第 2 辑，上海人民出版社 1979 年版，第 2—4 页。

辛店劳动补习学校正式开学。学校里白天教工人的孩子，晚上教工人，近二十个工人来读书。教员们通过具体事例讲解阶级剥削和"帝国主义的侵略"的实质，同时号召工人团结起来，把"要团结"这个主要意思牢牢地扎在工人的心里。

随着马克思主义宣传教育的开展，觉悟起来的工人有了组织工会的要求。各地共产党早期组织积极回应这一需求，帮助工人建立自己的工会组织，为维护工人阶级的经济和政治利益而奋斗。上海机器工会是中国共产党领导工人创立的第一个工会。1920年10月，上海机器工会发起会召开，通过了《上海机器工会章程》。工会的宗旨是"谋本会会员底利益，除本会会员底痛苦"。[1] 11月，上海机器工会正式成立时，会员已达300余人。工会不仅关注工人的经济权益，还注重提高工人文化素质，设立俱乐部、书报室等设施。[2] 1921年五一国际劳动节，长辛店铁路工会成立，有代表阐述了成立工会的缘由：工人作牛马已经数千年，现在急需觉悟，要求减少工作，以得到应享之幸福及教育，但是要达此目的，必须联合起来与资本家进行抵抗，因而要组织工会。[3] 武汉、长沙、广州、济南的党的早期组织也积极领导工人建立工会组织。

各地共产党早期组织十分关心工人生活，并以实际行动支持工人的罢工斗争。1921年7月19日，上海英美烟厂工人因反抗洋监工克扣工资与殴打侮辱工人而举行罢工。当时正值党的一大召开前夕，从报上获悉这一消息后，党立即派李启汉前往领导斗争。英美烟厂新、老两厂8000余名工人全体参加罢工。在李启汉等人的领导下，英美烟公

---

[1]《上海机器工会开发起会纪略》,《劳动界》第9册，1920年10月10日。

[2]《机器工会成立纪》,《时报》1920年11月22日。

[3]《劳动节之长辛店工人大会》,《新闻报》1921年5月4日。

司工人罢工持续了三个多星期，取得胜利。以此为契机，刚刚成立的中国共产党随即领导工人成立了上海烟草工人会。

在中国共产党正式成立前的一年多时间里，各地共产党早期组织积极投身工人运动实践，共产主义知识分子到工人中去开展宣传和组织工作，积极向工人传播马克思主义，指明工人阶级谋求解放的道路，启发工人的阶级觉悟，增强工人斗争精神，进而团结工人，促使他们组织工会，实现了马克思主义与工人运动的初步结合。

二、肩负民族复兴重任

1921 年 7 月 23 日，中共一大在上海开幕，一个以马克思列宁主义为行动指南的、完全新式的无产阶级政党宣告诞生。中国共产党自成立以来，始终把为中国人民谋幸福、为中华民族谋复兴作为自己的初心使命，团结带领全国各族人民为争取民族独立、人民解放和实现国家富强、人民幸福而不懈奋斗。习近平总书记深刻指出："中国共产党一经成立，就把实现共产主义作为党的最高理想和最终目标，义无反顾肩负起实现中华民族伟大复兴的历史使命。"[1]

党的一大通过的《中国共产党第一个纲领》明确阐释了党的性质和奋斗目标。《纲领》明确"本党定名为'中国共产党'"，规定党要领导无产阶级进行革命斗争，推翻资产阶级国家机器，建立无产阶级专政，消灭阶级，实现生产资料公有制，最终实现共产主义的目标，表达了共产党人终身为之奋斗的崇高理想。《纲领》规定的奋斗目标，表明中国共产党一开始就是以马克思主义作为指导思想的政党，马克思主义为共产党制定战略策略提供了根本遵循。毛泽东在《论联合政府》中强调："我们共产党人从来不隐瞒自己的政治主张。我们的将

---

[1] 习近平：《决胜全面建成小康社会，夺取新时代中国特色社会主义伟大胜利》（2017 年 10 月 18 日），人民出版社 2017 年版，第 13 页。

来纲领或最高纲领，是要将中国推进到社会主义社会和共产主义社会去的，这是确定的和毫无疑义的。我们的名称和我们的马克思主义的宇宙观，明确地指明了这个将来的、无限光明的、无限美妙的最高理想。"[1] 中国共产党始终坚持全心全意为人民服务的根本宗旨。自诞生之日起，党就庄严宣告党没有自己的特殊利益，没有自己的私利，始终把中国工人阶级的利益、中国人民和中华民族的利益作为自己的根本追求。

作为无产阶级政党，党的一大通过的《中国共产党第一个决议》，明确决定党的中心任务是领导工人运动。决议要求通过建立工会，开办工人学校，大力宣传马克思主义，提高工人的阶级觉悟，推动工人运动的发展。决议还要求成立工会组织的研究机构，着重研究中国工人运动的问题。这就体现了中国共产党为工人阶级谋利益的坚定立场。

随着革命形势的发展，中国共产党在实践中不断深化对中国社会矛盾的认识。中国共产党在创建初期就认识到中国的发展面临着帝国主义、军阀、资本主义等多重障碍，但对它们之间的内在关系以及中国社会的根本性质缺乏系统认识，未能把握住当时社会的主要矛盾。因此，一时没有提出切实解决革命任务的实际步骤。第一次世界大战后，帝国主义列强加紧对中国的侵略步伐。1922 年 2 月结束的太平洋会议通过《九国公约》，以所谓"各国在华机会均等"和"中国门户开放"的原则，实际上确立了帝国主义列强共同统治中国的局面。与此同时，北洋军阀政府统治下的中国陷入连年混战，给人民带来深重灾难。中国共产党人根据国内外形势，在实际革命斗争中逐渐认识到中国最紧迫的政治问题是推翻帝国主义和军阀的联合统治，中国共产党

---

[1] 毛泽东：《论联合政府》(1945 年 4 月 24 日)，《毛泽东选集》第 3 卷，人民出版社 1991 年版，第 1059 页。

必须为此制定正确的战略方针。

这一时期，1922 年 1 月至 2 月召开的远东各国共产党及民族革命团体第一次代表大会的会议精神和列宁有关民族和殖民地问题理论，对中国共产党确立当前阶段的革命纲领起到重要作用。中国共产党派遣代表出席了这次会议。大会系统阐明了列宁关于民族和殖民地问题的理论，号召东方各被压迫民族进行反对帝国主义和封建主义的民族民主革命，这对尚处于初创阶段的中国共产党提供了理论指导，对党准确把握中国革命的性质、任务和对象具有重要的启示作用。

1922 年 7 月召开的中共二大，在中国历史上第一次明确地提出了彻底的反帝反封建的民主革命纲领。党的二大宣言分析了国际形势和国内政治经济状况，明确指出："各种事实证明，加给中国人民（无论是资产阶级、工人或农民）最大的痛苦的是资本帝国主义和军阀官僚的封建势力，因此反对那两种势力的民主主义的革命运动是极有意义的。"[1] 宣言指出：党的目的是要"组织无产阶级，用阶级斗争的手段，建立劳农专政的政治，铲除私有财产制度，渐次达到一个共产主义的社会"。这再次明确了党的最高纲领。同时，宣言提出在目前的历史条件下，党的奋斗目标是：消除内乱，打倒军阀，建设国内和平；推翻国际帝国主义的压迫，达到中华民族完全独立；统一中国为真正的民主共和国。[2] 这就制定了党在当前阶段的反帝反封建的民主革命纲领，即党的最低纲领。张闻天评价说："这个纲领在中国历史上第一次这样

---

[1]《中国共产党第二次全国代表大会宣言》（1922 年 7 月），中共中央文献研究室、中央档案馆：《建党以来重要文献选编（1921—1949）》第 1 册，中央文献出版社 2011 年版，第 132 页。

[2]《中国共产党第二次全国代表大会宣言》（1922 年 7 月），中共中央文献研究室、中央档案馆：《建党以来重要文献选编（1921—1949）》第 1 册，中央文献出版社 2011 年版，第 133 页。

明确的给中华民族与中国人民指出了一条自求解放的道路与共同奋斗的目标。"[1]宣言还指出，推翻压在中国人民身上的帝国主义和封建军阀的统治后，工人、农民将获得选举权以及言论、出版、集会、结社、罢工等自由，同时制定保护工人、农民、妇女权益的法律。[2]党的二大把社会主义革命和民主革命两者辩证统一地结合起来，确立了实现共产主义的最终目标以及反帝反封建的民主革命纲领，比较完整地表达了中国共产党的初心和使命。

中国共产党在成立后的一年里，探索理论联系实际，运用马克思主义立场、观点、方法指导中国革命。党的二大制定了反帝反封建的民主革命纲领，指明了党在现阶段的斗争目标，同时也为中国革命指明正确的方向，初步回答了"往哪里去""干什么""怎么干"的问题。

第二节 心系工农大众福祉

习近平总书记指出："我们党来自于人民，党的根基和血脉在人民。为人民而生，因人民而兴，始终同人民站在一起，为人民利益而奋斗，是我们党立党兴党强党的根本出发点和落脚点。"[3]中国共产党的全部活动都是为工人阶级和人民群众谋利益。党坚定地认为：共产党不是"知识者所组织的马克思学会"，也不是"少数共产主义者离开群众之空想的革命团体"，而是"无产阶级中最有革命精神的大群众组

---

[1] 张闻天：《中国共产党十七周年纪念》，《解放》第43、第44期合刊，1938年7月1日，第65页。

[2] 《中国共产党第二次全国代表大会宣言》（1922年7月），中共中央文献研究室、中央档案馆编：《建党以来重要文献选编（1921—1949）》第1册，中央文献出版社2011年版，第133、134页。

[3] 习近平：《在党史学习教育动员大会上的讲话》（2021年2月20日），人民出版社2021年版，第15页。

织起来为无产阶级之利益而奋斗的政党"，是"为无产阶级做革命运动的急先锋"，党的一切活动必须"深入到广大的群众里面去"，"必须是不离开群众的"。[1] 中国共产党成立后，党迅速领导开展工人、农民、青年、妇女等各项工作，开辟了革命斗争新局面。

一、引领工人阶级抗争觉醒

中国共产党作为工人阶级的先锋队，自成立之日起就肩负着为工人阶级谋取利益、实现解放的使命。党成立后，党的各级组织将主要精力投入到工人运动中，通过建立工会组织、创办刊物、开展宣传教育、组织罢工等多种方式，推动了工人运动的蓬勃发展。

为了加强对工人运动的组织和领导，中共中央局于1921年8月成立中国劳动组合书记部，这是党公开领导全国工人运动的总机构。书记部成立不久，就创办了机关刊物《劳动周刊》。这份刊物向读者揭示中国工人在帝国主义、封建军阀和资本家三重压迫下的悲惨生活，及时报道各地工会活动和工人的罢工斗争，为工人阶级指出了联合起来争取自身解放和人类解放的道路。1922年5月，由中国劳动组织书记部发起，第一次全国劳动大会在广州隆重举行，极大提高了中国共产党在工人中的威信。大会还决定在全国总工会成立前，由中国劳动组合书记部作为全国工人的总通讯机关，这实际上承认了中国共产党在工人运动中的指导地位。

在党的坚强领导下，中国工人阶级的觉悟迅速提高，工人运动开始出现蓬勃发展的崭新局面。以1922年1月香港海员罢工为起点，1923年2月京汉铁路工人罢工为终点，这是中国工人运动的第一个

[1]《关于共产党的组织章程决议案》(1922年7月)，中共中央文献研究室、中央档案馆编：《建党以来重要文献选编（1921—1949）》第1册，中央文献出版社2011年版，第162、163页。

高潮。

1922 年 1 月，香港爆发了大规模的海员大罢工。香港的中国海员虽然承担繁重的劳作，却只能获得微薄的工资，待遇甚至不及白人海员的五分之一。包工头的盘剥、恶劣的居住环境、随时可能面临的失业威胁，以及工作中遭受的种种歧视和虐待，使得海员们长期生活在压抑和痛苦中。他们航行于世界各地，受到国内外工人运动的影响，阶级觉悟日益提高，反抗意识逐渐增强。以苏兆征、林伟民为代表的海员积极分子开始积极组织工人运动。经过认真筹备，海员工人建立了自己的组织——"中华海员工业联合总会"。这个组织的成立标志着香港海员开始团结起来，为争取自己的权益而斗争。1922 年 1 月，香港海员在忍无可忍的情况下正式宣布罢工。短短一周内，便有 123 艘轮船、约 6500 海员参加了罢工。

面对海员们的正义行动，港英当局非但没有正视海员的合理诉求，反而采取了一系列高压手段：宣布戒严、封闭海员工会、逮捕罢工领袖和工人，甚至暴力拆去工会招牌。这些倒行逆施不仅没有吓退海员，反而激起了海员的义愤。这场最初以增加工资、改善待遇为诉求的经济斗争，逐渐发展成为反抗帝国主义压迫的政治斗争。

刚刚成立不久的中国共产党对罢工斗争极为关注和重视。中共广东支部公开发表《敬告罢工海员》，对罢工给予坚定的支持和引导。同时，党通过中国劳动组合书记部进行支援罢工的工作，包括向罢工海员捐款、组织上海工人成立"香港海员后援会"等，从而粉碎了港英当局招募新工破坏罢工的企图。

3 月初，香港各行业工人为支援海员斗争实行总同盟罢工，罢工总人数达到 10 万之众，海员罢工威力大显，使得整个香港陷入瘫痪状态。然而，港英当局并未因此而收敛其嚣张气焰，制造了骇人听闻的沙田惨案。惨案发生后，罢工海员更为激愤，誓死要与帝国主义斗争到底，最终迫使港英当局和轮船资本家接受罢工海员的基本要求，"七十年来赫赫奕奕的大英帝国主义终于在中国海员的威力之下屈服了"，[1] 持续 56 天的香港海员大罢工终于取得了胜利。当工会重新挂起招牌时，超过十万的罢工海员和香港市民都来庆祝，他们高呼"海员工会万岁"。这次罢工不仅打击了帝国主义，更展示了工人阶级的伟大力量，推动了全国工人运动的发展。罢工领导人苏兆征、林伟民等人不久加入了中国共产党，继续为中国的工人运动贡献力量。

安源路矿工人罢工是中国共产党领导的重要工人运动。江西萍乡的安源煤矿和湖南株洲到萍乡的株萍铁路，共同构成了著名的安源路矿，这里汇聚了超过一万七千多名工人。他们长期遭受帝国主义、军阀和资本家的多重压迫和剥削，生活极其悲惨。面对这种困境，中共湘区执行委员会和中国劳动组合书记部湖南分部将安源路矿作为工作重点。毛泽东曾亲自来到安源进行调查，之后李立三来此开展工作。在党的组织领导下，1922 年五一国际劳动节，安源路矿工人俱乐部即安源路矿工会宣告成立。这个以"保护工人的利益，减除工人的压迫与痛苦"为宗旨的工人组织很快成为凝聚工人力量的核心。[2]

9 月初，毛泽东来到安源后分析了安源斗争形势，认为罢工时机成熟，并提出"哀兵必胜"的策略，意在争取社会舆论的同情与支持。9 月 14 日，安源路矿工人举行了罢工。这次罢工由李立三担任总指挥，

[1] 邓中夏：《中国职工运动简史（1919—1926）》，《邓中夏全集》下册，人民出版社 2014 年版，第 1397 页。

[2] 刘少奇、朱少连：《安源路矿工人俱乐部略史》，长沙市革命纪念地办公室、安源路矿工人运动纪念馆合编：《安源路矿工人运动史料》，湖南人民出版社 1980 年版，第 149 页。

刘少奇作为工人总代表。罢工宣言中提出的 17 项政治和经济要求，系统反映了工人们的诉求。宣言开篇即揭示了路矿工人悲惨的生活状况："我们的工作何等的苦呵！我们的工钱何等的少呵！我们时时受人家的打骂，是何等的丧失人格呵！我们所受的压迫已经到了极点，所以我们要'改良待遇''增加工资''组织团体——俱乐部'"。[1] 根据毛泽东的意见，工人们喊出"从前是牛马，现在要做人"的响亮口号，道出了工人们追求尊严和解放的心声。16 日，路矿当局和戒严司令部被迫提出与工人代表进行谈判。刘少奇拿着条件书冒险前往戒严司令部谈判。面对戒严司令的死亡威胁，刘少奇毫不畏惧，据理力争，展现出非凡的勇气。安源工人们后来编了一首《劳工记》的歌谣，称赞他"少奇同志好胆量，我往矿局去一趟。代表全体众工人，见机而作把事行"。[2] 经过五天激烈的斗争，工人们最终争取到"路矿两局承认俱乐部有代表工人之权"等关键条件，安源罢工宣告胜利结束。在这一胜利的鼓舞下，工人俱乐部成员迅速由罢工前的 700 余人发展到 1 万余人。

在北方，开滦五矿工人同盟大罢工是第一次工人运动高潮中最重要的罢工之一。开滦煤矿作为当时北方的重要煤炭产区，由唐山、赵各庄、林西、马家沟、唐家庄五矿组成，拥有庞大的矿工队伍。该矿起初由中国独立经营，后改为中英合办，实际上成为隶属于英帝国主义的企业。矿工们长期在艰苦条件下从事繁重劳动。他们的工作条件

---

[1] 刘少奇、朱少连：《安源路矿工人俱乐部略史》，长沙市革命纪念地办公室、安源路矿工人运动纪念馆合编：《安源路矿工人运动史料》，湖南人民出版社 1980 年版，第 152、153 页。

[2] 《劳工记》，中国社会科学院近代史研究所、安源工人运动纪念馆编：《刘少奇与安源工人运动》，中国社会科学出版社 1981 年版，第 132、133 页。

极其恶劣，工资待遇低下，还要忍受包工头的盘剥。令人愤慨的是，因公致死的工人所获得的抚恤金还不及对一匹马的补偿，矿上流传着"人命一条不如一马"的俗语。中共北方区委和中国劳动组合书记部北方分部积极介入，深入开滦工人中进行宣传和组织工作。经过一系列努力后，1922年9月下旬，开滦五矿工人俱乐部正式成立，为即将爆发的罢工斗争奠定了组织基础。

10月23日开始，开滦煤矿工人以及秦皇岛码头工人为增加工资和要求承认工人俱乐部的合法地位等，毅然发起罢工。中国劳动组合书记部特派员彭礼和等指挥了这场斗争。罢工进入第四天，反动军警向罢工工人开枪，制造了重伤7人、轻伤57人的流血惨案。罢工后，中共北京区委和中国劳动组合书记部北方分部通过积极发动各地工会捐款捐物等形式来支援罢工工人。这场持续28天的英勇斗争虽因反动势力镇压未能完全达到预期目的，但它显示出工人阶级的巨大力量，在国内外产生了重大影响。

铁路工人是中国共产党开展工人运动的重点。1923年，京汉铁路的工人们发起了一场规模空前的罢工运动。京汉铁路纵贯直隶、河南、湖北三省，是连接华北和华中的交通要道，具有重要的经济、政治和军事意义。京汉铁路的运营收入是北洋军阀吴佩孚的主要来源之一。1922年底，京汉铁路各站建立起16个工会分会，广大工人迫切要求建立全路统一的工会组织。

经过周密筹备，1923年2月1日，京汉铁路总工会成立大会在郑州开幕。来自铁路各分会的代表，以及其他各铁路以及武汉和各地工会派来的代表总共200余人齐聚一堂。与会者高呼"京汉铁路总工会万岁""劳动阶级胜利万岁"等口号。就在大会进行之际，吴佩孚竟下令军方制止。反动军警占领总工会会址，解散游行队伍，并夺走工会牌匾。这一系列行为激起了工人们的极大愤怒。面对这种情况，总工会当晚召集秘密会议，号召全路工人为自由作战、为人权作战，作出了全路总同盟罢工的重大决定。

这次罢工于 2 月 4 日开始，京汉路全线进入罢工状态，到 12 点全路客车货车全部停止运行。京汉铁路总工会办事处在汉口江岸车站秘密成立。党领导这次罢工的主要负责人是张国焘、项英、罗章龙、林育南等。7 日，在帝国主义势力支持下，反动军阀对罢工工人实施了血腥镇压，制造了二七惨案。林祥谦、施洋等共产党员和工人领袖宁死不屈，用鲜血捍卫了工人阶级的尊严。罢工失败后，全国工人运动暂时转入低潮，但二七大罢工的精神永远激励着中国工人阶级为争取解放而奋斗。

中国共产党领导的早期工人运动，是中国工人阶级觉醒与抗争的重要历史阶段。在第一次工人运动高潮期间，党站在斗争前线，组织工人争取合法权益、反抗剥削压迫。这些斗争不仅展现了工人阶级的伟大力量，也锤炼了党的群众工作能力。实践证明，中国共产党是工人阶级根本利益的坚定维护者和忠实代表。

二、推进农民、青年、妇女运动

中国共产党自成立以来，始终将农民运动、青年运动和妇女运动作为中国革命的重要组成部分。这些群众运动提高了农民、青年和妇女的政治觉悟，为党的革命事业凝聚了广泛的社会力量。

党的创建时期，中国共产主义者就关注和研究中国的农民问题。《共产党》月刊发表的《告中国的农民》，是一篇论述农民问题的重要文章。文章指出共产主义者对农民问题的应有态度，以 1920 年 11 月萍乡农民暴动为例，展示农民阶级斗争的觉醒和力量。共产主义者应深入农村开展宣传组织工作，并号召广大农民应向萍乡农民学习，夺回被地主抢去的土地。[1]

在浙江萧山衙前村等地，中国共产党领导成立了反抗地主压迫和剥削的衙前农民协会，这是党领导的第一个新型农民组织。1921年9月，衙前村农民大会召开，通过《衙前农民协会宣言》和《衙前农民协会章程》两个重要文件。在衙前农民协会的影响下，周边陆续建立80多个农民协会。

广东海陆丰的农民运动是中国共产党早期领导的一次范围广、影响大的农民运动。1922年，出身地主家庭的革命者彭湃回到家乡海丰县赤山约，向那里的贫苦农民宣传革命道理。他在写给好友的信中表达了自己坚定的决心："湃的决心是十二分坚定的，遂把这个形单影只的我，送到农村去作单独的奋斗。"[2] 为了与农民们打成一片，彭湃身穿普通的农民衣服，脚穿草鞋，深入田间地头。即使在农民家里吃饭，饭碗上沾着鸡屎，他也毫不在乎，端起碗来就吃。在彭湃的不懈努力下，1922年7月，赤山约第一个秘密农会成立，当时只有会员6名。10月，赤山约农会正式成立。为表革命决心，彭湃当众烧毁自家田契，向在场的贫苦佃农庄严宣告：从今往后，他们耕种的土地归自己所有，收获的粮食全归自己支配，再无须向彭家缴纳任何地租。这一举动获得了农民深深的信赖。1923年1月，海丰总农会宣告成立，彭湃当选为会长。到了同年5月，海丰、陆丰、惠阳三县很多地方建立农会，会员达到20多万人。广东海陆丰的农民运动为当地农民争取到了应有权益，改善了当地农民的生活状况，也为后来更大规模农民运动提供了经验。

---

[1]《告中国的农民》，《共产党》第3号，1921年4月7日，第3—7页。

[2] 李春涛：《海丰农民运动及其指导者彭湃》(1924年1月30日)，《晨光》第2卷第1号。

在湖南衡山县白果地区，党领导的农民运动同样取得了显著成效，展现出强大声势。由于长期军阀混战、水旱频繁以及沉重苛捐杂税，当地农民生活困苦，饱受压迫。许多农民为了生计，选择到水口山矿坑做工，因而也受到水口山工人罢工运动的深刻影响。1923年初，湖南党组织选派两名党员前往白果地区开展农民运动。经过半年多的艰苦工作，成功于当年9月组建了岳北农工会，吸引3000余名农民参与。大会通过的《岳北农工会宣言》明确提出"要为自己解除困苦，争谋利益，只有大家联合起来！"[1]岳北农工会成立后，领导农民开展了一系列斗争，有力地推动了当地农民运动的发展。

中共一大后，中国共产党迅速恢复并加强了青年团的工作。此前，在中国共产党发起组领导下，上海、北京、广州、长沙、武昌等地成立了团的组织，并在此基础上成立了中国社会主义青年团临时中央执行委员会。然后，1921年5月，中国社会主义青年团因故暂告解散。半年后，中国社会主义青年团正式恢复，首先恢复的是上海社会主义青年团。在团中央正式成立前，由上海机关代理中央职权。1922年三四月间，在中国共产党的领导下，青年团开展了非基督教运动，这是反对帝国主义文化侵略的群众运动。运动的起因是"世界基督教学生同盟"定于4月4日在北京召开大会。为此，中国共产党成立专门领导机构，并通知各地党组织响应上海发动的非基督教运动。3月9日，青年团在上海发起组织"非基督教学生同盟"。团临时中央局的机关刊物《先驱》出版"非基督教学生同盟号"，在全国产生广泛影响。在北京，李大钊、邓中夏等人组织了非宗教大同盟，并出版《非宗教论》等书。

1922年5月5日，在中国共产党的直接关怀和领导下，中国社会

---

[1]《中国农民状况及我们运动的方针》(1924年1月5日),《邓中夏全集》下册，人民出版社2014年版，第345页。

主义青年团第一次全国代表大会在广州召开，宣告青年团的正式成立。这在中国革命史和青年运动史上具有里程碑意义。坚定不移跟党走，为党和人民奋斗，是共青团的初心使命。[1]这次大会通过《中国社会主义青年团纲领》《中国社会主义青年团章程》《青年工人农人生活状况改良的议决案》等6个决议案，为青年运动指明了前进方向。《中国社会主义青年团纲领》明确指出"中国社会主义青年团为中国青年无产阶级的组织，即为完全解放无产阶级而奋斗的组织"，纲领进一步强调"中国社会主义青年团，一方面为改良青年工人、农人的生活状况而奋斗，并为青年妇女、青年学生的利益而奋斗；一方面养成青年革命精神，使向为解放一般无产阶级而奋斗的路上去"。这就表明青年团不仅是青年利益的捍卫者，更是共产主义事业的忠实后备军。大会制定了全面系统的行动方针：在政治方面，提出要"铲除武人政治和国际资本帝国主义的压迫"，争取"工人和农人在各级议会和市议会中应获得无限制的选举权"，以及"言论、出版、集会、结社、罢工应有绝对的自由权"。在经济方面，从青年工人工作时间、休息权、保护艺徒、改良工人工作环境以及保障青年妇女权利等方面明确了方向。还确定了包括社会教育、政治教育、学校教育等教育方面的方针。[2]通过建立青年团组织，党有效地组织和动员广大青年投身党和革命事业，这一重要举措体现了中国共产党对青年工作的高度重视，展现了党始终维护青年根本利益的坚定立场。

---

[1] 习近平：《在庆祝中国共产主义青年团成立100周年大会上的讲话》（2022年5月10日），人民出版社2022年版，第3页。

[2]《中国社会主义青年团第一次全国代表大会文件》（1922年5月），中共中央文献研究室、中央档案馆编：《建党以来重要文献选编（1921—1949）》第1册，中央文献出版社2011年版，第74、75页。

中国共产党自成立伊始，就把组织和领导妇女运动作为党的一项重要工作。1921年8月，党组织帮助在上海颇有影响的中华女界联合会进行改组，并在党的机关刊物《新青年》上登载其新的宣言和章程。为培养妇女干部，党在上海创办了第一所培养妇女干部的学校——平民女校。该校于1922年2月开学，设初级班、高级班两种。学校招生广告清晰呈现其办学宗旨为："本校是我们女子自己创办的学校，专在造就一班有觉悟而无力求学的女子，使其得谋生工具，养成自立精神。"[1] 在师资方面，教员都是义务兼课，不少人是中共党员。全校学生有30人左右，包括王剑虹、王一知、丁玲、高君曼、王会悟、钱希均等。据王一知回忆，学生来源主要有以下几类：为摆脱封建家庭束缚和包办婚姻而离家的女性；不满旧式学校教育而寻求新出路的女性；因升学未果而来到上海的女性；以及被学校进步性质和知名教员如陈独秀、陈望道等吸引而来的女性。[2] 学校设工作部，学生自愿踊跃参加，半天读书，半天劳动。同时，学校积极组织学生参加党、团组织所举办的各种活动。此外，中国共产党通过创办上海《民国日报》副刊《妇女评论》《妇女声》半月刊等来推动妇女运动发展。党的二大通过《关于妇女运动的决议》，这是中国妇女运动史上第一个以政党名义作出的关于妇女问题的决议。决议明确提出中国共产党为"努力保护女劳动者的利益"，"为所有被压迫的妇女们的利益而奋斗"。[3]

---

[1]《上海平民女学校招生》，上海《民国日报》1922年2月6日。

[2]《王一知回忆平民女校上海大学及早期妇女运动等情况的记录》，中共一大会址纪念馆、上海革命历史博物馆筹备处编：《上海革命史资料与研究》第4辑，上海古籍出版社2004年版，第514、515页。

[3]《关于妇女运动的决议案》（1922年7月），中共中央文献研究室、中央档案馆编：《建党以来重要文献选编（1921—1949）》第1册，中央文献出版社2011年版，第161页。

中国共产党始终坚持群众路线，深入基层开展组织动员工作，通过领导农民运动、青年运动和妇女运动，切实为劳苦大众谋取实实在在的利益。这些群众运动不仅打击了帝国主义和封建军阀的统治基础，又有效唤醒了广大人民群众的革命热情，从而汇聚起一股强大的革命力量，也为后续的革命斗争奠定了坚实基础。

第三节　反帝反封建浪潮澎湃

20世纪20年代初，为了实现民族独立、人民解放，终结帝国主义和封建军阀的残暴统治，中国共产党积极促成与国民党的第一次合作，构筑起国民革命联合战线，壮大了革命力量，进而掀起全国范围的大革命高潮，极大地推动了中国革命运动的发展。

一、从废除不平等条约做起

第一次国共合作实现后，中国共产党积极组织力量开展反帝反封建的大革命。党发动的废约运动和国民会议运动，广泛动员各界群众，有力地打击了帝国主义和军阀势力的嚣张气焰。

1924年，一场席卷全国的要求废除不平等条约的反帝运动（简称废约运动）在中国兴起。这场运动彰显了中国共产党为中华民族谋复兴的坚定决心和反对帝国主义的鲜明立场。中国共产党始终站在民族解放斗争的最前列，率先提出"废除不平等条约"的政治口号和政治主张。早在1923年党的三大就明确提出"取消帝国主义的列强与中国所订一切不平等的条约"的政治主张。[1] 这一主张不仅反映了中国共产党对民族解放的追求，也对国民党产生直接影响。国民党一大宣言

---

[1]《中国共产党党纲草案》(1923年6月)，中共中央文献研究室、中央档案馆编：《建党以来重要文献选编（1921—1949）》第1册，中央文献出版社2011年版，第253页。

也将取消一切不平等条约作为其对外政策的首要主张。废约运动的发生也与 1924 年 5 月北京政府与苏联建立正式外交关系密切关联。苏联宣布帝俄同中国签订的不平等条约无效，并放弃在华特权，由此引发中国人民要求列强各国废除一切不平等条约的斗争。

在中国共产党的领导和影响下，各地纷纷成立反帝大同盟等组织，广泛动员群众参与废约运动。在上海，中共上海地方委员会所领导的闸北市民外交协会率先行动，在庆祝中俄邦交的恢复的通电中，明确提出："要一致的向列强收回治外法权及庚子赔款，废除一切不平等之条约，撤退驻在内地之外兵，谋中国之独立。"[1]中国共产党机关刊物《向导》也发挥了重要的舆论引导作用。它发表文章指出，"国际间不平等之条约不废除，各被压迫的民族无独立之可言！中国受列强逼迫欺骗所订成之一切不平等的条约不解除，中国永无解放的希望"，"废约运动，即是民族独立运动"。[2]

在党的领导下，废约运动迅速发展成声势浩大的群众性反帝运动。7 月 13 日，在社会主义青年团北京地委等团体的推动下，北京成立了"反帝国主义运动大联盟"，提出了包括废除不平等条约在内的四点声明。[3]这一行动表明，废约运动已经从单纯的口号宣传转变为具体的组织行动。7 月 28 日，上海 30 个进步团体联合发表宣言，强烈要求废除不平等条约。[4]8 月 23 日，上海反帝国主义大同盟正式成立，[5]同盟宣言指出，"一切不甘奴服不甘被压的国民，都已先后集中于'反帝国

---

[1]《上海闸北市民庆祝中俄邦交恢复之通电》，《向导》第 71 期，1924 年 6 月 18 日。

[2] 为人：《废约运动》，《向导》第 76 期，1924 年 7 月 30 日。

[3]《五十余团体合组反帝国主义运动大同盟》，《晨报》1924 年 7 月 14 日。

[4]《撤废不平等条约之运动》，《民国日报》1924 年 7 月 28 日。

[5]《反帝国主义大同盟成立会记》，《民国日报》1924 年 8 月 24 日。

主义'的革命的旗帜之下了",倡议反帝反封建首先要"从废除不平等条约做起"。[1] 在北京、上海的带动下,天津、武昌以及湖南省、山东省都成立反帝同盟的组织,废约运动席卷全国。9月上旬,北京反帝大联盟发起全国范围的"中国人民反对帝国主义运动周",提醒国人不忘1901年9月7日签订《辛丑条约》的耻辱。到10月间,这场废除不平等条约的运动同国民会议运动汇合在一起,反帝斗争进入新阶段。

　　废约运动开展不久,全国范围又掀起了一场声势浩大的国民会议运动。中国共产党从成立之日起就以实现人民当家作主为己任,最早提出召开国民会议的主张。1923年2月,陈独秀首次提出召开国民会议来解决中国议会政治弊病的主张:"用革命的手段废去现行各级议会的组织法及选举法,改用由现存等团体(如工会、商会、教育会、律师公会等)选举的国民会议、市民县民会议,代替现在职业议员的国会及各级地方议会。"[2] 同年7月,党在第二次对于时局的主张中进一步提出:"全国的商会、工会、农会、学生会及其他职业团体,推举多数代表在适当地点,开一国民会议",强调"只有国民会议才真能代表国民,才能够制定宪法,才能够建设新政府统一中国",[3] 彰显了中国共产党推翻封建专制、实现人民当家作主的革命理想。

　　在中国共产党的大力倡导和推动下,孙中山先生最终接受了召开国民会议的主张。1924年10月,北方的直系将领冯玉祥在第二次直奉战争中发动政变,推翻直系军阀首领曹锟、吴佩孚控制的北京政府,

[1]《反帝国主义同盟宣言》,《民国日报》1924年8月27日。

[2] 陈独秀:《中国之大患——职业兵与职业议员》,《向导》第19期,1923年2月7日。

[3]《中共中央对于时局之主张》(1923年8月1日),中共中央文献研究室、中央档案馆编:《建党以来重要文献选编(1921—1949)》第1册,中央文献出版社2011年版,第289页。

一时控制北京、天津一带，电邀孙中山北上共商大计，这就为召开国民会议创造了有利条件。11 月 10 日，孙中山发表《北上宣言》，接受中国共产党所提出的召集国民会议的主张，明确提出"召集国民会议，以谋中国之统一与建设"，并重申国民革命之目的"在造成独立自由之国家，以拥护国家及民众之利益"，对内推倒军阀，对外取消一切不平等条约。[1]孙中山北上途中在上海的讲话再次阐述了召开国民会议的主张，他指出："余此次北上，所有办法已以宣言发表，其最重要者为国民会议，由国内已成立各团体之代表组成之。"又强调：必须打倒军阀专制与帝国主义，"中国乃可进于治平"。[2]

以孙中山北上为契机，中国共产党迅速在全国范围内发起国民会议运动。中共中央连续发表重要文件指导运动发展。中共中央发表第四次对于时局的主张，明确指出国民会议"由人民团体直接选出，能够代表人民的意思与权能"，希望国民党努力召集国民会议预备会。[3]11 月，中共中央发出通告，要求各地组织国民会议促成会。12 月，中共中央、青年团中央又发出通告，提出国民会议运动是"党建筑社会的基础之一大时机"，要求各地组成国民会议促成会，由上海国民会议促成会召集"全国国民会议促成会联合会"。[4]12 月 14 日，上海国民会议促成会正式成立。大会宣言号召人民团结起来努力创造真

[1]　孙中山：《北上宣言》(1924 年 11 月 10 日)，中国社科院近代史研究所中华民国史研究室等编：《孙中山全集》第 11 卷，中华书局 2011 年版，第 294—298 页。

[2]　《孙中山昨日招待新闻界纪》，《申报》1924 年 11 月 20 日。

[3]　《中国共产党对于时局之主张》(1924 年 11 月 19 日)，中共中央文献研究室、中央档案馆编：《建党以来重要文献选编(1921—1949)》第 2 册，中央文献出版社 2011 年版，第 169—172 页。

[4]　《中共中央、青年团中央通告——开展促成国民会议运动的方针》(1924 年 12 月)，中共中央文献研究室、中央档案馆编：《建党以来重要文献选编(1921—1949)》第 2 册，中央文献出版社 2011 年版，第 198、199 页。

正人民代表的国民会议，并努力召开真正人民代表的预备会议。[1]大会公开反对北京的段祺瑞反动政权所提出的善后会议，展现出中国共产党领导人民群众反对封建军阀的坚定决心。

中国共产党提出的关于国民会议的主张，逐渐为全国各界人民群众和各革命党派团体所接受，成功将国民会议运动发展成为全国性的革命实践。1925年1月4日北京国民会议促成会成立后，担当起筹备全国国民会议促成总会的任务。到3月间，全国各地已建立120多个促成会，遍及全国20多个省区。3月1日至4月15日，在李大钊领导下召开的国民会议促成会全国代表大会，旗帜鲜明地提出了推翻帝国主义和封建军阀反动统治的口号。

中国共产党领导的废约运动与国民会议运动，通过发动各界群众广泛参与，成功将民族独立诉求与人民民主诉求紧密结合，使反帝反封建的民主革命纲领深入人心，为即将到来的大革命高潮培育了深厚的群众基础，充分彰显了中国共产党的初心使命。

二、反帝怒潮席卷全国

随着国共合作的不断深入，中国共产党深刻认识到无产阶级在民主革命中的领导权问题和工农联盟的重要性。在中国共产党的坚强领导下，1925年爆发的五卅运动成为中华民族觉醒的重要里程碑。从中共四大提出无产阶级领导权问题，到二月罢工取得胜利；从五卅惨案引发全国抗议浪潮，到省港大罢工坚持16个月之久，中国共产党始终秉承"为中国人民谋幸福、为中华民族谋复兴"的初心使命，始终站在反帝斗争的最前线，带领中国人民为实现民族独立和解放而英勇奋斗。

---

[1]《沪国民会议促成会成立大会》，《民国日报》1924年12月15日。

1925 年 1 月，党的四大在上海召开，这是党在民族解放运动高涨的关键时刻召开的一次重要会议。大会指出中国共产党参加民族运动，是为了全民族的解放，并且为了无产阶级自己的利益，绝不是为了资产阶级的利益。这一重要论述反映了中国共产党为中华民族谋复兴的初心使命。大会深刻分析了中国民族革命的两个特点：它是反对封建的经济关系和封建的军阀政治，同时也是反对国际帝国主义。在理论创新方面，大会明确提出中国无产阶级在民主革命中的领导权问题。大会认识到深受压迫而又最具组织性的无产阶级是最具革命彻底性的阶级，理应担负起领导革命的重任。大会还提出工农联盟问题。大会指出，中国革命需要工人、农民及城市中小资产阶级普遍地参加，其中农民是中国革命运动的重要成分，他们天然是工人阶级的同盟者。

中共四大后，党积极加强对工人运动的组织领导。1925 年 2 月，日商内外棉株式会社第八厂工人因抗议厂方殴打女工而罢工。中共中央迅速作出反应，组织成立了由邓中夏、李立三等负责的罢工委员会，动员上海党团员力量起来支援日商纱厂工人的斗争。内外棉多家工厂工人联合成立内外棉纱厂工会委员会并举行同盟罢工。罢工工人提出"反对东洋人的虐待！""反对东洋人打人！"等斗争口号。罢工规模迅速扩大，最终有日商 6 个株式会社 22 家纺织厂的 3.5 万多名工人投入二月罢工。经过多方斡旋，日商被迫坐到谈判桌前，与罢工工人签订复工协议，二月罢工取得胜利。这次罢工不仅充分展示了工人阶级组织起来团结奋斗的伟大力量，更迫使日本资本家不得不作出承诺今后不得虐待工人。同时，各厂在斗争中新成立的工会获得合法地位，为工人阶级争取到了更多的权益和保障。二月罢工锻造了一支强有力的干部队伍，也为随后爆发的五卅运动积累了宝贵经验。

五卅运动的导火索是共产党员顾正红的壮烈牺牲。5 月 15 日，上海内外棉七厂的日本资本家借口无纱开工，封锁工厂。傍晚，顾正红率领夜班工人要求复工时，遭日本大班枪击刀砍，两天后牺牲。事件发生后，中共中央多次召开会议，指导斗争的方针、策略和口号，并开展了大量的宣传和组织工作。王若飞在《向导》中愤慨地写道："在外国政府统治下的上海人民，已经与亡国奴无异。"[1]数日后，内外棉纱厂工会在潭子湾举行公祭顾正红大会。当时的舆论认为"这样伟大的无产阶级集会，在上海我敢说是空前的"。[2]与此同时，学生积极响应，开展声援活动，但遭到租界当局镇压，多名学生被捕。

在反帝斗争的浪潮中，中国共产党领导人民进行了英勇的抗争。5月28日，中共中央和中共上海地委举行联席会议，决定发动大规模反帝示威。会议作出四项决议：分头向各校负责人谈话；向学校宣传，并须派工人同志同去；印行揭露包括外人侵华一切事实的传单；上街演讲示威定于30日下午。这些部署为反帝斗争做了充足准备。5月30日，上海各校学生陆续进入公共租界，到马路散发"打倒帝国主义"传单，讲演顾正红被害真相以及学生被捕的事。英国巡捕在南京路疯狂镇压游行群众，制造了震惊中外的五卅惨案。当天参加抗议活动的学生写道："'打倒帝国主义'！中国民族解放万岁！'从浴着血垂死的学生口中发出来，使没死的人们的心房不住的震动。"[3]五卅惨案以血的事实揭露了帝国主义的残暴本性，激起全中国人民极大愤怒，多年来深埋在中国人民心里的对帝国主义的怒火一下子喷发出来。

---

[1] 若飞：《在枪杀中国工人中日本帝国主义者对于上海人民之威吓》，《向导》116期，1925年5月24日。

[2] 味辛：《追悼会上》，《民国日报》1925年5月26日。

[3] 陈复：《关于五卅惨杀案的一封信》，上海社会科学院历史研究所编：《五卅运动史料》第1卷，上海人民出版社1981年版，第651页。

面对帝国主义的残酷镇压，中国共产党迅速行动，组织起反帝统一战线，汇聚了工人、学生、商人等各界的反帝力量。五卅惨案发生当晚，中共中央立即召开紧急会议，决定成立上海工商学联合会来推动这次反帝爱国运动，发动全上海人民起来罢工、罢市、罢课。6月1日，上海总工会公开挂牌，李立三任委员长，刘少奇任总务科主任。上海总工会发布的第一道命令即宣布上海工人为反抗帝国主义大屠杀实现总同盟大罢工。其宣言严正指出，"外国帝国主义，压迫我国，横行无忌，视我如殖民地，视我们如亡国奴。最近残暴的行为，更日甚一日"，"我们，上海全体工人，几十年在帝国主义压迫之下，现在已忍无可忍了！"[1] 这一宣言深刻揭露了帝国主义殖民统治的本质。6月4日，上海工商学联合委员会成立，成为协调各界反帝斗争的重要平台。中国共产党有关五卅运动的指示和方针、政策及实施步骤，主要通过工商学联合会贯彻到群众中去。据刘少奇回忆："五卅以后，上海所有工厂，英国的、日本的，统统都起来罢工了，一共罢下了二十五万人。不但是工人，连工程师、洋行银行的职员、领事馆内的雇工，也都罢了工。这便是所谓五卅后的上海总罢工。后来不但商人罢市，学生也罢了课，商人和学生一致跑到各商会和总商会去请愿，要求总罢市。于是召集各店家、学校的代表齐集总商会，向当时的总商会长虞洽卿提要求，结果上海统统罢工、罢市、罢课。"[2]

为突破帝国主义的舆论封锁，推动这场反帝爱国运动，中国共产党于6月初创办《热血日报》，由瞿秋白担任主编。他在《发刊词》中写道："创造世界文化的是热的血和冷的铁，现世界强者占有冷的铁，

---

[1]《上海总工会宣言》(1925年6月1日)，上海社会科学院历史研究所编：《五卅运动史料》(二)，上海人民出版社1986年版，第15页。

[2]《刘少奇论工人运动》，中央文献出版社1988年版，第290页。

而我们弱者只有热的血；然而我们心中果然有热的血，不愁将来手中没有冷的铁，热的血一旦得着冷的铁，便是强者之末运。"[1] 同期，《向导》发表《中国共产党为反抗帝国主义野蛮残暴的大屠杀告全国民众》，深刻地阐明了这场斗争的性质和任务，阐述全国各阶级反帝联合战线的根本策略，指出"应认定废除一切不平等条约，推翻帝国主义在中国的一切特权为其主要目的"。[2] 这些重要文章为反帝斗争提供了思想武器。

五卅运动期间，英国和日本是反帝斗争的主要目标。到 6 月 13 日，英商工厂参加罢工者有 26 处、3.6 万余人，日商工厂参加罢工者 39 处、6.3 万余人，工部局系统参加罢工者 8 处、3600 余人，其他外商企业参加罢工者 34 处、2.7 万余人。总计，外资经营的各种企事业单位参加罢工者 107 处、13 万余人，中资工厂参加者 11 处、2.6 万余人。[3] 这场规模空前的大罢工沉重地打击了帝国主义，使其经济损失惨重。外资工厂机器全部停转，英、日轮船大部分停航，抵沪船舶因码头工人罢工而只能返航。往常繁忙的上海港口，变成一个死港。服务性行业工人的罢工，彻底打乱了在沪帝国主义者的日常生活秩序。

在中国共产党的有力领导下，五卅运动迅速发展成全国性的反帝爱国热潮。据统计，遍及全国 25 个省区，约六七百个县，约有 1700 万人直接参加了运动，到处响起"打倒帝国主义""废除不平等条

[1]《〈热血日报〉发刊辞》（1925 年 6 月 4 日），《瞿秋白文集》政治理论编第 3 卷，人民出版社 2013 年版，第 180 页。

[2]《中国共产党为反抗帝国主义野蛮残暴的大屠杀告全国民众》，《向导》第 117 期，1925 年 6 月 6 日。

[3] 刘明逵、唐玉良主编：《中国工人运动史》第 3 卷，广东人民出版社 1998 年版，第 118 页。

约""撤退外国驻华的海陆空军""为死难同胞报仇"的怒吼声。

五卅运动期间，中国共产党领导的省港大罢工成为中国人民反对帝国主义斗争的重要篇章。6月19日，香港工人开始罢工。短短数日内这场罢工就发展为声势浩大的群众运动，参加罢工的人数迅速达到25万人，其中超过10万人离开香港回到广州。与此同时，在广州，沙面洋务工人率先罢工，市内各洋行职工纷纷响应。6月23日，数万群众在广州举行反帝集会和示威游行，声讨帝国主义屠杀中国人民的暴行。然而，当游行队伍路经沙面对岸的沙基时，遭到沙面租界英国军警残酷镇压，这就是沙基惨案。这一暴行进一步激起了中国人民的反帝怒火。惨案发生后，广东革命政府立刻宣布同英国经济绝交，封锁出海口，对罢工给予有力的支持。在中国共产党的组织领导下，香港和沙面工人在广州举行省港罢工工人代表大会，成立由苏兆征担任委员长的省港罢工委员会，建立起严密的组织体系。中共广东区委书记陈延年指出："我们罢工不仅是为我们工人阶级利益而奋斗的；也为全体同胞，全国人民反对帝国主义，争取解放而斗争！"[1]这场在中国共产党领导下的省港大罢工持续开展，超过10万名罢工工人集中于广州，不仅为广东革命政府提供了有力的支持，更从经济上、政治上给英帝国主义者以沉重打击。

五卅运动是中国共产党第一次领导中国人民自觉反抗帝国主义的伟大斗争，在反帝层面产生深远影响。恽代英指出："经过五卅运动以后，反帝国主义的空气就普及于全国，大多数人都知道了。"[2]张太雷

---

[1] 《军事委员会政治训练班教授陈东先生政治报告》，《工人之路》第109期，1925年10月11日。

[2] 恽代英：《五卅运动》(1927年)，上海社会科学院历史研究所编：《五卅运动史料》第1卷，上海人民出版社1981年版，第15页。

强调，这场运动是中国民众普遍的、自觉的、有组织的反帝国主义运动，"从五卅运动起，帝国主义要遇见有组织的全中国民众的抵抗"。[1]这场运动不仅是一场反帝斗争，更是一场深刻的思想启蒙，它极大地激发了中国人民的爱国热情，有力推动了中华民族的觉醒。

第四节　不可阻遏的大革命洪流

中国共产党始终坚守"为中国人民谋幸福、为中华民族谋复兴"的初心使命，高举反帝反封建旗帜，与国民党紧密协作，向深受帝国主义支持的北洋军阀发起总攻。北伐战争推进中，军阀势力迅速瓦解，同时推动了各地工农运动的蓬勃发展。

一、推翻压迫民众的北洋旧军阀

在北伐进程中，中国共产党在军事斗争和群众动员方面发挥了不可替代的关键作用。在军事方面，党不仅在战场上身先士卒，展现出先锋模范的英勇姿态，还在军队政治工作中担当核心引领的重任，为北伐军注入了强大的精神动力。同时，党广泛发动工农群众支援北伐军，为北伐的胜利提供了坚实的群众基础。中共中央指出北伐战争是"制止反赤运动的战争，是为民众争自由而战，应该由民众积极的起来推动这个北伐，响应这个北伐"。[2]

1926年7月，国民革命军誓师北伐时，面临着敌强我弱的严峻形势。北洋军阀直接控制的军队有70万人，而广东革命政府所辖的国民

---

[1] 太雷：《五卅运动之分析及纪念之意义》（1926年5月26日），上海社会科学院历史研究所编：《五卅运动史料》第1卷，上海人民出版社1981年版，第60页。

[2] 《中央通告第一号——反吴战争中我们应如何工作》（1926年7月31日），中共中央文献研究室、中央档案馆编：《建党以来重要文献选编（1921—1949）》第3册，第333页。

革命军只有 10 万人左右。北洋军阀当时主要有三支势力：直系军阀首领吴佩孚控制着湖南、湖北、河南三省和直隶保定一带，大约有兵力 20 万人；原属直系的孙传芳，控制江苏、浙江、安徽、江西、福建五省，有军队 20 万人左右；实力最雄厚的奉系军阀张作霖控制着东北三省、热河、察哈尔、京津地区和山东，兵力有 30 多万人。在以加伦为首的苏联军事顾问的建议下，国民革命军制定了集中兵力、各个歼敌的战略方针。

湖南、湖北是北伐战争初期的主要战场。北伐军进展很快，经过一系列战役，北伐军先后攻占长沙、岳阳等要地，并在汀泗桥、贺胜桥等关键战役中击溃吴佩孚部主力。10 月 10 日，北伐军攻占武昌，至此武汉三镇全部光复。北伐军击溃吴佩孚主力后，又在江西歼灭孙传芳的主力。接着，一路沿长江东下，攻占南京。另一路由福建进入浙江、上海。北伐军从珠江流域打到长江流域，震动全国。

北伐战争中，中国共产党领导的叶挺独立团发挥了重要作用。叶挺独立团也就是国民革命军第四军独立团，这支由中共广东区委于 1925 年 11 月在肇庆组建的部队，以共产党员和共青团员为骨干，是中国共产党直接掌握的第一支正规武装力量。周恩来作为中共广东区委军事部部长，亲自部署独立团的工作，强调要加强党的领导、发动群众、团结友军，作战要勇敢，起到先锋模范作用。[1]

叶挺独立团在北伐中英勇作战，屡建奇功，独立团所在的第四军赢得"铁军"的美誉。6 月初，独立团到达湖南安仁县。战斗开始前，叶挺召集独立团的共产党员开会，说："我们是中国共产党领导的人民军队，又是北伐先锋队，我们不但代表革命军，而且代表中国共产党。

---

[1]　周士第：《周士第回忆录》，人民出版社 1979 年版，第 51、52 页。

这是我们北伐中的第一次打仗，我们一定要胜利。"[1] 独立团英勇作战，击退正向安仁推进的直系军队，乘胜占领攸县。"叶挺独立团的首次胜利，使得该团及全团的指挥官们在国民革命军中享有威名。"[2] 叶挺独立团在接下来的汀泗桥、贺胜桥战斗中，奋勇杀敌，建立重大功勋。攻打武昌时，叶挺独立团再次立下战功。在叶挺指挥下，共产党员和共青团员冒着枪林弹雨，冲锋陷阵，终于率先攻入武昌城。战后，独立团党支部决定在武昌修建攻城官兵烈士墓，安葬曹渊等191名在历次战役中牺牲的烈士。墓碑上镌刻着"先烈之血""主义之花""诸烈士的血铸成了铁军的荣誉"等名句。[3]

北伐战争期间，军队中的政治工作对北伐军迅速取胜发挥了不可或缺的作用。据不完全统计，到1926年12月，在北伐军各军担负政治工作的共产党员约有1500人。[4] 共产党人实际上领导了北伐军的全部政治工作。北伐出师前，在周恩来的主持下，已经建立起北伐军总政治部和各级政治部。总政治部由国民党左派邓演达任主任，郭沫若任副主任，恽代英任秘书长，苏联顾问铁罗尼任总顾问。所有各军担任政治工作负责人的几乎都是中共党员。为保证北伐的胜利，中共中央明确指示，明确政治工作的核心任务是：宣传国共合作，宣传反帝反封建，改革部队旧的军阀制度，扶助地方工作，团结部队使之不断革命化，并通过多种渠道加强对北伐意义的宣传和对政工干部的教育

[1] 周士第：《周士第回忆录》，人民出版社1979年版，第56页。

[2] （苏）萨坡什尼科夫著；齐志新译：《1924—1927年中国第一次国内革命战争（军事史略）》，湖北人民出版社1958年版，第44页。

[3] 周士第：《周士第回忆录》，人民出版社1979年版，第85页。

[4] 《中央局报告（十、十一月份）》(1926年12月5日)，中央档案馆编：《中共中央政治报告选辑》，中共中央党校出版社1981年版，第119页。

训练。[1]为培养政工干部，举办了各种训练班、讲习班。1925年冬开办的政治讲习班，毛泽东、林伯渠等担任理事，李富春任班主任。课程设置了20多门政治课，由张太雷、邓中夏、恽代英、毛泽东等共产党员担任主讲。

共产党人的政治工作对北伐军产生了积极的影响。赴江西前线实地考察的中共中央军事特派员王一飞，在给中共中央的报告中写道：北伐军的政治工作"虽不能尽人如意，但对于人民及本军兵士，多少是有影响的，至少我军兵士是知'国民革命''打倒军阀''解放人民'的，所以我军兵士在累次打仗中是非常勇敢的"。[2]据一份《第二军最近状况》记载：该军"下级干部及士兵确有牺牲精神，则十分之九是政治工作力量"。[3]

"战争的伟力之最深厚的根源，存在于民众之中。"[4]在北伐军进军湖南、湖北、江西等地的过程中，中共各级党组织和党员发动广大工农民众支援北伐军。人民群众的支持是北伐战争得以胜利进军的重要保证。中共中央指出"此次北伐军能迅速的荡平吴军，得力于两湖农民援助之力非常之多，尤其是湖南农会的参战更勇烈"，[5]"工人在北伐当中，也表现了极大的努力，成为北伐军胜利之一个重要条件。

---

[1] 肖劲光：《北伐纪实》，中共广州市委党史资料征集研究委员会办公室编：《广州大革命时期回忆录选编》，广东人民出版社1986年版，第419页。

[2] 王一飞：《江西战事胜利的经过及北伐东下问题》（1926年11月21日），余沈阳主编：《王一飞传略·文存》，中共党史资料出版社1988年版，第89页。

[3] 肖劲光：《北伐纪实》，中共广州市委党史资料征集研究委员会办公室编：《广州大革命时期回忆录选编》，广东人民出版社1986年版，第428页。

[4] 毛泽东：《论持久战》（1938年5月），《毛泽东选集》第2卷，人民出版社1991年版，第511页。

[5] 《中央局报告》（1926年9月20日），中央档案馆编：《中共中央政治报告选辑》（1922—1926），中共中央党校出版社1981年版，第82页。

湘中之故，武汉之战，江西之胜，北伐军随处均得到工人有组织的援助，不仅使北伐军运输交通得到种种便利，并进而破坏敌人之运输交通"。[1]

在中共广东区委的领导下，省港罢工委员会特别组织了北伐运输委员会。由省港罢工委员会动员 3000 余名罢工工人组成运输队，还组织了卫生队和宣传队，分配到各军。同时，广东区委联合全国铁路总工会，组织广九、广三、粤汉三大铁路工人和香港金属业工人成立铁路交通队，随军修复战时铁道交通。

北伐军正式出师前，中共湖南区委就发动工农群众投入到援唐（生智）反叶（开鑫）的斗争中，坚定了国民革命军第八军军长唐生智反叶反吴（佩孚）的决心，鼓舞了唐部的士气。唐生智坦言："我们这次革命的成功，完全是工农群众的力量，并不是兵士的力量。我们在北伐的时候，在衡阳，在醴陵，在粤汉路，都得着农工运动的帮助，才得狠顺利的杀却敌人。"[2]北伐军向长沙进军途中，中共湖南区委动员工农群众承担带路、送信、侦查、运输、担架救护、慰劳、扰乱敌军后方等任务，还组织农民自卫军直接参战。收复长沙时，省工团联合会在中国共产党领导下组织了千余人的工人保安队，配合革命军维持城市秩序。

湖北战场同样得到民众鼎力支持。中共湖北区委组织工农群众协助北伐军攻夺汀泗桥、贺胜桥和克复武汉的作战。汉阳兵工厂工人举行罢工，拒绝为吴佩孚制造枪械。北伐军攻克汉阳后，中共湖北党组织在汉口发动群众罢工、罢市，断绝交通，使得北伐军没费一枪一弹

[1]《中央局报告》（1926 年 12 月 5 日），中央档案馆编：《中共中央政治报告选辑》（1922—1926），中共中央党校出版社 1981 年版，第 167 页。

[2]《唐总指挥在长沙对农工之重要讲话》，汉口《民国日报》，1927 年 2 月 19 日。

即收复汉口。

北伐军在江西战场的作战，也得到江西工农群众的有力支援。正如当时国民革命军总政治部副主任郭沫若所说："江西同胞对于革命军非常欢迎，而农民尤甚，帮助革命军的工作比其它省更多，如运输、接济粮食、用土炮来打军阀，虽牺牲一切，亦且不顾，较之一界的人民其功尤大，所以革命军到江西能如此之快。"[1]

北伐战争在中国共产党的积极参与和推动下，重创了统治中国的帝国主义和北洋军阀的势力。中国共产党在北伐战争中积累了宝贵的军事和政治经验，为后来领导中国革命奠定了重要基础。北伐战争的顺利推进充分说明，只要紧紧依靠人民群众的力量，革命事业就能取得事半功倍的显著成效。

二、唤起工农千百万

随着北伐战争的胜利推进，北伐军所到之处，军阀统治被推翻，长期以来被军阀压迫的民众由此获得了集会、结社、罢工、游行示威等政治自由，工农群众运动迅速以空前的规模高涨起来，成为推动社会变革的强大力量。

在北伐军占领的地区，农民运动得到前所未有的发展与壮大。特别是在中共湖南区委领导下，湖南成为全国农民运动最发达的省份。在那些成功推翻地主政权的地方，农民协会如雨后春笋般纷纷成立，并迅速成为乡村中唯一的权力机关。广大农民积极行动起来，不仅铲除了地主的武装力量，还组建了自己的农民武装。毛泽东在《湖南农民运动考察报告》中指出，农民们"主要攻击目标是土豪劣绅，不法地主，旁及各种宗法的思想和制度，城里的贪官污吏，乡村的恶劣习

---

[1] 郭沫若：《在江西省第一次农民代表大会上的政治报告》，《江西第一次全省农民大会日刊》第1期，1927年2月21日。

惯"。[1]在经济上，农民们从平粜阻禁开始，开展减租、减息、退押斗争，并积极废除苛捐杂税，努力摆脱封建剥削的枷锁。湖南农民运动的发展成果显著。到11月底，湖南已有54个县建立了农民协会组织，会员人数达到107万人。而到了1927年1月，会员人数激增到200万人。与此同时，湖北、江西等省的农民运动也取得了显著的发展，湖北全省农民协会会员到11月已经达到20万人左右，江西的农协会员到11月也发展到5万多人。

毛泽东对农民问题有着深刻的认识和极高的重视。1926年11月担任中共中央农民运动委员会书记后，他凭借敏锐的洞察力和卓越的领导能力，重点在湖南、湖北、江西、河南开展农民运动。在湖南全省第一次工农代表大会上，他发表了《工农商学联合的问题》的演说，强调："国民革命是各阶级联合革命，但有一个中心问题。国民革命的中心问题，就是农民问题，一切都要靠农民问题的解决。"[2]为了更深入地了解农民运动的实际情况，毛泽东前往湖南的湘潭、湘乡、衡山、醴陵和长沙5个农运发达的县进行考察，历时32天，行程长达700公里。在此期间，他与农民和农运工作者亲切交谈，召开了各种类型的调查会，广泛听取他们的意见和建议。在此基础上，他撰写了2万多字的《湖南农民运动考察报告》，为农民运动的发展提供了重要的理论指导。

在城市，湖南、湖北、江西等省工人运动迅猛发展。以湖北为例，1926年10月10日，湖北全省总工会在汉口正式成立。到1927年春，

---

[1] 毛泽东：《湖南农民运动考察报告》(1927年3月)，中共中央文献研究室、中央档案馆编：《建党以来重要文献选编（1921—1949）》第4册，中央文献出版社2011年版，第110页。

[2] 中共中央文献研究室编：《毛泽东著作专题摘编》上卷，中央文献出版社2003年版，第497、498页。

工会数量达到约 500 个，会员人数激增到四五十万人。这一时期的湖北，不仅在大、中城市中建立了统一的工会组织，连许多县城也相继成立了县工会。湖南省总工会、江西省总工会也成立。在各地党组织的领导和各级工会组织的具体领导下，长沙、武汉、九江等城市相继爆发了大规模的罢工。工人们为了争取自身的权益，提出了增加工资、减少工时、改善劳动条件等合理诉求，并强烈反对封建性的工头制和包身工制。在这些斗争中，由于工人阶级的团结和坚持，他们大多数都取得了胜利，为工人阶级争取到了更多的权益和尊严。

在工农运动的高潮中，汉口和九江的民众掀起了收回英租界的抗争，这是中国人民反帝斗争的空前壮举。1927 年 1 月 1 日至 3 日，武汉民众连日举行盛大集会庆祝国民政府迁都武汉和北伐胜利。3 日下午，一场突如其来的暴行打破了这份喜悦。中央军事政治学校宣传队在汉口英租界附近的江汉关前广场发表反帝演说，遭到了英国水兵的暴力驱散，导致数十名民众受伤。英军暴行点燃了武汉人民的愤怒。当晚，在中华全国总工会汉口办事处主任李立三及秘书长刘少奇领导下，湖北全省总工会迅速响应，讨论了通电反对英军暴行的文稿，并提出请政府收回汉口英租界等六项要求和实行抵制英货、封锁英租界等五项办法。两天后，武汉 30 万群众涌上街头，悼念死难同胞并声讨英国暴行。随后，愤怒的群众冲进汉口英租界，高呼"打倒帝国主义""收回租界"的口号，迅速控制了英租界。与此同时，九江民众也积极声援汉口，于 1 月 6 日上午举行集会游行。英国水兵在九江再次逞凶，打伤数名工人。九江工人和市民义愤填膺，奋起占领了九江的英租界。国民革命军独立第二师接管了九江英租界。武汉国民政府坚定地支持武汉、九江群众的正义要求，并派外交部长出面同英国当局谈判。经过艰苦的斗争，武汉国民政府和英国方面签署协定，成功收回了汉口、九江英租界。这是近百年来中国人民反帝斗争史和外交史上的一次重大胜利。

工农群众运动的蓬勃发展，充分展现了人民群众中蕴藏的巨大伟力。中国共产党始终与人民并肩，团结带领广大工农群众，奋力推翻沉重压迫、矢志争取自由解放，在反帝斗争中撕开重要缺口，掀起了轰轰烈烈的革命高潮。中国共产党通过领导工农运动，彰显其作为人民利益代表的坚定立场。

三、尝试建立人民民主政权

在北伐战争胜利进军下，工农群众运动蓬勃发展。在中国共产党的领导下，上海工人接续发起三次武装起义，最终成功推翻了北洋军阀在上海的反动统治，建立了具有历史意义的上海临时市政府。这个新生政权通过制定革命纲领，切实保障工人、妇女等各界群众的政治经济利益，积极开展社会救济和治安维护工作，为民众谋求实实在在的利益。

随着北伐的推进，中共中央于 9 月指示上海党组织要以自治市的运动，发展各阶级反抗军阀统治的联合战线，成立民选自治机关。[1]上海区委迅速响应，在 9 月初的主席团会议上决定在上海开展自治运动和武装暴动。会议指出，"人民自治"口号能为大多数人所接受，要广泛动员群众并争取资产阶级的支持，共同开创反对北洋军阀孙传芳的新局面。[2]在领导上海自治运动的同时，上海区委着手组织上海民

---

[1]《中央通告第十八号——配合北伐年内各地应完成的十六项工作》(1926 年 9 月 22 日)，中共中央文献研究室、中央档案馆编：《建党以来重要文献选编（1921—1949）》第 3 册，中央文献出版社 2011 年版，第 403 页。

[2]《上海区委主席团会议记录——军政形势各种斗争及党的策略、路线讨论》(1926 年 9 月 3 日)，中共上海市委党史资料征集委员会主编：《上海工人三次武装起义研究》，知识出版社 1987 年版，第 151 页。

众进行武装暴动。10 月 23 日傍晚，上海区委下达动员令。10 月 24 日凌晨，上海工人举行第一次武装起义，然而由于准备不足，起义未能取得成功。

1927 年 2 月，随着北伐军逼近上海，中共中央决定发动第二次武装起义。2 月 18 日，东路军前锋抵达嘉兴，为起义创造了有利条件。19 日，上海总工会正式下达总同盟罢工令，喊出了"罢工打倒孙传芳!"的响亮口号。到 22 日，罢工人数已高达 36 万，全市的产业工人几乎全都参加罢工。与上海的总同盟罢工相呼应，新的政权筹建工作也在紧锣密鼓地推进。2 月 20 日，中共上海区委发出《共产党告上海市民书》，向上海市民发出了"推翻帝国主义及军阀的统治势力"的号召，制定了包含 12 条内容的"最低限度的共同纲领"。其中明确提出由上海市临时革命政府召集市民代表大会，进而成立正式的上海市民政府等。22 日，上海区委发出《特别紧急通告》，宣布成立上海市民临时革命委员会，待起义夺取政权后，此委员会即为未来上海市政府。当天，上海工人举行第二次武装起义，但因准备不够充分和军阀的残酷镇压，起义再次失败。

第二次武装起义后的第二天，即 1927 年 2 月 23 日，中共中央和上海区委举行联席会议，作出"扩大武装组织，准备暴动"的决定。这次会议决定成立特别委员会，作为领导和组织第三次武装起义的最高决策机构和指挥机关。领导第三次武装起义，成为中共中央和上海区委的中心工作。3 月 20 日晚，北伐军东路军进入龙华，上海处于北伐军四面包围中，发动起义的时机已然成熟。21 日清晨，上海区委作出发动第三次武装起义的决定。上午 9 时，上海市民代表会议常务委员会举行紧急会议，决定当天中午 12 时起举行全市总同盟罢工、罢课、罢市，并立即举行武装起义。同时，发布了全市总同盟罢工、罢

课、罢市命令。上海总工会也发出布告,号召全市工友罢工,响应北
伐军。21日中午,全上海80万工人参加罢工,罢工工人纷纷向预定
之处集合。全市实现总罢工后,立即转入武装起义。下午,起义正式
开始。南市方面率先打响了起义的第一枪,全市7个地区的罢工工人
纷纷向预定目标发起攻击。由于工人纠察队员在战斗中注意"保护居
民",不少群众"自愿加入作战",并"为纠察队布置防线"。[1]3月22
日傍晚,北火车站的战斗胜利结束,至此激战了两天一夜的上海工人
第三次武装起义获得了全胜。在激烈的战斗中,300余名工人和群众英
勇牺牲,1000余人负伤。上海工人阶级用生命和鲜血换来了胜利,为
创建市民政权奠定了基础。

在领导上海工人第三次武装起义的过程中,中国共产党积极探索
建立新型革命政权的实践路径。早在第三次武装起义之前,中共中央
特委就着手进行市民代表大会的筹备和临时市政府的组建工作。时任
中共中央总书记陈独秀就建立市民的政权提出了一系列指导性意见,
强调新政权应称作民选市政府,并要求在北伐军到来前加紧做好代表
选举工作。赵世炎指出:党要在市政府中"力争民众的利益",在民众
中不断地宣传党的政治主张。[2]在市民会议的性质问题上,共产党人
同国民党钮永建方面展开了原则性斗争。党的特委会指出市民代表会
议应当是"国民革命的苏维埃"性质的政权形式,即建立以工人阶级
为主体、联合小资产阶级和资产阶级的革命联合政权。[3]而钮永建方

---

[1] 施英:《上海工人三月暴动纪实》,《向导》第193期,1927年4月6日。

[2] 《上海区委召开各部委书记、产总主任联席会议记录》(1927年3月6日),上海市档
案馆存。

[3] 《上海区委主席团关于政治与本党工作方针的报告》(1927年3月19日),上海市档
案馆存。

面则坚持"以党治国"或实行"委任制"。经过协商与斗争，到3月5日，"市政府的问题，已得国民党赞同"。[1]3月12日，上海特别市临时市民代表会议举行成立大会，大会主要任务是选举执行委员会、推举常务委员，起草正式市民代表会议组织法草案，以备将来由上海临时革命政府公布实行。[2]会议正式成立市民代表会议执行委员会，选举31人为执行委员。该执行委员会存续时间较短，从成立到结束只有十天。

3月22日上午，闸北地区尚在激战时，上海各界1000余团体4000余代表召开了第二次市民代表会议。会议选举产生了上海区委书记罗亦农等19位上海市政府委员组成上海临时市政府，其中共产党员和共青团员10人。为加强对市政府的领导，党专门成立了市政府党团，由罗亦农、汪寿华、林钧、丁晓先等组成干事会，其中罗亦农担任党团书记，丁晓先任秘书。23日上午，上海临时市政府开始办公。24日，上海市政府得到武汉国民政府的承认。

新生的革命政权立即着手开展法制建设，制定颁布了《上海特别市临时公约草案》和《上海特别市临时市政府政纲草案》等重要文件。《上海特别市临时公约草案》采用五章结构，包括总纲、市民及住民、市政府、监察院和附则，系统规定了市民的权利义务、市政府的职权与组织、监察院的设置与职权等内容。第2章明确保障市民所享有的言论、出版、集会、结社罢工等权利，以及选举权和被选举权等政治

---

[1]《中共上海区委各部委各产总联席会议记录——罢工、暴动及市民代表会议》（1927年3月6日），上海市档案馆编：《上海工人三次武装起义》，上海人民出版社1983年版，第288页。

[2]《特委会议记录——各界对组织市民代表会议的反映、市民公会召开常委会问题》（1927年3月9日），上海市档案馆编：《上海工人三次武装起义》，上海人民出版社1983年版，第302页。

权利。《上海特别市临时市政府政纲草案》政纲开篇指出：现今上海工人与市民以其自己团结的力量打倒了残暴军阀，以全上海 200 万民众的代表选出委员组织市民政府。政纲明确表示继续推进国民革命，制定了彻底的反帝反封建的政治方针，并从上海地方的政治、建设、财政、教育、工界、商界、农民等 11 个方面提出 108 条具体施政纲领。该政纲对保护工商农知识界的基本权利和物质利益都有详尽的规定。作为中国共产党领导制定的政权建设的最早文献，这些文件体现了新民主主义革命建立人民民主政权的基本理念和制度构想，具有重要的理论意义。

尽管面临蒋介石的压迫和威胁，上海市民政府仍然艰难地推进了多项革命工作。其发布的布告明确了市政府性质以及形势："凡久受压迫之痛苦，必力求解除，工商学各界所提关于自身利益及社会公共之要求，力谋实现。"[1] 市民政府临时会议承认上海总工会提出的上海工人政治、经济要求 22 条，保障工人生活和政治待遇。同时，市政府委员会致力于维护上海治安状况，决定除正式驻防军外，由总工会纠察队及警察、保安团维持安全秩序。市政府还积极投入救济灾民、抚恤死伤者，并努力提高工人、妇女政治地位。此外，市政府还致函法租界公董局，严正要求其不得阻止复工，并积极领导群众开展主要针对英国的反帝斗争。

上海临时市政府采取的一系列革命措施，切实保障了人民群众的利益，充分体现了人民政权的本质属性。尽管在四一二反革命政变后这个新生政权遭到查封，仅存在了短暂的 24 天，但其历史意义极为深远。这是中国共产党在大革命时期领导上海人民推翻北洋军阀的反动

---

[1]《临时市政府之两布告》,《申报》1927 年 3 月 26 日。

统治，由民众自己建立人民民主政权的第一次伟大尝试。从制定选举法、组织法以至于政纲，到各项惠民政策的落实，无不显示这一政权鲜明的人民性和革命性。正如当时的报道所评价："破天荒的上海市民政府，为中国革命开了个先声。"[1]

中国共产党自成立以来，始终坚守为中国人民谋幸福、为中华民族谋复兴的初心使命。这份初心和使命已深深融入每一位共产党人的血脉之中，成为指引中国共产党人勇往直前、不懈奋斗的行动指南。从深入工人中传播真理、启发觉悟，到组织领导工农运动蓬勃发展，再到掀起反帝反封建的革命洪流，给予北洋军阀反动统治以沉重打击，党的每一阶段性任务的完成都充分彰显共产党人践行初心、担当使命的坚定决心，以及为国为民的根本宗旨与政治底气。正如习近平总书记所强调的："党的初心和使命是党的性质宗旨、理想信念、奋斗目标的集中体现，激励着我们党永远坚守，砥砺着我们党坚毅前行。"[2]无论我们党走了多久，初心使命永远是激励中国共产党人不断前进的根本动力。

---

[1]　陆定一：《破天荒的上海市民政府》，《中国青年》第 160 期，1927 年 3 月 26 日。

[2]　习近平：《在"不忘初心、牢记使命"主题教育总结大会上的讲话》（2020 年 1 月 8 日），人民出版社 2020 年版，第 11 页。

第四章

不怕牺牲、英勇斗争：
共产党人意志品质的践行

不怕牺牲、英勇斗争集中体现了中国共产党人的顽强意志和鲜明品格。习近平总书记指出，"革命胜利从来不是天上掉下来的，不是别人拱手相让的，而是用流血牺牲换来的"。[1]为实现中华民族伟大复兴，中国共产党团结带领中国人民，以"为有牺牲多壮志，敢教日月换新天"的大无畏气概，书写了中华民族几千年历史上最恢宏的史诗。

第一节 创业维艰斗志勇

中国共产党一百多年的光辉历程，是一部筚路蓝缕奠基立业的奋斗史。"我们的党不是从天上掉下来的，也不是从地中生出来的，更不是从海外飞来的；而是从长期不断的革命斗争中，从困苦艰难的革命斗争中生长出来的，强大起来的。"[2]党的创建过程，充满了艰险。

一、夹缝中求生存

从清末到民初，特别是历经辛亥革命、民国肇建的政治催化，民智开化，民主喧腾，党禁一时开放，形成一定言论自由空间，各种主义、思潮得以争相表达。有研究指出，在中国共产党第一次代表大会召开前的十年间，仅标榜"社会主义""共产主义"的激进政治团体，至少有19个之多。但自由是相对的，马克思主义在中国的广泛传播，

---

[1] 习近平：《了解历史才能看得远，永葆初心才能走得远》（2019年9月18日），《论中国共产党历史》，中央文献出版社2021年版，第261页。

[2] 陈延年：《告同志》，《我们的生活》发刊词，1926年9月。

从一开始便引起帝国主义和封建军阀的恐慌与仇视。

北洋军阀政府采取各种手段摧残和破坏革命活动。除正式颁布的《治安警察法》《戒严法》《报纸条例》《出版法》等，还有数不清的临时命令、函电。1919年10月，北洋军阀政府通电各省，强调"俄过激党既有以印刷物配布中国，意图煽惑情事，亟应加意侦防，严密查禁，以戢乱萌"。[1]淞沪警察厅于同年8月发布《取缔印刷所办法》，要求所有印刷所必须申领执照，印刷品必须事前呈送一份至警厅进行检查，警厅及该官署有随时进入印刷所查视的权利，还规定罚金和吊销执照的条款。[2]1920年4月，北洋军阀政府陆军部《军队防止过激党规则》要求，各军长官对外来印刷品详加检查，对查出的过激党印刷品立时焚毁，对购阅者严加告诫。[3]

半殖民地半封建社会的中国，租界是北洋军阀政府不能有效管辖的地方，某种程度上为各种政治活动提供了相对自由的空间，客观上成为一些进步主张付诸行动的实践地。如，中共一大会址望志路106号，是李汉俊[4]哥哥李书城的住宅，这里1914年以后划入法租界。中共二大会址之一的南成都路辅德里625号位于公共租界，是与法租界交界的位置。中共四大选会址时，中央要求虽不能在租界里，但又不能离租界太远，以便一旦发现问题，就可立即撤退疏散，往租界跑，最终选址在距公共租界北四川路越界筑路区不远的广吉里。然而，租界当局并不同情中国革命，每当涉及自身利益时，多选择与北洋军阀政府合作。"凡有稍能鼓起舆论来为民众力争反帝国主义要求的团体，

［1］《内部严防过激派通电》，《申报》1919年10月7日。

［2］《沪警厅之取缔印刷所办法》，《申报》1919年8月8日。

［3］《军队防止过激党规则》，《申报》1920年4月4日。

［4］李汉俊，1927年12月牺牲于武汉。

无不受他们的诬蔑破坏"。[1]

俄国十月革命后，阻止"过激主义思潮"传播，严禁"赤化"宣传成为租界当局和北洋军阀政府共同的工作重心。凡是被冠以过激党人、过激主义的几乎都难逃被迫害的厄运。进步刊物屡遭查封，进步社团频遭打击。由陈独秀、李大钊等在北京创办，"主张公理，反对强权"的《每周评论》，办刊不到一年，遭军阀当局查封。毛泽东主编的《湘江评论》，办刊仅一个月，遭军阀当局查封。周恩来主编的《觉悟》，因军阀当局迫害，仅出了一期。新青年社是中国共产党发起组成立后创办的第一个发行机构，被上海的法租界当局查封后，不准在上海继续营业，[2]不得不迁往广州。中国共产党发起组创办的半公开刊物——《共产党》月刊，编辑部在第三期一页空白上写下"此页被上海法捕房没收去了"一行字，控诉遭查禁的事实。

面对来自各方面的压迫，中国共产党的先驱们没有害怕，没有退缩。"五四运动时期的总司令"[3]、党的创始人之一的陈独秀指出，"中国人最大的病根，是人人都想用很小的努力牺牲，得很大的效果。这病不改，中国永远没有希望"，"在青年的精神上说起来，必定要牺牲大而结果小，才是好现象"。[4]

五四时期，一大批进步青年身体力行地"直接行动"，以舍我其谁的"牺牲的精神"走在时代前列。在"国土不可断送、人民不可低头"

[1]　鲁仁：《帝国主义的报纸外交家基督教徒与中国之民族解放运动》，《向导周报》第125 期，1925 年 8 月 18 日。

[2]　《新青年社及正报之停业》，《时报》1921 年 2 月 12 日。

[3]　毛泽东：《中国共产党第七次全国代表大会的工作方针》(1945 年 4 月 21 日)，《毛泽东文集》第 3 卷，人民出版社 1996 年版，第 294 页。

[4]　陈独秀：《五四运动的精神是什么》(1920 年 4 月 22 日)，《陈独秀文集》第 2 卷，人民出版社 2013 年版，第 9 页。

的誓言中，全国至少有 19 名青年在运动中献出生命，北大学生郭钦光去世时年仅 24 岁。许多进步青年联合起来组织社团。毛泽东等组织新民学会，会友"第一是头脑清新……第二是富奋斗精神……第三是互助及牺牲的精神"。[1]周恩来等组织觉悟社，因领导学生请愿被拘捕监禁长达半年，被南开大学开除。邓中夏[2]等组织北京大学平民教育讲演团，俞秀松[3]等组织浙江新潮社，恽代英[4]等组织利群书社，张闻天、高君宇[5]、沈泽民[6]等加入少年中国学会。还有许多进步青年离开家乡、走出国门。陈毅、聂荣臻、蔡和森[7]、向警予[8]、陈延年[9]、陈乔年[10]、赵世炎[11]、刘伯坚[12]、邓小平等赴法勤工俭学。刘少奇赴法勤工俭学愿望落空后，又转寻赴俄留学的道路。年仅十四五岁的陈云，也"很快就受到'五四'的影响"[13]，参加学校进步活动，到商务印书馆当学徒后，仍不忘有选择地阅读一些政治书籍。

---

[1] 《新民学会会务报告》(第一号)，湖南省博物馆历史部校编：《新民学会文献汇编》，湖南人民出版社 1980 年版，第 130 页。

[2] 邓中夏，1933 年 9 月牺牲于南京。

[3] 俞秀松，1939 年 2 月被冤杀于莫斯科。

[4] 恽代英，1931 年 4 月牺牲于南京。

[5] 高君宇，1925 年 3 月病逝于北京。

[6] 沈泽民，1933 年 11 月病逝于湖北红安。

[7] 蔡和森，1931 年 8 月牺牲于广州。

[8] 向警予，1928 年 5 月牺牲于武汉。

[9] 陈延年，1927 年 6 月牺牲于上海。

[10] 陈乔年，1928 年 6 月牺牲于上海。

[11] 赵世炎，1927 年 7 月牺牲于上海。

[12] 刘伯坚，1935 年 3 月牺牲于江西大余。

[13] 陈云：《纪念五四运动二十周年》(1939 年 5 月 1 日)，中共中央文献研究室编：《陈云文集》第 1 卷，中央文献出版社 2005 年版，第 194 页。

面对五四青年的呐喊，当大多数有一定社会身份的人采取中立、默许态度，有的还主张多研究些问题、少谈些"主义"[1]时，陈独秀不顾危险，发表《研究室与监狱》，"立志出了研究室就入监狱，出了监狱就入研究室"，[2]表明"死是不怕的"[3]态度。他敢说敢做，起草《北京市民宣言》，亲自上街散发，遭京师警厅拘捕，关押98天。出狱后不久，最终选择在李大钊陪同下离开北京，辗转至天津，搭乘火车于农历除夕（1920年2月19日）抵达上海[4]。1920年6月，陈独秀在上海老渔阳里2号的寓所内和俞秀松、李汉俊等决定发起成立党组织，还起草了党的纲领。8月，上海共产党早期组织正式成立，陈独秀任书记。

在上海成立的共产党早期组织，实际上是中国共产党的发起组织，是各地共产主义者进行建党活动的联络中心。随着上海、北京、武汉、长沙、济南、广州以及旅日、旅法共产党早期组织的成立，全国有了五六十名早期的党员。面对反动统治，各地共产党早期组织的活动大都秘密进行。上海共产党早期组织在新渔阳里6号建立上海社会主义青年团，对外挂起外国语学社的牌子，目的是方便掩护党、团活动。武汉共产党早期组织成立后，门口挂律师事务所牌子作掩护。长沙共产党早期组织所有活动都没以长沙共产党早期组织名义出现。

---

[1] 胡适：《多研究些问题，少谈些"主义"》，《每周评论》1919年7月20日，第31期。

[2] 陈独秀：《研究室与监狱》(1919年6月8日)，《陈独秀文集》第1卷，人民出版社2013年版，第487页。

[3] 毛泽东：《陈独秀之被捕及营救》(1919年7月14日)，《毛泽东早期文稿》，湖南人民出版社2013年版，第210页。

[4]《陈独秀过沪纪》，《时报》1920年2月23日。

尽管注意保密工作，部分建党活动还是被侦知和监视。中共一大代表李汉俊，早在 1919 年就被英国在华情报机构认定是两名居住在上海法租界的"中国布尔什维克"之一。[1]旅日共产党早期组织的建立也被日本警方发现，"……陈独秀，作为该主义宣传代表，有意让上述（周）佛海、施存统两人作为代表，驻扎日本……李达在去年八月回国后，现在上海……他们相互均有联系……"。[2]1920 年 4 月来华的俄共（布）与共产国际代表——维经斯基，虽以《上海俄文生活报》记者和编辑作身份掩护，还是被帝国主义国家情报机构侦探到，"俄文《上海生活报》报社起着上海的不满人士和常去这里的各种代理人的聚会场所和掩蔽处的作用。这里常有赤塔、北京、天津和广州的布尔什维克工作人员不断进进出出"。[3]

事实上，1921 年的上半年，因为受到有形无形的查禁和限制，上海共产党早期组织正面临诸多困境。李达回忆，陈独秀南下广州后，组织经费"颇感困难，每月虽只用二三百元，却是无法筹措"。[4]在外国语学社召开的五一节筹备会，又引起社会上关注。淞沪护军使署通令军警"一体严密查防在案"，法租界巡捕房的直接搜查，使外国语学社无法继续掩护开展党、团活动。五一节后，李汉俊不得不决定"暂

[1] 李丹阳编译：《英国档案中与李汉俊有关的记载》，中共一大会址纪念馆、上海革命历史博物馆筹备处编：《上海革命史资料与研究》第 8 辑，上海古籍出版社 2008 年版，第 633 页。

[2]《关于必需注意的中国人件》（1921 年 5 月 20 日），中共一大会址纪念馆编：《中共建党前后革命活动留日档案选编》，上海人民出版社 2018 年版，第 98 页。

[3] 李丹阳编译：《英国国家档案馆藏有关布尔什维克来华、在华人员情报选译》，《上海档案史料研究》第 10 辑，上海三联书店 2011 年版，第 271 页。

[4] 李达：《入党自传》（节录）（1949 年 12 月），《李达全集》第 16 卷，人民出版社 2016 年版，第 2 页。

时把机关部停止活动"[1]，工作因此停顿月余。

1921 年 6 月，共产国际代表马林、尼克尔斯基先后到达上海，建议及早召开全国代表大会。会期临近，需尽快寻找一处安全可靠的开会地点并安排代表食宿。中共一大的会场最终选在了李汉俊和胞兄李书城的寓所。出席会议的多数代表则以北京大学暑期旅行团名义借宿在离会址两三百米，隔一条马路的博文女校。

7 月 30 日晚，当中共一大的第六次会议继续在李汉俊寓所召开时，一名不速之客从后门闯入，后又匆忙离去。大部分代表迅速转移。果不其然，法租界的警车呼啸而至，巡捕上上下下、翻箱倒柜地搜查近两个小时，才怏怏离去。关于会议后续安排，代表们一时定不下来，曾提出到杭州西湖开会。协助安排中共一大会务的李达夫人王会悟提议选在她的家乡——嘉兴南湖，游人少，好隐蔽。大家最终采纳了这个意见。于是，部分代表[2]乘坐沪杭线火车秘密前往嘉兴，在南湖游船中召开了最后一天的会议。中共一大代表陈潭秋[3]回忆说，"第一次代表大会就此告终，而领导中国革命，为中国民族解放与社会解放而奋斗的伟大政党—中国共产党——乃正式生产而呱呱堕地了"。[4]

有证据显示，闯进中共一大会场的不速之客正是上海法租界巡捕房侦探程子卿。法租界当局新颁一项取缔集会的章程，要求凡集会必

---

[1] 包惠僧：《共产党第一次全国代表会议前后的记忆》(1953 年 8、9 月)，中国社会科学院现代史研究室、中国革命博物馆党史研究室选编：《"一大"前后》(二)，人民出版社 1985 年版，第 304 页。

[2] 一般认为，马林、尼克尔斯基、陈公博、李汉俊、何叔衡没有参加南湖的会议，《中共一大嘉兴南湖会议研究》，中共党史出版社 2018 年版，第 211 页。

[3] 陈潭秋，1943 年 9 月牺牲于乌鲁木齐。

[4] 陈潭秋：《第一次代表大会的回忆》(1936 年 7 月)，《陈潭秋文集》，人民出版社 2013 年版，第 244 页。

须提前48小时报告取得许可，规定自8月1日实行。[1]程子卿那晚可能是到104号全国各界联合会去通知，那也是租界当局关注的一个活跃团体，但104号与106号紧邻。当他发现106号有动静，进去看到客堂坐着十来个人，还有两个外国人时，立马警觉起来。出门后，直奔法租界嵩山路巡捕房，报告发现的情况。此前，日本警方也掌握了共产主义组织计划在上海法租界开会的情报。共产国际代表马林从欧洲动身来华，行踪亦被英国、荷兰等国的情报和外交部门掌握，来华后不得不先去荷兰驻上海领馆办手续，在沪住址等信息均已暴露。[2]早在马林乘船到上海前，荷兰驻上海领馆"已请各有关捕房采取必要的措施"，"保持监视"。[3]综上，上海的租界当局也许提前加强了戒备，所以警探才会来得这样迅速。

共产党早期组织的建立和中共一大的召开，虽在当时社会上没能引起关注，正如党史大家胡乔木所说，"报纸上没有发表任何消息""好像没有发生什么事"，[4]但中外当局的查禁盯梢，一度遭骚扰的会场以及上海——南湖之间代表们来去秘密匆匆的身影，无不昭彰中国共产党的创业维艰，预示着中国共产党团结带领中国人民谋求中华民族伟大复兴的道路注定将充满艰难困苦，须不懈英勇奋斗。

[1]《法租界取缔集会新章》，《民国日报》1921年7月31日。

[2]任武雄：《党的"一大"会址被搜查之谜》、朱华：《巡捕闯入中共"一大"会场新说》、[日]石川祯浩：《中共"一大"会场被搜查之谜》，中共一大会址纪念馆编：《中共"一大"研究论文集1980—2010》，上海辞书出版社2011年版，第88—97页。

[3]《荷兰驻沪代理总领事致荷兰驻华公使的信》(1921年5月30日)，中国社会科学院马列所、近代史所编：《马林与第一次国共合作》，光明日报出版社1989年版，第8页。

[4]胡乔木：《如何写好中国共产党创立时期这段历史》，《胡乔木谈中共党史》(修订本)，人民出版社2015年版，第240页。

二、创党初期斗争

中共一大代表的平均年龄只有 28 岁。作为一支新兴的、生机勃勃的革命力量，幼年的中国共产党在成立初期尽管缺乏革命斗争的经验，但并不缺少革命斗争的勇气。

中国共产党成立后不久，身为党的领导人的陈独秀，就于 1921 年 10 月、1922 年 8 月，两遭法租界巡捕房逮捕。尽管如此，各地党、团组织在中央领导下，积极投入到实际斗争中。如，上海地方党组织就利用春节做了扩大影响的宣传活动，在正月初一（1922 年 1 月 28 日），发动党、团员等走上街头散发贺年卡片，正面印着"恭贺新年"，背面印有通俗易懂、告诉劳动群众为什么过着牛马般生活、启迪他们团结起来进行斗争的《太平歌》。在党的领导下，从 1922 年 1 月到 1923 年 2 月工人运动形成了第一次高潮，农民运动等革命运动也初步展开。

黄爱、庞人铨是党领导工人运动以来，最早被军阀残杀的工人运动领袖。1922 年 1 月，共青团员黄爱、庞人铨因领导湖南第一纱厂罢工，遭湖南军阀赵恒惕杀害，湖南劳工会和《劳工周刊》随即被查封。他们的英勇牺牲，在社会上激起强烈的反响。毛泽东来沪向党中央汇报。由中国劳动组合书记部和上海工商友谊会、上海纺织业工人会、上海机器工会等工团联合发起，在霞飞路尚贤堂（上海商科大学）召开追悼会。陈独秀在追悼会上号召说，"当此中国内困于军阀，外迫于列强，国家之危如千钧之系于一发，国民全体应共同协力，一体具反抗之精神，与军阀及外力奋斗，不当独让湘粤少数人民，独具此精神"。[1] 悼念黄爱、庞人铨，控诉军阀赵恒惕的运动得到全国各地广泛支持，天津、北京、广州等地也举行了活动。李大钊为《黄庞流血

---

[1]《追悼黄庞惨死之筹备》，《民国日报》1922 年 3 月 9 日。《尚贤堂黄庞追悼会情形》，《民国日报》1922 年 3 月 27 日。

记》一书写序，高度评价二人为主义而死的精神，号召"继续牺牲者愿做而未成的事业"。周恩来写下《生别死离》诗，"壮烈的死，苟且的生……梦想那赤色的旗儿飞扬，却不用血来染他，天下哪有这类便宜事？"[1]

李启汉被称为党的工运史上"坐狱最早最苦的同志"。[2]早在1920年秋，身为中国劳动组合书记部干事的李启汉奉命到上海沪西小沙渡地区开办一所工人半日学校，寒假时改为上海工人游艺会。租界巡捕房的暗探早就把他列为侦查对象。12月20日，李启汉的名字出现在公共租界工部局警务处日报上："昨日下午二时假白克路207号举行成立大会，约有200人出席。会议由一工人名李启汉者任主席。"[3]1921年4月，新渔阳里6号外国语学社被法租界巡捕房搜查，起因正是李启汉在此组织五一节纪念筹备会。租界暗探报告说，担任筹备会议主席的是"著名的中国布尔什维克陈独秀的追随者，湖南人李启汉"。法租界巡捕房得报后，即派人搜查，没收一批传单，并警告李启汉不得在该处开会。

不顾已遭严密监视，1922年上半年，李启汉受劳动组合书记部指派负责支援香港海员罢工，领导上海浦东日华纱厂工人、邮务工人罢工，还出席了5月在广州召开的第一次全国劳动大会。而反对太平洋会议、反对澳葡当局暴行的活动更使帝国主义国家沆瀣一气，恨透李启汉。公共租界工部局终于1922年6月以"唆使中华邮政局信差罢

---

[1] 中共中央文献研究室编：《周恩来青年时代诗集》，中央文献出版社2008年版，第42页。

[2] 邓中夏：《中国职工运动简史1919—1926》，《邓中夏全集》下册，人民出版社2014年版，第1375页。

[3] 《上海公共租界工部局警务处日报摘录》（1920年12月20日），中华全国总工会中国工人运动史研究室编：《中国工运史料》1979年第1期，工人出版社，第130—131页。

工，并在《劳动周刊》上登载激烈文告，扰乱治安"罪名，将李启汉逮捕。事先，租界当局的便衣暗探到劳动组合书记部假称购买50份《劳动周刊》，还要来谈工作。李启汉下楼去接洽，发现危险后，故意大声提示楼上同志们赶快撤离，自己不幸被捕。公共租界当局判处李启汉徒刑三个月，期满后，又将他引渡给北洋军阀的上海护军使署，直到1924年10月才经组织营救出狱。

1922年1月，苏兆征[1]、林伟民[2]等领导香港海员大罢工，在坚持56天后最终取得胜利。过程中港英当局及资本家对罢工海员采取高压、恐吓、欺骗、调停、利诱、分裂等手段进行破坏。3月，港英当局派出大批武装军警，在离香港6公里的沙田地区向返回广州的罢工工人扫射，当场打死4人，打伤几百人，后因伤势过重又死去2人，造成沙田惨案。

1922年9月，李立三、刘少奇等领导安源路矿工人举行大罢工。安源路矿当局极为恐慌，玩弄各种阴谋诡计对罢工进行破坏，甚至悬赏银洋，秘遣暗探，准备阴谋刺杀安源路矿俱乐部（工会）主任和罢工总指挥李立三。工人得知情况后，加强了戒备保护才使路矿当局的阴谋没能得逞。

1922年10月，在中共唐山地委和中国劳动组合书记部的领导下，开滦煤矿工人举行大罢工。罢工爆发后，矿务局和军阀政府勾结，急调军警3000多人实行武装镇压。英帝国主义派出武装直接镇压。军警向罢工工人开枪，制造了重伤7人、轻伤57人的流血惨案，工人俱乐部和工会组织被查封，罢工领导人有的被逮捕，有的受监视。

---

[1]　苏兆征，1929年2月病逝于上海。
[2]　林伟民，1927年9月病逝于广州。

在党领导的第一次工运高潮中,铁路工人是一支主要的力量。1923 年 2 月,党领导的京汉铁路工人大罢工,引起列强的恐慌。各帝国主义国家驻北京公使团召开紧急会议,要求北洋军阀政府尽快用武力镇压。英国驻汉口总领事也召集湖北省督军代表和外国资本家举行秘密会议,策划镇压罢工的办法。2 月 7 日,吴佩孚在帝国主义势力支持下,调动两万多军警镇压罢工工人,制造了二七惨案。反动派将京汉铁路总工会江岸分会委员长、共产党员林祥谦绑在车站电线杆上连砍数刀,强迫他下复工令。林祥谦宁死不屈,壮烈牺牲。京汉铁路总工会与湖北省工团联合会法律顾问、共产党员施洋,被吴佩孚的爪牙肖耀南秘密杀害于武昌洪山脚下,牺牲前,身中三弹仍引吭高呼"劳工万岁"。在江岸,工人纠察团副团长曾玉良等 36 人被杀害。在长辛店,机车厂铆工、纠察队副队长葛树贵等 6 人被打死。在郑州车站,郑州铁路工会委员长高斌惨遭酷刑而牺牲。据统计,整个二七惨案,前后牺牲者 52 人,受伤者 300 余人,被捕入狱者 40 余人,被开除而流亡者 1000 余人,很多工人家属也惨遭军警迫害。

组织和领导农民运动是党的一项重要工作。1921 年 9 月成立的浙江萧山衙前农民协会得到绍兴、曹娥等县几十个村庄农民的效法,80个农民协会先后建立,为维护农民利益而斗争。同年 12 月,萧山官吏和地主向省政府告状,浙江省长下令严行惩治农会。反动军警逮捕衙前农协领导人李成虎等,强行解散农会。李成虎于次年初在狱中被迫害致死。

广州海陆丰的农民运动,是建党初期范围广、影响大的一次农民运动,开创者是后来被誉为"农运大王"的彭湃。[1]彭家本是当地数

---

[1] 彭湃,1929 年 8 月牺牲于上海。

一数二的富豪，但为以实际行动表明革命决心，他召集佃户到家门口，把兄弟分家后所得的那部分田契当众烧毁。从1922年7月，彭湃在海丰县赤山约发动建立第一个秘密农会，到1923年5月，海丰、陆丰、惠阳三县共有1500多个乡建立农会，会员达20多万人。农会的发展壮大，引起地主阶级的仇视和反扑。他们勾结反动政府对农会进行镇压。农会在斗争中几遭挫折，骨干被捕，组织被迫解散，彭湃也不得不离开。

在湖南地区，1923年9月，湖南党组织派遣党员在衡山岳北白果地区成立的湖南第一个农运组织——岳北农工会，成立不久后就遭地主土豪勾结军阀武力镇压，农工会一些负责人被打死打伤，农民群众70多人被逮捕。

"劳动者能有武器，岂能任他们如此杀戮？"[1]创党初期的这些斗争实践表明没有革命的武装，仅依靠工人、农民的孤军奋战，要取得革命的胜利是不行的。但这些在党领导下发动和组织起来的斗争，扩大了党在全国的政治影响，为党建立同其他革命力量的合作、掀起全国规模的大革命准备了一定的条件。

第二节　大革命期间的流血牺牲

1924年至1927年，在国共合作基础上，一场以"打倒列强，除军阀"为宗旨的革命运动席卷全国。人们通常把他称为"大革命"。而正如当时普遍传唱的一首歌曲所表明的，在声势浩大的大革命中"革命血，如花红"。

---

[1] 中国劳动组合书记部：《二七大屠杀的经过》(1923年2月27日)，中华全国总工会工运史研究室等合编：《二七大罢工资料选编》，工人出版社1983年版，第206页。

一、五卅的满腔热血

五卅运动期间，全国人民的热血被帝国主义的枪弹烧沸腾到顶点。中共中央和上海党组织决定发动群众起来抗争。

在上海，1925 年 5 月 30 日，租界英国巡捕制造了五卅惨案。南京路上的枪声和冰冷的死难烈士尸体触目惊心，包括共产党员、上海大学学生何秉彝，共青团员、同济大学学生尹景伊在内 13 人被打死，伤者难以计数。追求进步的何秉彝一边读书一边参加革命活动，拒绝父亲要他"当国立的大学生……做大官，发大财，显扬祖宗"的要求，立志"生在这离奇的二十世纪的社会里，便要为二十世纪的社会谋改造，便要为二十世纪的人民谋幸福"。[1] 尹景伊为保护同学，中弹牺牲，在最后时刻，他仍呼唤"宣传，斗争，打倒帝国主义！"[2]

五卅惨案后，敌人把上海总工会视为眼中钉，很快付诸报复行动。在指使流氓打手冒充领取救济费，借机捣毁的手段用尽后，9 月 18 日，奉系军阀的淞沪戒严司令部直接强行封闭上海总工会，通缉总工会领导人。李立三被迫转入地下活动，10 月下旬，根据组织安排赴莫斯科参加共产国际第六次执委扩大会议和赤色职工国际会议。[3] 刘少奇因连续几个月操劳过度，导致肺病复发，抱病工作坚持到 11 月，经组织安排回长沙养病。[4]

[1] 何秉彝：《给父母亲的信》(1924 年 7 月 29 日)、《给父亲的信》(1924 年 9 月 22 日)，胡申生编注：《上海大学 1922—1927 师生诗文书信选》，上海大学出版社 2021 年版，第 100、105 页。

[2] 同济大学档案馆（校史馆）编著：《同济英烈》(第 2 版)，同济大学出版社 2021 年版，第 1 页。

[3] 中共中央党史研究室第一研究部编：《李立三百年诞辰纪念集》，中共党史出版社 1999 年版，第 641 页。

[4] 中共中央党史和文献研究院编：《刘少奇年谱》(增订本) 第 1 卷，中央文献出版社 2018 年版，第 43—44 页。

李立三、刘少奇调离上海后，刚刚病愈的刘华挑起上海总工会代理委员长的重任。时值浙奉战争爆发，直系军阀孙传芳的部队撵走奉系军阀张作霖的部队，于 10 月间实控了上海。然而，直系军阀的淞沪戒严司令部同样仇视上海总工会和工人运动。刘华等很快成为新的被追捕缉拿对象，在成功躲过几次追捕后，不幸于 11 月 29 日于公共租界被捕，并很快被移交给上海的军阀当局。组织曾尝试营救，但急于讨帝国主义和大资本家欢心以控制上海局势的孙传芳下令"秘密枪决，灭尸不宣"。刘华于 12 月 17 日晚牺牲，以毕生践行了"愿拼热血如春雨，洒遍劳工神圣花"的革命誓言。

在青岛，王尽美[1]、邓恩铭[2]、李慰农等领导日商纱厂工人举行同盟大罢工。日本资本家勾结当地反动政府于 5 月 4 日以鼓动工潮首领之名逮捕了邓恩铭，将其逐出青岛。党组织安排刚从苏联回国来山东参加工作的李慰农接替邓恩铭。5 月下旬，纱厂工人第二次同盟罢工。在日本帝国主义武力威胁下，北洋军阀段祺瑞执政府急电山东军务督办张宗昌，从速镇压。接张宗昌授意后，胶澳督办温树德决意"以严厉手段作最后解决"。2000 余名反动军警包围了大康、内外棉、隆兴纱厂和工人宿舍，于凌晨开始冲击，打死工人 8 人，重伤 17 人，轻伤无数，司铭章、李敬栓等 75 名工运骨干被逮捕，3000 多名工人被押解回原籍。此外，还有数目不详的工人被日人暗杀、活活抛入海中或闷死在地沟中。7 月下旬，纱厂工人举行第三次同盟罢工。再次遭到张宗昌镇压。军警到处捕拿共产党人，中共青岛四方支部书记李慰农和《青岛公民报》主笔胡信之等数十人被捕，数百人遭通缉，600 余人被迫外

---

[1] 王尽美，1925 年 8 月病逝于青岛。

[2] 邓恩铭，1931 年 4 月牺牲于济南。

逃。张宗昌下令将李慰农、胡信之杀害于青岛团岛。[1]

在汉口，1925年6月，英租界码头工人与英商太古公司雇员发生纠纷，工人被打伤、致死，有的遭逮捕，包括汉口人力车夫工人、棉花厂工人、码头工人在内的各界市民群众数千人聚集太古码头，抗议英帝国主义的暴行。停泊在长江上的英国军舰恃强挑衅，派遣水兵登陆，以刺刀杀伤中国工人。汉口英租界当局下令将前后花楼街铁栅门锁闭，租界各国的"义勇队"、巡警也倾巢出动。被驱赶的群众向大智门方向退去，又遭军阀肖耀南派出的反动军警堵截。英国水兵用机枪向退避无路复涌回租界的市民群众扫射，当场打死40余人，重伤30余人，将遗骸搬上军舰投江灭迹，制造了六一一惨案。[2]

在南京，英商和记洋行工人自6月开始罢工，坚持到7月，在厂方答应部分条件后复工。然复工后，厂方又公然违约，不仅不补发工资，还诡称缺乏原料，宣布次日停工，并拒绝发给工人出入厂门的号牌。7月31日，40余名英国水兵武装登陆，联合厂方十余名印度巡捕，对留在厂内的中国工人肆意行凶，造成七三一流血惨案。[3]

在天津，罢工工人和各爱国团体遭直隶督办李景林镇压。8月，反动军警把被包围的宝成、裕大纱厂工人和未能逃脱的北洋、裕元纱厂工人共1000余人押进裕大纱厂院内，将其中可疑的400余人押往拘留所和监狱，行动中打死打伤80余人。大肆镇压纺织工人斗争的同时，军阀当局又用召集会议、悬赏缉拿等手段先后逮捕天津各界联合会代

[1] 中共山东省委党史研究院：《中国共产党山东历史》第一卷（1921—1949）上册，中共党史出版社2021年版，第112页。

[2] 中共湖北省委党史研究室：《中国共产党湖北历史》第一卷（1921—1949）上册，中共党史出版社2021年版，第107页。

[3] 中共江苏省委党史工作办公室：《中国共产党江苏历史》第一卷（1921—1949），中共党史出版社2021年版，第52—55页。

表多人，包括共产党员安幸生[1]、辛璞田[2]等在内共有十多人被投进西营门的陆军监狱。直到冯玉祥国民军攻占天津后，他们才于 12 月由中共天津地委营救出来。[3]

发生在广州和香港的省港大罢工是五卅运动的重要组成部分。6 月 23 日，广州和香港两地罢工工人及各界群众召开援助上海五卅运动示威大会，会后 5 万多人举行游行。下午，游行队伍途经沙基时，沙面租界英、法军警隔河向游行队伍发射机关枪，停泊在白鹅潭的外国兵舰也向游行队伍开炮轰击，当场打死 50 多人，重伤 170 多人，制造了沙基惨案。在全国人民和广州国民政府的大力支持下，省港大罢工坚持 16 个月之久，在中国革命史上写下光辉的一页，显示了中国工人阶级的伟大力量和奋斗精神。

二、模范的革命军人

大革命时期，中国共产党努力以自己的政治远见和模范行为影响革命军队，对革命运动发展产生深远影响。毛泽东后来说，"那时军队有一种新气象"，"奋勇向前的革命精神充满了军队"。[4] 在军队中，涌现了一大批不怕牺牲、英勇斗争的模范革命军人。

国共合作后，中国共产党积极在黄埔军校和国民革命军中发展壮大党组织。据不完全统计，仅黄埔军校第一期"教职员名录"中，可认定为共产党员的就不少于 10 人，第一期"同学录"中则不少于 70

---

[1] 安幸生，1927 年 11 月牺牲于北京。

[2] 辛璞田，1928 年 1 月牺牲于北京。

[3] 中共天津市委党史研究室：《中国共产党天津历史》第一卷（1921—1949），中共党史出版社 2021 年版，第 92—100 页。

[4] 毛泽东：《和英国记者贝特兰的谈话》（1937 年 10 月 25 日），中共中央文献研究室、中央档案馆编：《建党以来重要文献选编（1921—1949）》第 14 册，中央文献出版社 2011 年版，第 622—623 页。

人。[1] 蒋介石曾言，一万黄埔师生中，约有共产党二千人。1925 年 1 月，黄埔军校政治部在周恩来领导下，以共产党员、青年团员为骨干组织成立业余文艺团体"血花剧社"。正如社训"先烈之血，主义之花"所示，受过革命思想教育的黄埔健儿，大都具有良好的政治和军事素质，在战场上士气旺盛、战斗英勇。

在国共两党合作完成统一广东革命根据地的斗争中，受共产党员积极影响的黄埔军校校军和第一军战功卓著，对其他参战部队起了带动作用。1925 年 2 月，攻克淡水城是第一次东征中取得的第一个攻坚战胜利。战斗中，黄埔军校教导团组织攻城奋勇队。共产党员刘仇西、彭干臣、张际春、张隐韬、游步瀛（仁）和国民党人蔡光举等人担任骨干，率领 100 多名队员，冒着敌人的炮火挟梯爬城。蔡光举和共产党员刁步云、江世麟、叶彧龙等英勇牺牲。3 月 13 日，发生在孙中山逝世后第二天的棉湖激战，以共产党员曹石泉[2]为连长、曹渊为党代表、唐同德为副连长的军校学兵连，在战斗最危险的时候突入火线，奋力解除敌军对指挥所的威胁，对稳定战局起了特殊作用。共产党员、教导团第三营党代表章琰在战斗中牺牲。

6 月，在肃清杨（希闵）刘（震寰）叛军的战斗中，中共广东区委掌握的大元帅大本营铁甲车队，适时担负了营救职责，及时抢占大沙头码头，保护了广州城内的各机关和苏联顾问团安全转移至珠江南岸或黄埔军校。10 月，第二次东征强攻惠州时，战况异常惨烈，蒋介石主张罢兵另谋，遭苏联顾问和共产党人的反对。战斗中，攻城先锋队死伤 400 余人，共产党员、国民革命军副营长谭鹿鸣战死，团党代

---

[1] 中共广东省委党史研究室：《中国共产党广东历史》第一卷（1921—1949），中共党史出版社 2021 年版，第 136 页。

[2] 曹石泉，1925 年 6 月广州沙基惨案中牺牲。

表蒋先云[1]爬城时负伤。战斗胜利后，随军苏联顾问感叹"惠州要塞实际上是共产党人拿下的，他们的意志比攻不破的城墙还要坚硬"。之后，继续进攻海陆丰时，共产党员、国民革命军营长唐同德牺牲。27日，蒋介石带第三师轻敌冒进，在五华县华阳兵败，1000余名官兵阵亡。

军队中的政治工作对北伐胜利进军发挥重要作用。共产党人实际上掌握了北伐军的全部政治工作。北伐出师以前，在周恩来主持下，建立起北伐军总政治部和各级政治部，包括恽代英、廖乾五[2]、李富春、朱克靖[3]、林伯渠、黄日葵[4]、聂荣臻、萧劲光等在内一大批共产党员成为革命军队政治工作的开拓者。据不完全统计，到1926年12月在北伐军各军担负政治工作的共产党员已达到1500人左右。

叶挺[5]指挥的国民革命军第四军独立团，是由中国共产党直接领导的一支武装力量。独立团虽在整个国民革命军中所占比重很小，但英勇善战，纪律严明，在北伐历次战斗中勇于承担最艰巨的任务。在1926年7月9日国民革命军正式誓师北伐前，独立团就已受命于5月20日出师，驰援刚归顺国民革命军、正被吴佩孚部击败退守湘南的唐生智部。独立团启程之前，周恩来在广州召集该团干部会议，要求部队加强党的领导，加强政治工作；作战要勇敢，要有牺牲精神，要吃苦耐劳；要起先锋作用、模范作用。

6月初，独立团进入湘南的首战——渌田之战，即占领攸县县城，

---

[1] 蒋先云，1927年5月牺牲于河南临颍。

[2] 廖乾五，1930年9月牺牲于长沙。

[3] 朱克靖，1947年10月牺牲于南京。

[4] 黄日葵，1930年12月病逝于上海。

[5] 叶挺，1946年4月因飞机失事牺牲于山西兴县。

取得北伐第一次大捷。7月初的醴陵战役中，独立团官兵勇敢精神为友军所赞叹，共产党员胡焕文、吴兆生阵亡。8月20日，独立团攻破固若金汤的平江城。月底，独立团连续参加汀泗桥、贺胜桥之战。汀泗桥是武汉最险要之门户，吴佩孚调集2万余人布防于此。当敌军咬住北伐军第四军指挥所猛攻不舍的危急之际，独立团第一营营长曹渊率部赴援，顽强打退敌人。贺胜桥是武汉最后之屏障，此关一破，百余里无险可守。吴佩孚乘专车亲自督战，为阻止队伍后撤，命大刀队斩杀临阵脱逃者，战况空前激烈。战斗中，共产党员、独立团第二营营长许继慎[1]被子弹击穿肺部，仍坚持指挥战斗。

9月到10月，为占领武昌，北伐军展开为期40天之久的围城苦战。共产党员和共青团员冒着枪林弹雨，冲锋陷阵。在一次攻城战斗中，由独立团一营担任奋勇队（敢死队）。战前动员，大部分官兵都写好家信，交给营部书记周廷恩[2]。一位共产党员班长在给父母的信中写道"为着打倒帝国主义、打倒军阀而战死，虽死犹生……恳求母亲保重，勿过悲哀……"。共产党员、第三连连长高超本是武昌城里人。当他写好家信时，周廷恩告诉他"还是你自己送回家好"。高超说，"我不一定送得到，留在你这里才有保证"。[3]奋勇队开始攻城时，遭敌人猛烈射击，包括一连长莫奇标、三连长高超在内，几乎全部壮烈牺牲。共产党员、营长曹渊牺牲前向叶挺团长请示，"天已拂晓，进城无望，职营伤亡将尽，现存十余人，但革命军人有进无退，如何处置，请指示。曹渊"。写到最后一个"渊"字时，不幸中弹牺牲，最后一笔失去控制，竖划了很长。周恩来称赞曹渊"为谋国家之独立、人民之解放

---

[1] 许继慎，1931年11月牺牲于河南光山。

[2] 周廷恩，1928年初（一说1927年冬）牺牲于海口。

[3] 周士第：《周士第回忆录》，人民出版社1979年版，第78—80页。

而英勇的牺牲了。这是非常光荣的。我全党同志，对曹渊同志这种英勇牺牲精神，表示无限的敬意"。[1]

短短半年时间，独立团转战湘、鄂北伐主战场，以鲜血和生命屡建奇功。在历次战役、战斗中，独立团伤亡 400 人以上。独立团党支部在武昌洪山脚下修建的攻城官兵诸烈士墓，安葬有曹渊等 191 名英烈，墓碑上篆刻着"精神不死""先烈之血主义之花""诸烈士的血铸成了铁军的荣誉"。这座墓碑，成为共产党人和革命军人在北伐中英勇善战、不怕牺牲的历史见证。

从全国形势来看，北伐胜利进军还得益于北方国民军和南方泸顺起义的配合。李大钊领导的中共北方区委在冯玉祥国民军中的工作取得很大成绩。1926 年 4 月至 8 月，国民军在南口、晋北、陕甘几个战场对抗张作霖、吴佩孚、张宗昌、阎锡山的奉、直、鲁、晋军的联合进攻，拖住各路军阀 80% 兵力，有效减轻了南方国民革命军的压力。党先后派出包括刘伯坚、邓小平、宣侠父[2]、刘志丹[3]、方仲如、魏野畴[4]等在内共约 400 人到国民军中做政治工作。一些共产党员还直接领导了部分国民军部队，如共产党员张兆丰[5]曾担任国民军第三师师长等职，参与国民军援陕、东进的系列战斗。国民军一些军官如吉鸿昌[6]、赵博生[7]、董振堂[8]、杨虎城、何基沣等思想逐渐进步，有的后

[1] 曹云屏：《求索：一门三烈士》，中共党史出版社 2008 年版，第 8 页。

[2] 宣侠父，1938 年 7 月（7 月 31 日，一说 8 月 1 日）牺牲于西安。

[3] 刘志丹，1936 年 4 月牺牲于山西柳林。

[4] 魏野畴，1928 年 4 月牺牲于安徽临泉。

[5] 张兆丰，1930 年 10 月牺牲于河北栾城。

[6] 吉鸿昌，1934 年 11 月牺牲于北京。

[7] 赵博生，1933 年 1 月在中央根据地第四次反"围剿"战役中牺牲。

[8] 董振堂，1937 年 1 月牺牲于甘肃高台。

来加入共产党，有的与共产党长期保持比较友好的关系。

中共重庆地委在吴玉章、杨闇公等领导下，开展策动四川各派军阀响应和支持北伐的军事工作。1926 年 5 月，曾在川军熊克武部任团长的刘伯承经吴、杨介绍加入中国共产党。朱德、陈毅也根据党的指示，先后到四川加强对军阀杨森部的争取。通过中共重庆地委军事委员会的细致工作，1926 年 12 月，泸州、顺庆起义先后爆发（即泸顺起义）。由于敌强我弱，7000 多人的顺庆起义部队退守到开江县时仅剩 2000 多人，但仍坚持"为民众利益而兴师，誓当为之奋斗到底！大义所在，矢志不渝"。川黔军阀悬赏 5 万元捉拿刘伯承。刘伯承率部浴血奋战，坚守泸州城 40 多天。泸顺起义持续五个半月，起义人员达 6 个旅 1.4 万余人，创造大革命时期策动旧军队起义的纪录，是中国共产党力图掌握武装的一次勇敢尝试，当时就有评论"惊破武人之迷梦，唤醒群众之觉悟，影响川局，关系甚巨。功之大小，应不能以成败论也"。[1]

三、继起的先烈群英

"军阀不死，祸害不止；军阀死绝，消灾解厄。"[2] 当优秀共产党人和革命军人以坚强的忘我精神和不怕牺牲的英雄气概换来北伐辉煌战果时，在党领导的工农群众运动、支援北伐和统一战线工作中也有很多英勇斗争和流血牺牲。

中共北方区委在李大钊、赵世炎、陈乔年等领导下，结合北方错综复杂的政局变化，联合国民党左派，领导开展规模空前的反奉（奉

[1] 中共四川省委党史研究室：《中国共产党四川历史》第一卷（1921—1949），中共党史出版社 2021 年版，第 105 页。

[2] 中共湖南省委党史研究院：《中国共产党湖南历史》第一卷（1921—1949）上册，中共党史出版社 2021 年版，第 146 页。

系军阀张作霖）倒段（控制北京政府的皖系军阀段祺瑞）斗争，先后发起反对关税会议、"首都革命"等。在紧张的工作中，1925年3月，高君宇在国民会议促成会全国代表大会的现场突发疾病，送医后去世，他光辉短暂的一生正如其碑文"我是宝剑，我是火花。我愿生如闪电之耀亮，我愿死如彗星之迅忽"。[1]

1926年3月，日本帝国主义为支持奉系军阀，蓄意挑起大沽口事件。为抗议帝国主义的霸道行径，中共北方区委和李大钊决定，号召民众群起反抗八国通牒，废除《辛丑条约》。共产党员安体诚[2]、王一飞[3]与共产党员陈毅、辛焕文[4]等带队分赴段祺瑞执政府外交部和国务院请愿。在国务院，政府卫队刺伤、打伤代表多人，四川代表杨伯伦多处被刀扎伤，血流不止。3月18日，北京1万余人到天安门前举行抗议八国通牒的国民大会。李大钊任大会主席团成员，共产党员王一飞是三个总指挥之一。赵世炎、陈乔年、陈为人[5]等中共北方区委和北京地委的领导成员也都参加。当数千人的请愿队伍到达铁狮子胡同段祺瑞执政府门前时，卫队向群众开枪，造成死47人、伤199人的三一八惨案。李大钊脸和手受伤，在群众掩护下幸免于难，陈乔年被卫队士兵刺伤胸口，鲜血染红上衣，被同志救回。

鲁迅先生后来发表《记念刘和珍君》，称这一天是"民国以来最黑暗的一天"。3月23日，在北京大学三院举行三一八死难烈士追悼大会，门前扎起的素彩牌楼上左书"先烈之血"，右书"革命之花"。大会

---

[1] 石评梅：《高君宇墓碑碑文》，《高君宇文集》，人民出版社2011年版，第244页。

[2] 安体诚，1927年5月牺牲于上海。

[3] 王一飞，1928年1月牺牲于长沙。

[4] 辛焕文，1927年9月牺牲于湖北崇阳。

[5] 陈为人，1937年3月病逝于上海。

主席陈毅慷慨陈词，已秘密加入共产党的《京报》社长邵飘萍发表演说。军阀政府下令通缉李大钊、邵飘萍和国民党左派徐谦等48人。[1] 4月，邵飘萍被捕，被奉系军阀押至北京天桥刑场杀害，从容就义。

在湖南、湖北、江西等地，工农运动蓬勃发展。1925年6月，回乡养病期间的毛泽东在自家阁楼上主持建立起中共韶山支部。7月，韶山大旱，地主囤积居奇，抬高米价。毛泽东召集支部成员和农协骨干开会，发动农民，迫使土豪、团防局长成胥生开仓平粜。毛泽东的活动很快引起土豪劣绅忌恨。湖南军阀赵恒惕电令湘潭县团防局急速逮捕毛泽东。县议员、开明士绅郭麓宾在县长办公室看到这一密电，立即写一封信派专人送到韶山。毛泽东才得于当晚离开，经长沙、衡阳等地"间道入粤"。1925年底1926年初，毛泽东利用韶山和各地农运积累的素材，先后撰写出《中国社会各阶级的分析》《中国农民中各阶级的分析及其对于革命的态度》，为中国共产党正确认识农民在民主革命中的地位和作用，奠定了重要的理论基础。

湘潭县东一区八叠乡（今株洲市芦淞区曲尺乡），是湖南农运发展最早、影响最大的地区之一。1924年9月，汪先宗等6人被吸收入党，成立中共八叠乡支部。根据中共湘区委指示，汪先宗在他的家乡株洲和湘潭东一区一带开展农民运动，秘密成立农民协会。当地豪绅汪孝逵等勾结团防局，诬汪先宗为匪，将他捉去，严刑拷打。1925年11月下旬，汪先宗被军阀叶开鑫部杀害。[2]

1925年9月，安源路矿工人庆祝大罢工胜利三周年时，厂方借故开除1200余人。工人罢工后，赣西镇守使李鸿程军队和湖南派来的湘

[1] 鲁迅：《大衍发微》，《鲁迅全集》第3卷，花城出版社2021年版，第317—320页。
[2] 中共湖南省委党史研究院：《中国共产党湖南历史》第一卷（1921—1949）上册，中共党史出版社2021年版，第158—159页。

军第九旅以及矿警封闭工人俱乐部，屠杀工人，制造了九月惨案。10月16日，工人俱乐部副主任黄静源被枪杀于俱乐部门前广场。在中共湘区委的领导下，醴陵、株洲、长沙等地方举行了空前的抬棺示威游行及追悼活动，被解雇工人一部分被派往各地从事工运，一部分去广东参加革命军或到广州农民运动讲习所学习，大部分回到各自家乡开展农民运动。

　　1927年初，湖北阳新县的地主豪绅，在蒋介石日趋嚣张反共气焰驱使下，密谋策划制造了捣毁县农协，杀害农协领导人的二二七惨案。包括共产党员、省农协特派员成子英在内九名英烈被用煤油活活烧死。"我们顶勇敢的成子英同志，手上脚上的绳子都被烧断了，但是还没有烧死，还想用他最后的一点力量，来和土豪劣绅搏斗。他就英勇地从大火里跳出来，大呼打倒阳新的土豪劣绅，直向土豪劣绅扑来。土豪劣绅让开，未曾扑着，却扑到水里去了。可恨的土豪劣绅，又把我们顶勇敢热心顶可爱的成子英同志弄起来，当头一棒，打得鲜血直冒，然后又抛到火坑里。"年仅16岁的共青团员邹有执，从熊熊烈火中跳出来，死死抱住了一个匪徒不放，想在生命的最后一刻消灭一个敌人。但因他已遍体鳞伤，又寡不敌众，很快被其他匪徒拉脱，英勇地倒下了。[1]惨案发生后不久，面对湖北各界惩办凶手的强烈呼声，成立了由邓演达、毛泽东、吴玉章组成的阳新惨案查办委员会。

　　为迎接北伐军事斗争，中国共产党组织发动工农群众给北伐军当向导、运子弹、抬伤员、送茶饭、提供情报或直接参加战斗，这些工作也遭到敌人的无情打击。在北伐军已经进入江西、北洋军阀统治即将倒台前夕，中共江西地方党、团组织主要创始人之一、中共江西地

---

[1]　湖北省中共党史人物研究会、湖北省民政厅编：《湖北英烈传》第1集，湖北人民出版社1984年版，第102页。

委组织部部长赵醒侬被以"宣传赤化，图谋不轨"的罪名逮捕，"临刑时，态度从容，并呼打倒帝国主义、打倒军阀等口号"，于 1926 年 9 月牺牲。[1] 在湖北，1926 年 7 月，董必武等领导成立湖北特种委员会，通过共产党员、国立武昌大学教授耿丹[2] 和共产党员、国民革命军司令部政治部特派员龚培元[3] 等积极进行策反工作。中共汉口地委秘密联系员周宇笙成功策反驻汉口的陈尧鉴部，共产党员、国民党汉口特别市党部组织部部长陈定一因深入敌军内部策反，被杀害于武昌长街火巷口闹市。长达 40 天之久的武昌围城苦战中，武昌城内断绝了粮食来源，饮水也十分困难。城中的中共湖北区委领导人陈潭秋等积极组织民众自救。在汉口的董必武等发动商会、慈善团体奔走调停，经与城内军阀部队多次商谈，两次打开汉阳门，放出妇孺 3.8 万人出城就食。

上海工人第三次武装起义，是大革命期间中国工人运动的一次壮举，是北伐战争时期工人运动发展的最高峰，上海工人用鲜血和生命取得了辉煌胜利。为领导和组织第三次武装起义，中共中央和上海区委成立特别委员会，下设军事委员会和宣传委员会。周恩来被委派担任特别军委负责人。他冒着枪林弹雨，到激战的前沿，视察战情，指导攻克敌人精心布防的东方图书馆、北火车站等重要据点。在两天一夜共 30 小时的激烈战斗中，300 余名工人和群众英勇牺牲，1000 余人负伤。

大革命的基础是国共合作。为巩固统一战线，各地共产党组织勇猛不懈地同国民党新老右派作斗争。

---

[1]《赣垣枪决党人 赵醒侬从容就义》，《民国日报》1926 年 9 月 20 日。

[2] 耿丹，1927 年 8 月牺牲于武汉。

[3] 龚培元，1927 年 8 月牺牲于江西会昌。

　　在上海，国民党上海执行部正式成立后，实际负责各部工作多是共产党人，但执行部内部矛盾也日趋加剧。1924 年 7 月，毛泽东因执行部负责人经常发生分歧，辞去组织部秘书职务。8 月，国民党右派喻育之等纠众到执行部要国民党中央"排除共党分子"，并行凶殴打在现场的国民党左派邵力子。9 月，共产党员、国民党中央工人部代表杨殷[1]到沪了解上海南洋兄弟烟草公司工人大罢工事件，遭国民党右派唆使流氓殴打，身受重伤。10 月 10 日，上海各团体在天后宫举行国民大会，国民党右派童理璋等阻止爱国学生发表演说，共产党员、上海大学学生黄仁上台质问，被流氓打手从高逾七尺的台上猛烈推下受伤，于 12 日牺牲。1925 年末，西山会议后，国民党右派一度"接管"环龙路 44 号上海执行部机关，恽代英、刘重民等联合国民党左派柳亚子等对西山会议派进行了坚决斗争。

　　中共湖南区委在长沙和常德组织湖南三民主义学会与国民党右派组织的孙文主义学会进行针锋相对斗争。1926 年 3 月，双方发生一次较大冲突。针对省内一些国民党右派分子组织的"左社"，中共湖南区委还联合国民党左派迫使国民党省党部开除刘岳峙等 8 个右派的党籍。至 1927 年 5 月马日事变之前，国民党湖南省党部领导权实质掌握在共产党员为核心的左派手中。[2]

　　中共湖北地委结合实际，采取进退结合的办法进行巧妙抵制。1926 年 5 月，蒋介石在打击排斥共产党员的中山舰事件后，又提出所谓的《整理党务案》，要求共产党员在国民党高级党部任执行委员人数不得超过三分之一。在 7 月召开的国民党湖北省第三次党员代表大

---

[1]　杨殷，1929 年 8 月牺牲于上海。

[2]　中共湖南省委党史研究院：《中国共产党湖南历史》第一卷（1921—1949）上册，中共党史出版社 2021 年版，第 134 页。

会上，刘伯垂、许之桢、许白昊[1]、秦怡君等退出，但继续选举蔡以忱[2]、吴德峰、刘子谷、徐全直[3]等人进入。共产党人在国民党湖北省党部执委、候补执委、监委、候补监委中的人数均超三分之一，《整理党务案》影响被缩小到极小范围。

在江西，蒋介石指使段锡朋、周利生等国民党右派分子秘密组成"AB"团，通过"圈定"委员把戏，一度篡夺了江西省党政大权，制造了一系列反革命事件。国民党右派的暴行激起江西人民的极大愤怒，受到中共和国民党左派的一致声讨。1927年3月中旬，在中共江西区委领导下，由方志敏等发起改组国民党江西省党部和省政府的请愿活动。4月2日，南昌革命民众在共青团江西省委书记袁玉冰[4]等带领下一举控制被国民党右派把持的省党部、省政府和教育厅等地。四二暴动胜利后，改组的国民党江西省党部成员基本上是国民党左派和共产党员。

对于党在大革命时期的斗争和流血牺牲，刘少奇回忆说，"我们党在幼年时期虽然力量很小，但很英勇，很能战斗，战斗性很强，一开始就什么都不怕，藐视一切。帝国主义它不怕，人数少也敢反帝，要打倒帝国主义。那个时期我们的另一个口号是打倒军阀，军阀的力量虽然那样大，我们也要打倒它。没有哪个人发言说军阀打不倒，或者说不要打，没有人脑子里边这样想"。[5]

---

[1] 许白昊，1928年6月牺牲于上海。
[2] 蔡以忱，1928年10月牺牲于湖南澧县。
[3] 徐全直，1934年2月牺牲于南京。
[4] 袁玉冰，1927年12月牺牲于南昌。
[5] 中共中央文献研究室第二编研部编：《刘少奇自述》，国际文化出版公司2009年版，第33页。

第三节　转折关头艰难前行

大革命后期，革命形势发生急剧变化，国民党蒋介石集团和汪精卫集团相继叛变革命，共产党人和革命群众遭到野蛮屠杀，中国共产党面临着被敌人瓦解和消灭的严重危险。在革命遭受严重失败的极为严峻形势下，中国共产党人以实际行动，对此作出初步而又明确的回答。

一、屠刀面前英勇就义

1927 年，蒋介石发动四一二反革命政变，是大革命从高潮走向失败的转折点。事实上，从 1926 年底北伐军在江西战场上取得决定性胜利后，羽翼已经丰满的蒋介石的反共活动就开始公开化了。1927 年 3 月 6 日，蒋介石指使驻军杀害赣州总工会委员长、共产党员陈赞贤。陈赞贤被以开会名义骗到县署，驻赣州的新编第一师倪弼等人让他签字解散总工会，遭他严词拒绝。倪说，蒋总司令有令在此。话音刚落，即被乱枪射击，陈赞贤当场牺牲。17 日，蒋介石指使青洪帮流氓捣毁左派占优势的国民党九江市党部和九江总工会，在市党部打死 3 人，在总工会打死 1 人，打伤 6 人。23 日，又指令暴徒在安庆捣毁国民党左派领导的安徽临时省党部等处，打伤多人。受蒋指使，负责勾结青洪帮的一位安庆电报局长得意地说："我们都和我们的'老头子'联络好了，我们要走一路打一路，专门打倒赤化分子。"[1]

抵沪后，蒋介石同帝国主义分子、江浙财阀和流氓势力举行了一系列反共秘密会谈。为迷惑共产党人和上海群众，蒋介石还假惺惺地于 4 月 7 日派代表向上海总工会赠送"共同奋斗"的锦旗。上海总工

---

[1] 郭沫若：《请看今日之蒋介石》(1927 年 3 月 31 日)，中共中央文献研究室、中央档案馆编：《建党以来重要文献选编（1921—1949）》第 4 册，中央文献出版社 2011 年版，第 141 页。

会委员长汪寿华是杰出的工人运动领袖，蒋介石指使上海流氓头目杜月笙密谋杀之。4月11日，也就是四一二反革命政变的前一天，杜月笙邀汪寿华于晚间到杜公馆"赴宴"。汪寿华按约前往，后惨遭杀害。4月12日凌晨，大批流氓武装分子冒充工人向分驻上海总工会、商务印书馆等处的工人纠察队发动突然袭击。负责上海防务的周凤岐按蒋介石的计划，指使国民革命军第二十六军各部，或协同流氓进攻，或冒充"调解者"用欺骗手法缴去工人纠察队的枪支。四一二反革命政变中，上海工人纠察队120余人牺牲，180余人负伤，多人被捕，3000多支枪被缴去。13日，上海工人及各界群众组成的游行示威队伍行进到宝山路时，又遭埋伏在此的武装军警扫射，当场打死100多人，伤者不计其数。

四一二反革命政变后，汪精卫集团也迅速走向反动。7月15日，汪精卫召开国民党中央常务委员会扩大会议，以"分共"的名义，正式同共产党决裂。与此同时，北方的奉系军阀张作霖也命令军警在北京逮捕大批共产党员及其他革命者。全国各地纷纷发生对共产党人和革命人士进行大屠杀的事件，许多中国共产党的优秀干部，群众运动的领袖，成千上万的共产党员、共青团员，革命的工人、农民、知识分子及党外革命人士倒在血泊中。

在北京，中共北方区委遭到严重破坏。4月6日，奉系军阀张作霖串通帝国主义国家在京外交使团，派军警包围并搜查了东交民巷苏联大使馆旧兵营，逮捕李大钊等60余人。"人生的目的，在发展自己的生命，可是也有为发展生命必须牺牲生命的时候……高尚的生活，常在壮烈的牺牲中。"[1] 面对敌人的威逼利诱，李大钊不为所

---

[1] 李大钊：《牺牲》(1919年11月9日)，《李大钊全集》第3卷，人民出版社2013年版，第107页。

动。[1] 4月28日，李大钊、范鸿劼等多名共产党人从容走上绞刑台，英勇就义。

在重庆，反共势力制造三三一流血惨案。据统计，现场收尸137具，伤者逾千，其中重伤500余人。惨案次日，共产党员冉钧冒险进城布置工作和安顿同事，被敌人发现后枪杀。4月4日，中共重庆地委书记杨闇公在离渝前往武汉的"亚东"号轮船上被捕，于6日深夜牺牲。敌人割下他的舌头，砍去他的手掌，挖去他的双眼，最后连开三枪。[2]

在南京，中共南京地委等于4月10日开紧急会议，遭包围。参加会议的共产党员、国民党省党部常委侯少裘，中共南京地委书记谢文锦，以及共产党员刘重民、张应春、许金元、文化震、陈君起、钟天樾、梁永等十余人被捕，数日后全部被敌人秘密杀害，尸体被装进麻袋，抛入通济门外九龙桥下的秦淮河中。苏南的苏州、无锡、常州、镇江等地也发生一系列反革命事件。[3]

在福州，4月3日，国民党右派分子在"拥蒋护党运动大会"上大放厥词，方毅威等五人挺身而出，登台反驳。敌人指使所谓的"总工会纠察队"即把方毅威"军装脱下，背插纸旗，大书'共产党'三字，押同游行示众。至南台万寿桥用手枪击毙，抛尸江中"。在福建各地反革命事变中，包括中共福州地委宣传部部长方尔灏，厦门总工会委员长罗扬才、副委员长杨世宁等在内，有共产党员和革命群众1305人被

［1］ 李大钊：《狱中自述》（1927年4月），《李大钊全集》第5卷，人民出版社2013年版，第301页。

［2］ 中共四川省委党史研究室：《中国共产党四川历史》第一卷（1921—1949），中共党史出版社2021年版，第109—110页。

［3］ 中共江苏省委党史工作办公室：《中国共产党江苏历史》第一卷（1921—1949），中共党史出版社2021年版，第90页。

捕，569人被杀。[1]

在南宁，"清党"行动与上海同步开始于4月12日凌晨。国民党广西省党部、广西农讲所、市总工会、南宁军校等团体中的共产党组织以及中共南宁地委机关遭受破坏。不到一个月，全市140多人被捕，其中共产党员和共青团员40多人。8月31日，中共南宁地委书记罗少彦[2]被捕。广西的梧州、桂林、柳州、钦廉等地的共产党组织也遭受严重破坏。共青团梧州地委书记钟云、中共桂林支部书记李征凤、中共北海支部书记江刺横等多人牺牲。中共广西地委第一任书记廖梦樵受尽酷刑，被押赴刑场时一路高唱《国际歌》。

在广州，发生了四一五反革命政变，被捕者达2100多人，其中共产党员600余人，被秘密枪杀者100多人。著名共产党员李启汉、刘尔崧在反革命政变当天于住处被捕，在广州东山医院治疗肺病的共产党员萧楚女被反动军警从病房拖走，均于当月牺牲。反动派采取欺骗手法，以护送共产党员、黄埔军校政治部主任熊雄"出国留学，并派汽艇送去香港"为名，将他秘密逮捕，于次月杀害。广东各地也相继进行"清党"，仅琼崖地区就有共产党员、琼崖总工会负责人吴清坤在内约200余人被捕牺牲。

在上海，中共江苏省委遭竭力扼杀，半年时间省委领导机构遭三次大破坏。先是1927年6月，省委书记陈延年和郭伯和、韩步先、黄竞西等领导成员在省委机关被捕。由于叛徒束炳澍、戴盆天等指供，陈延年、黄竞西等于当月英勇就义。为了革命，黄竞西早年放弃自家经营良好的药店，狱中遗嘱岳舅"弃家店出外，并不稀奇"，"我为党牺牲，有

[1] 中共福建省委党史研究和地方志编纂办公室:《中国共产党福建历史》第一卷（1921—1949）上册，中共党史出版社2021年版，第213页。
[2] 罗少彦，1934年冤死狱中，1945年追认为烈士。

无上光荣"。韩步先叛变，出卖了代理省委书记的赵世炎。7月，赵世炎于住处被捕后牺牲。四一二反革命政变后领导着上海总工会，在中共五大上当选首届中央监察委员会委员的张佐臣、候补委员杨培生也于6月底被捕，两天后牺牲。之后，1928年2月，省委常委陈乔年、郑复他以及省委委员许白昊等十余人被捕，6月牺牲。邓小平回忆那时上海的严酷环境，一次去和中共中央临时政治局常委罗亦农接头，办完事，刚从后门出去，前门巡捕就来了，"那个时候很危险呀！半分钟都差不得！"[1] 1928年4月，罗亦农被捕后不到一周时间就被公开枪决于上海斜土路的荒野田间，是党史上牺牲的第一位政治局常委。

在武汉，七一五反革命政变的前两天，武汉国民党反动派就残忍割下中共硚口区委宣传部部长宋继武的头颅，吊在繁华的新市场大门示众三天。仅1927年8月份，武汉报纸报道的在刑场上杀害的共产党员和革命群众就有100多人，没有被报道的更是不计其数。1927年底，桂系军阀胡宗铎、陶钧统治湖北后，白色恐怖进一步加剧。胡宗铎叫嚣"宁可错杀3万市民，不留一个C.P."。陶钧奉行"以杀为治"，被称为"陶屠夫"。1927年12月，中共一大代表李汉俊被捕，当晚未经审讯即遭杀害。1928年上半年的几次大破坏中，数百人被捕，中共湖北省委常委夏明翰、唐鉴，《大公报》主笔向警予等先后牺牲。3月，夏明翰面对威逼利诱坚贞不屈，写下"砍头不要紧，只要主义真。杀了夏明翰，还有后来人"。4月，唐鉴牺牲前，留下"继续奋斗"四个字，赠予女监中的妻子。向警予说，"人迟早总是要死的，但死也要死得明明白白，慷慷慨慨！"[2] 于5月英勇就义。

［1］ 邓榕、邓林：《我的父亲邓小平》上册，中央文献出版社2013年版，第76页。

［2］ 陈恒乔：《我和向警予大姐相处的日子》(1964年12月初稿，1978年修改，1983年5月再次补充修改)，中共湖南省委宣传部、中共湖南省委党史研究室、中共怀化市委编：《向警予纪念文集》，湖南人民出版社2005年版，第313页。

"从古以来，中国没有一个集团，像共产党一样，不惜牺牲一切，牺牲多少人，干这样的大事。"[1]据中国共产党第六次全国代表大会时的不完全统计，仅从1927年3月到1928年上半年，被杀害的共产党员和革命群众达31万多人，其中共产党员2.6万多人。

二、拿起武器去战斗

大革命失败后，国民党反动政权运用法律、行政、特务、军事等手段残酷镇压任何革命活动，共产党被宣布为"非法"，加入共产党成为最大的"犯罪"。但"中国共产党和中国人民并没有被吓倒，被征服，被杀绝。他们从地下爬起来，揩干净身上的血迹，掩埋好同伴的尸首，他们又继续战斗了"。[2]

早在四一二反革命政变前夕，中共广东区委已察觉反动派的阴谋活动，认为"大家要有准备，广东要准备干它一场"[3]。政变发生后，中共广东党组织领导工农群众率先掀起反抗屠杀政策和讨伐蒋介石的武装起义。从4月到7月的三个多月时间里，约有34个县共举行40多次讨蒋武装起义，其中10个县的武装起义攻占了县城，并建立了普宁、英德、海丰、陆丰、紫金、梅县、大埔、饶平、陵水等县一级革命政权。中共广西地方组织也领导发动浔州四属和左右江地区的农民、农军进行武装反抗。

在中国革命处于严重危机的情况下，八七会议制定了继续进行革命斗争的正确方针，使全党没有为极其严重的白色恐怖而惊慌失

[1] 毛泽东：《中国共产党第七次全国代表大会的工作方针》（1945年4月21日），中共中央文献研究室编：《毛泽东文集》第3卷，人民出版社1996年版，第292页。
[2] 毛泽东：《论联合政府》（1945年4月24日），《毛泽东选集》第3卷，人民出版社1991年版，第1036页。
[3] 李沛群：《关于广东区委及各地党委一些情况的回忆》，《广州党史资料》第2辑，广东人民出版社1984年版，第41—42页。

措，重新鼓起同国民党反动派斗争的勇气。经过南昌起义、秋收起义、广州起义，以及在各地举行的一系列起义，党进入创建红军的新时期。

毛泽东讲过，"我是一个知识分子，当一个小学教员，也没学过军事，怎么知道打仗呢？就是由于国民党搞白色恐怖，把工会、农会都打掉了，把五万共产党员杀了一大批，抓了一大批，我们才拿起枪来，上山打游击"。[1] 1927 年 10 月，毛泽东率领秋收起义的工农革命军，开始创建井冈山革命根据地的艰苦斗争。陈云在上海被通缉，从商务印书馆离职后，根据上级党组织指示，回家乡青浦开展农民运动。舅父劝他，"商务印书馆的生意没了可以再找一个，找到了生意后给你成一个家吧"。[2] 陈云不惧铁窗和杀头，决定继续革命活动。

在生死考验面前，在革命前途变得似乎十分暗淡的时刻，要始终如一地对革命的信念毫不动摇，迎着狂风恶浪坚持战斗，并不是容易的事情。一些人对革命悲观失望，登报声明脱离共产党和共青团。有的人甚至向敌人自首，出卖党的组织和党员。和那些脱离党的不坚定分子相反，党外一些追求马克思主义真理，为民族独立、人民解放不懈奋斗的真正革命者在这时选择加入党的队伍。

1927 年，徐特立入党时已 51 岁，正处在长沙马日事变后的血腥风雨中。"情况非常严重，许多动摇的分子纷纷脱离了党，有些投降了敌人。当时，得到消息，说有一个年已五十的湖南老教育家徐特立，却在这样的时候加入了党"，"徐老给我们的教科书，就是他的入党，这

---

[1] 毛泽东：《支持被压迫人民反对帝国主义的战争》（1964 年 6 月 23 日），中共中央文献研究室编：《毛泽东文集》第 8 卷，人民出版社 1999 年版，第 378 页。
[2] 陈云故居暨青浦革命历史纪念馆编：《走近陈云　口述历史馆藏资料辑录》，中央文献出版社 2008 年版，第 20 页。

本没有字的教科书，比什么教科书都好，比什么教科书都重要"[1]毛泽东称赞徐特立，"你比许多青年壮年党员还要积极，还要不怕困难，还要虚心学习新的东西"，"什么'老'，什么'身体精神不行'，什么'困难障碍'，在你面前都降服了"[2]。

"两把菜刀起家闹革命"[3]的贺龙早年一直矢志不移申请加入中国共产党。1927年，大革命失败前夕，手握7000余兵力，担任国民革命军暂编第20军军长的贺龙，被各方势力所争夺。汪精卫指使唐生智派人拉拢，妄图使贺龙部队成为他们"分共"的友军。蒋介石也对贺龙封官许愿，开出500万大洋，外加汉阳兵工厂和武汉卫戍司令的头衔，企图收买他。然而，贺龙无心高官厚禄，摆脱说客的纠缠，表示"我听共产党的话"。南昌起义，贺龙经受了很重要的考验，担任起义军总指挥，在起义军南下途经瑞金时，终经党组织批准加入了共产党。贺龙回忆："有的材料写着我七十次找党，算上历次的要求，我也记不清了，没有七十次，恐怕也有几十次吧。"[4]

毕业于云南讲武堂的叶剑英参加过黄埔军校的筹办，曾任国民革命军第一军新编第二师代理师长。他回忆自己"通电反蒋"原因时说："我想到自己年轻时立志为国为民做点事，参加革命后当了师长。那时师长每月差不多都有二三万元收入。二三万元不少了，十个月就是

[1] 陆定一：《人民教育家——祝徐老七十大寿》(1947年1月10日)，湖南省长沙师范学校编：《怀念徐特立同志》，湖南人民出版社1979年版，第5页。

[2] 毛泽东：《为徐特立六十岁生日写的贺信》(1937年1月30日)，中共中央文献研究室编：《毛泽东文集》第1册，人民出版社1993年版，第477页。

[3] 周恩来：《对解放战争形势发展的三点估计》(1948年9月30日)，中共中央文献研究室、中国人民解放军军事科学院编：《周恩来军事文集》第3卷，人民出版社1997年版，第458页。

[4] 王敏昭：《一切依靠党和群众（节录）——八一访问贺龙将军》(1951年)，南昌八一起义纪念馆编：《南昌起义》，中共党史资料出版社1987年版，第335页。

二三十万，公公道道，做二三年师长就是个百万富翁……如果只是为了个人，跟蒋介石走，至少可以做大官。但是，蒋介石在上海屠杀工人，屠杀群众，变成了十足的反革命！一个革命，一个反革命，阵线已是很分明了。参加革命，还是反革命？想了想，只有革命，才有出路。"[1] 1927 年入党后，他听从党组织安排继续留在国民党军中工作，暗中策应南昌起义，利用国民革命军第四军参谋长的特殊身份营救被捕的共产党人，直到广州起义打响，成为工农红军副总指挥。

　　郭沫若、彭德怀等也都是在革命低潮时毅然选择加入中国共产党。早在 1926 年，郭沫若就担任了少将军衔的国民革命军总政治部副主任。蒋介石叛变革命前，为拉拢他，多次亲自游说，许以每月 200 元额外津贴，委他担任总司令部行营政治部主任。然而，郭沫若勇于揭露蒋介石叛变革命的罪行，于南昌起义后加入共产党。1928 年初，彭德怀正式入党时，全国正处在宁汉合流后的至暗时刻，湖湘大地沉浸在血腥风雨当中，共产党的组织被迫转入地下。农家子弟出身，曾带弟弟讨饭，当过煤窑童工、洞庭湖堤工，不满十八岁就入湘军当兵，为的是每月军饷可节省出来 3 元维持全家生活的彭德怀，经过了十余年坎坷奋斗，从二等兵、一等兵、副班长、班长、排长、连长一路走来，经过死里逃生，讲武堂学习，好不容易由营长代理一年团长后，于 1927 年底得到正式的团长委任状。面对即将到来的"荣华富贵"，他毫不犹豫选择了当时力量弱小的共产党，并坚信"共产党是杀不完的"。[2]

　　不怕牺牲、英勇斗争，是马克思主义斗争性品格的体现，也是党

[1]《叶剑英谈话记录》(1981 年 1 月 13 日)，中国人民解放军军事科学院编：《叶剑英年谱 1897—1986》上册，中央文献出版社 2007 年版，第 47 页。

[2] 彭德怀：《彭德怀自述》，国际文化出版公司 2009 年版，第 71 页。

对党员一以贯之的要求。马克思主义的人生观之所以最崇高、最先进，正在于它不是对个人幸福的追求，而是对整体的幸福，即对阶级的、人民的乃至人类的幸福的追求，"它总是要以或多或少的自我牺牲为前提"。[1]中国共产党人把中华优秀传统文化中"杀身成仁"（《论语·卫灵公》）、"舍生取义"（《孟子·告子上》）的精神风范和马克思主义的人生观结合起来。1922年7月，党的二大的《关于共产党的组织章程决议案》，就要求"个个党员须牺牲个人的感情意见及利益关系以拥护党的一致"。[2]大革命失败后，面对国民党反动派的屠杀政策，中国共产党人不怕牺牲，坚决抵抗。

不怕牺牲、英勇斗争，不是抽象的，而是具体的。很多共产党人放弃原本舒适的生活，摈弃升官发财和扬名立万的机会，他们参加党，投身革命，并不是为了个人。陈独秀和李大钊相约建党时，都已是知名教授，陈独秀已是"思想界的明星"[3]，举止言谈受社会广泛关注。各地共产党早期组织的成员：李汉俊、陈望道、李达、沈泽民等曾留学日本。高君宇、邓中夏、范鸿劼等是北京大学学生，张太雷[4]毕业于天津北洋大学，邓中夏1920年以第三名优异成绩从北大国文系毕业时，曾任北洋军阀政府铨叙局主事的父亲为他谋得农商部一个待遇优厚职位，他坚决予以拒绝，不愿为个人升官发财而活，而张太雷

［1］ 普列汉诺夫：《为恩格斯〈费尔巴哈与德国古典哲学的终结〉一书俄译本第一版所写的序言》，《普列汉诺夫哲学著作选集（第一卷）》，三联书店1959年版，第551页。

［2］《关于共产党的组织章程决议案》（1922年7月），中共中央文献研究室、中央档案馆编：《建党以来重要文献选编（1921—1949）》第1册，中央文献出版社2011年版，第163页。

［3］ 毛泽东：《陈独秀之被捕及营救》（1919年7月14日），《毛泽东早期文稿》，湖南人民出版社2013年版，第208页。

［4］ 张太雷，1927年12月牺牲于广州。

干脆放弃领取自己的毕业证书。中共一大代表邓恩铭告诉父亲，自己"最憎恶的是名和利，故有负双亲的期望"。[1]林伯渠、董必武等参加过辛亥革命，林伯渠入党前已是孙中山大元帅府参议。朱德为寻找革命道路，辞掉滇军旅长职务，川军军阀又拿出师长的位置拉拢他，他不为所动，几经辗转于1922年在德国经周恩来等介绍入党。聂荣臻1923年入党后，为集中精力做革命工作，放弃了在比利时沙勒罗瓦劳动大学继续深造的机会。曾任国民革命军第一军第一师政治部主任的胡秉铎本可凭借与何应钦的老乡关系及黄埔军校生身份，成为蒋介石的得意门生，但他不为利诱所动，狱中遗书父亲"干革命总是要有死难的"。[2]

不怕牺牲、勇于斗争，不仅牺牲个人前途，有时还牵累家庭。但在大我和小我面前，共产党员勇于舍小家为大家。1921年，毛泽东回韶山过春节时，谈及家庭及国难当头民生多艰情形，开导弟弟妹妹们，要舍家为国，舍己为民。[3]包括堂妹毛泽建[4]、妻子杨开慧[5]在内，毛泽东一家为革命牺牲6位亲人。贺龙生前经常讲，满门忠烈为国家献身，那是革命事业的需要，不必要常提我们自己。贺氏宗亲中有名有姓氏的烈士就有2050人。1925年入党的徐海东，大革命失败后，根

---

[1] 邓恩铭：《致父亲》(1924年5月8日)，柏文熙、黄长和编：《邓恩铭遗作选》，贵州人民出版社1990年版，第18页。

[2] 胡秉铎，1927年四一二反革命政变后牺牲于南京。出自牺牲前给父亲的家书。常浩如、聂红琴编：《致我深爱的中国 烈士遗书的故事》，中国方正出版社2019年版，第99页。

[3] 中共中央党史和文献研究院编：《毛泽东年谱》第1卷，中央文献出版社2023年版，第80页。

[4] 毛泽建，1929年8月牺牲于湖南衡山县。

[5] 杨开慧，1930年11月牺牲于长沙。

据党的指示，回家乡担任农民自卫军队长，参加了黄麻起义等革命活动。敌人为报复他，多次血洗和烧杀他的家乡。"家也被反动派抄了，亲属遭了难"，家族中牺牲 70 多人。[1]

不怕牺牲、勇于斗争，是共产党员面对儿女情长，面对思念牵挂，铁骨柔情中奔涌的永恒基调。当刘华在上海领导工人运动时，四川老家被土匪洗劫，弟弟被打死，父亲被绑架，母亲负重伤，祖母病危，面对哥哥发来催促他回家的电报，他复电"身负重任，何以家为，须知有国方有家也"。[2]张朝燮说，"我的父母和小孩子亦均在社会问题之中。要救我的父母和小孩子，也只有解决现在的社会问题"。[3]王器民说，"革命分子如无肯牺牲，革命是没有成功的日子"。[4]"壮士头颅为党落，好汉身躯为群裂"的周文雍，牺牲前的最后要求是与同时被捕的爱人陈铁军合拍一张照片，以纪念那段共同的生活经历和深厚的革命感情。[5]邓雅声牺牲前，因担心家人悲伤，特意留下真假两封遗书，"一载我死，一载吾赴俄国"。[6]徐玮遗嘱家人，我"绝对不是

[1] 徐海东：《生平自述》，三联书店 1982 年版，第 18—19 页。2020 年，根据有关部门调查，徐海东亲属牺牲人员确定为 73 人。政协大悟县委员会、政协孝感市委员会、孝感史志研究中心、大悟县史志研究中心编著：《光荣流血——徐海东和他牺牲的亲属们》，中共党史出版社 2024 年版，第 224 页。

[2] 出自刘华致哥哥的电文。中央文献研究室、中央档案馆、《党的文献》杂志社等编：《红色书信 革命英烈卷》，贵州人民出版社 2012 年版，第 291 页。

[3] 张朝燮，1927 年 4 月牺牲于江西永修。出自与妻子王经燕的往来书信。常浩如、聂红琴编：《致我深爱的中国 烈士遗书的故事》，中国方正出版社 2019 年版，第 94 页。

[4] 王器民，1927 年 7 月牺牲于广东江门。出自牺牲前给妻子的家书。中国井冈山干部学院编：《红色家书 革命烈士书信选编》，党建读物出版社 2018 年版，第 13 页。

[5] 周文雍、陈铁军（女），1928 年 2 月牺牲于广州。周文雍：《绝笔诗》，萧三编：《革命烈士诗抄》，中国青年出版社 2015 年版，第 11 页。

[6] 邓雅声，1928 年 2 月牺牲于武汉。出自牺牲前给恩师的信。中国井冈山干部学院编：《红色家书 革命烈士书信选编》，党建读物出版社 2018 年版，第 48 页。

孝顺的子弟。我一生尽力革命，未尝稍懈，对于你们既没有丝毫补助，又缺少经常关系，所以我死后你们不应视我为家庭的一份子而为我悲伤，你们应继续我志而奋斗"。[1]郭亮遗嘱妻子，"亮东奔西走，无家无国。我事毕矣。望善抚吾儿，以继余志！"[2]史砚芬遗嘱弟弟妹妹，"我本不应当把这重大的担子放在你身上，抛弃你们，但为着了大我不能不对你们忍心些。"[3]陈觉牺牲前，告慰同在狱中有身孕的妻子赵云霄，"谁无父母，谁无儿女，谁无情人！我们正是为了救助全中国人民的父母和妻儿，所以牺牲了自己的一切"。赵云霄牺牲时，狱中的女儿"启明"才出生一个月又十几天。[4]

回顾党的历史，一代又一代共产党人把个人利益、生死置之度外，不畏强敌、不惧风险、前仆后继、义无反顾，勇于牺牲、敢于斗争，谱写了可歌可泣的壮丽诗篇，践行了光耀千秋的伟大建党精神。重温那一段段壮怀激烈的峥嵘岁月，感悟党一路走来的苦难辉煌，"不怕牺牲，英勇斗争"深刻揭示出中国共产党无比坚强的革命意志和不可战胜的强大力量。

---

[1] 徐玮，1928年5月牺牲于杭州。出自牺牲前写的家书，中央文献研究室、中央档案馆、《党的文献》杂志社等编：《红色书信　革命英烈卷》，贵州人民出版社2012年版，第272页。

[2] 郭亮，1928年3月牺牲于长沙。出自牺牲前给妻子李灿英的家书。中央文献研究室、中央档案馆、《党的文献》杂志社等编：《红色书信　革命英烈卷》，贵州人民出版社2012年版，第291页。

[3] 史砚芬，1928年9月牺牲于南京。出自牺牲前给弟弟妹妹的家书。中央文献研究室、中央档案馆、《党的文献》杂志社等编：《红色书信　革命英烈卷》，贵州人民出版社2012年版，第320页。

[4] 陈觉，1928年10月牺牲于长沙。赵云霄（女），因有身孕刑期推迟。出自陈觉给妻子、赵云霄给女儿的家书。中国井冈山干部学院编：《红色家书　革命烈士书信选编》，党建读物出版社2018年版，第140—144页。

第五章

对党忠诚、不负人民：
共产党人道德品质的践行

"忠于党、忠于人民、无私奉献，是共产党人的优秀品质。党的事业，人民的事业，是靠千千万万党员的忠诚奉献而不断铸就的。"[1] 对党忠诚、不负人民，是中国共产党的政治伦理与政治操守的集中体现，是共产党人的重要道德品质，是建党伊始就镌刻在共产党人身心之中的政治基因。

第一节　建章立制促忠诚

制度问题带有根本性、稳定性、长期性。"对党忠诚、不负人民"的伟大建党精神内涵与中国共产党的制度和纪律，融合在革命的具体实践中，形成共同的目标导向和自觉服从的内在追求。建党早期的建章立制，是伟大建党精神早期践行的重要路径。

一、党章启航铸就忠诚

对党忠诚、不负人民是伟大建党精神的重要内涵，是党的优良传统和优良作风的集中体现。在党的一大通过的党纲中，中国共产党就提出了党员"对党忠诚"的明确要求，规定申请入党者必须为"承认本党党纲和政策，并愿成为忠实党员的人"。[2]

党章是党的根本大法，是指导党的工作、党的建设的根本依据，是

---

[1] 习近平：《给国测一大队老队员老党员的回信》(2015 年 7 月 1 日)，《习近平书信选集》第 1 卷，中央文献出版社 2022 年版，第 54 页。

[2] 《中国共产党第一个纲领》(1921 年 7 月)，中共中央文献研究室、中央档案馆编：《建党以来重要文献选编（1921—1949）》第 1 册，中央文献出版社 2011 年版，第 1 页。

"全党必须遵守的总规矩",也是伟大建党精神最重要的载体。中共一大召开后的一年间,党在组织发展、工人运动等方面积累了经验,在党建理论上的认识也得到深化。在这种情况下,亟须制定一个符合中国革命实际和党自身发展需要的正式章程,指导和统一全党行动。就在中共中央积极筹备第二次全国代表大会期间,蔡和森、向警予、刘少奇等人纷纷回国,他们都在国外对无产阶级政党发展的重要特点有一定的了解。回国后,他们发现党的实际工作情况并非想象中那么"虎虎有生气",组织纪律相当松懈,对此他们特别强调集中统一和严明纪律。

1922年7月中共二大通过了《中国共产党第二次全国代表大会宣言》《关于共产党的组织章程决议案》《中国共产党章程》等在党的创建史上具有里程碑意义的文件。其中《中国共产党章程》(简称首部党章)对党的建设具有重要意义和影响。

中共二大通过了党的历史上第一个组织问题决议案,即《关于共产党的组织章程决议案》,规定了党的建设的基本原则,实际上具有日后党章总纲的某些性质。在建党伊始,对于将中国共产党建设成一个什么样的党,是存在不同意见的。有人就"不赞成组织严密的、战斗的工人政党,而主张团结先进知识分子,公开建立广泛的和平研究马克思主义理论的政党"。[1]在总结中国共产党成立一年来的组织发展、工人运动经验的基础上,党内逐渐明晰了建党的原则方向。该决议案指出,"凡一个革命的党,若是缺少严密的集权的有纪律的组织与训练,那就只有革命的愿望便不能够有力量去做革命的运动"。对此,决议案对党的纪律尤其是政治纪律做了详细规定:"自中央机关以至小团体的基本组织要有严密系统才免得乌合的状态;个个党员都要在行

---

[1] 陈潭秋:《第一次代表大会的回忆》(1936年7月),《陈潭秋文集》,人民出版社2013年版,第242页。

动上受党中军队式的训练；个个党员不应只是在言论上表示是共产主义者，重在行动上表现出来是共产主义者；个个党员须牺牲个人的感情意见及利益关系以拥护党的一致；个个党员须记牢一日不为共产党活动，在这一日便是破坏共产主义者；无论何时何地个个党员的言论，必须是党的言论，个个党员的活动，必须是党的活动，不可有离党的个人的或地方的意味；个个党员须了解共产党施行集权与训练时不应以资产阶级的法律秩序等观念施行之，乃应以共产革命在事实上所需要的观念施行。"[1] 上述内容，旨在维护党中央的权威和集中统一，将党的工作深入群众，这恰恰是"对党忠诚，不负人民"的具体要求与实践。伟大建党精神所形成的重要建党原则，也是贯穿首部党章的指导精神。

中共二大所制定通过的《中国共产党章程》，体现了《关于共产党的组织章程决议案》中的建党原则的具体内容。首先，全党服从中央，坚决维护党中央权威和集中统一领导，是党的政治建设的首要任务，是"对党忠诚，不负人民"的实践路径。首部党章进一步明确党的领导机关和最高权力机关，规定："全国代表大会为本党最高机关。在全国大会闭会期间，中央执行委员会为最高机关。"明确提出维护党中央权威和集中统一领导的"两个服从"，确保全党上下在思想上、行动上的一致性，规定："全国大会及中央执行委员会之议决，本党党员皆须绝对服从之"；"本党一切会议均取决多数，少数绝对服从多数"。这无疑是日后"四个服从"的前身和基础。坚决反对一切派别组织和小集团活动，反对阳奉阴违的两面派行为，确保"对党忠诚"的纯洁

---

[1]《关于共产党的组织章程决议案》(1922 年 7 月)，中共中央文献研究室、中央档案馆编：《建党以来重要文献选编（1921—1949）》第 1 册，中央文献出版社 2011 年版，第 162 页。

191

性，规定"下级机关须完全执行上级机关之命令，不执行时，上级机关得取消或改组之"，"区或地方执行委员会所发表之一切言论倘与本党宣言章程及中央执行委员会之议决案及所定政策有抵触时，中央执行委员会得令其改组之"。其次，首部党章明确了党的纪律要求，尤其突出了政治纪律，规定："区或地方执行委员会及各组均须执行及宣传中央执行委员会所定政策，不得自定政策。凡有关系全国之重大政治问题发生，中央执行委员会未发表意见时，区或地方执行委员会，均不得单独发表意见。"针对违纪的行为，则专门制定了惩戒措施："凡党员有犯左列各项之一者，该地方执行委员会必须开除之：（一）言论行动有违背本党宣言、章程及大会各执行委员会之议决案；（二）无故连续二次不到会；（三）欠缴党费三个月；（四）无故连续四个星期不为本党服务；（五）经中央执行委员会命令其停止出席、留党察看期满而不改悟；（六）泄漏本党秘密。地方执行委员会开除党员后，必须报告其理由于中央及区执行委员会。"此外，首部党章开始构筑党内政治生活的基本规范，规定"各农村各工厂各铁路各矿山各兵营各学校等机关附近，凡有党员三人至五人均得成立一组"，"凡党员皆必须加入"党的组织，按时参加党的会议。[1]对党内政治生活、组织生活的遵守，实则是考验党员忠诚的基本路径和要求。

中共二大所制定的党章，作为中国共产党的首部党章，对党的发展有着至关重要的影响。从此，伟大建党精神的内涵，尤其是"对党忠诚，不负人民"的要求，有了党内根本大法的规范化、具体化和实践化。二大党章确保党有了立党的根本规章制度，也保证党有了管党

---

[1]《中国共产党章程》(1922年7月)，中共中央文献研究室、中央档案馆编：《建党以来重要文献选编（1921—1949）》第1册，中央文献出版社2011年版，第164—165页。

治党的最高政治规范，彰显着管党治党的体制机制，蕴含着管党治党的初心与使命。首部党章对纪律的强调具有重大意义和深远影响，突出体现了中国共产党对纪律的重视，有利于保证党的集中统一领导和全党行动的一致性，促进了早期党组织的发展壮大。

实际上，首部党章至今仍能存世，本身就是一个党员英烈"对党忠诚、不负人民"的鲜活事例。今天，位于上海的中共二大会址纪念馆珍藏着一本《中国共产党第二次全国大会决议》铅印文件集，里面包含了第一部《中国共产党章程》的珍贵文献。为这份文献存世做出伟大贡献的是1922年入党的青年党员张人亚。中共二大召开后，党中央把党章、决议案等文件铅印成册，分发给党内有关人员学习贯彻，张人亚也收到一本。四一二反革命政变后，全国各地血雨腥风，革命者血流成河。张人亚并不惧死，但是最放心不下家里秘藏的一大包党的文件书刊，其中就包括《中国共产党章程》。这年冬，他悄悄返回宁波老家，将秘密收藏的包括首部党章、《共产党宣言》中文全译本在内的重要文献交给父亲张爵谦，托其保管。张爵谦把儿子带回去的那一大包文件书刊用油纸层层裹好，藏进空棺，埋在了墓穴里，以"泉张公墓"之名埋藏了儿子的秘密。他十分清楚这些东西的重要性，始终将这个秘密埋在心底，跟谁也不曾提起过。张爵谦期盼着有朝一日儿子能回来，他好将这些东西"原物奉还"。不幸的是，那次匆匆一面，竟成了父子俩的永别。张人亚离开家乡后，因长年忘我工作，积劳成疾，于1932年12月23日在从瑞金去长汀检查工作的途中病故，年仅34岁。新中国成立后，年事已高的张爵谦感到这批重要文件再也不能这样"秘藏"下去了，必须让它们重见天日，重新回到党组织的怀抱。他委托三儿子张静茂将这批文件交给了上海的相关部门。上海又将它们上交中央档案馆。今天，我们能够一窥这份存世的珍贵的中共二大中文文献，正是早期党员、革命群众以自己的行动，践行了"对党忠诚"的品格和承诺。

1923 年中共三大通过的《中国共产党第一次修正章程》，进一步明确了党员的义务和纪律，强调了党员对党的忠诚和对革命事业的奉献精神。成为党员的基本条件仍是"承认本党党纲及章程并愿忠实为本党服务者"，并进一步强调，即使党员退党也"须由介绍人担保其严守本党一切秘密"。[1] 1927 年中共五大后由中央政治局会议通过的《中国共产党第三次修正章程决案》，进一步细化了入党条件为"承认本党党纲及章程，服从党的决议，参加在党的一定组织中工作并缴纳党费"，还首次明确"党部的指导原则为民主集中制"。[2] 这体现了对党员在思想和行动上"对党忠诚"的基本要求，也开启了"对党忠诚、不负人民"的制度化进程。而党章中首次设立党的纪律检查机构——监察委员会，则进一步通过纪律约束强化党员忠诚于党的品质。

从首部党章开始，建党初期的几部党章通过明确党员的入党条件、纪律要求和工作职责，体现了"对党忠诚，不负人民"的精神内涵。这些内容为党的事业发展奠定了坚实基础，并在后续的党章发展中不断得到深入和强化。

二、完善党的组织制度

严密的组织体系，是马克思主义政党的优势所在、力量所在。践行伟大建党精神，塑造忠诚于党的队伍，必须依托于完善的组织制度。

---

[1] 《中国共产党第一次修正章程》（1923 年 6 月），中共中央文献研究室、中央档案馆编：《建党以来重要文献选编（1921—1949）》第 1 册，中央文献出版社 2011 年版，第 270 页。

[2] 《中国共产党第三次修正章程决案》（1927 年 6 月 1 日），中共中央文献研究室、中央档案馆编：《建党以来重要文献选编（1921—1949）》第 4 册，中央文献出版社 2011 年版，第 267 页。

对党忠诚、不负人民，是建设、完善党的组织制度的根本目的。对党忠诚、不负人民，这是由中国共产党先驱确立并由无数共产党人传承下来的政治本色，是组织建设的根本旨归。

中国共产党建立以后，就认识到了组织发展的重要性，积极推动组织制度的发展。陈独秀在党的一大前夕写给会议代表的信件中，提出了下列四点意见，希望会议郑重地讨论："一曰培植党员；二曰民主主义之指导；三曰纪律；四曰慎重进行发动群众。政权问题，因本党尚未成立，应仪诸将来，而先尽力于政治上之工作。"[1]这些问题是加强党的组织制度建设的基本问题。党的一大确立了党的建设的各项重大原则，也初步对党的组织制度做了规定。党的一大通过的党纲共15条，其中有10条涉及组织发展要求。党纲对接收新党员的手续就有严格的规定："候补党员必须接受其所在地的委员会的考察，考察期限至少为二个月。考察期满后，经多数党员同意，始得被接受入党。如该地区设有执行委员会，应经执行委员会批准。"党纲还就建立自上而下分级管理的组织体制作出了具体规定：中央设中央执行委员会；地方组织为地方委员会，同一地方有5个委员会时，设立执行委员会。地方委员会的财务、活动和政策，应受中央执行委员会的监督。[2]受到历史条件的限制，当时党的组织结构不健全，没有成立中央委员会，当时党员人数还不多，地方党组织也不健全。为了壮大党的力量，根据中共一大的精神，中国共产党出台了组织发展的相关规定。1921年11月，中央局发布通告，要求"上海北京广州武汉长沙五区早在本年

---

[1]　唐宝林：《陈独秀全传》，社会科学文献出版社2013年版，第306页。

[2]　《中国共产党第一个纲领》（1921年7月），中共中央文献研究室、中央档案馆编：《建党以来重要文献选编（1921—1949）》第1册，中央文献出版社2011年版，第2页。

内至迟亦须于明年七月开大会前,都能得同志二三十人成立区执行委员会,以便开大会时能够依党纲成立中央执行委员会"。[1]

经过一年的组织发展,党积累了一定的发展成绩和经验。1922年中共二大对组织建设做出新的部署和要求,初步奠定党的组织建设的制度基础。首部党章专门用一章来规定党员入党条件和手续,在内容上更加具体。规定:"党员入党时,须有党员一人介绍于地方执行委员会,经地方执行委员会之许可,由地方执行委员会,报告区执行委员会,由区执行委员会报告中央执行委员会,经区及中央执行委员会次第审查通过,始得为正式党员;但工人只须地方执行委员会承认报告区及中央执行委员会即为党员。"[2]对发展党员的规定,成为党内组织制度的基础。

其次,中共二大对党的各级委员会的任期、职责、职务分工及各级党组织的例行会期等作了规定:"中央执行委员会任期一年,区及地方执行委员会任期均半年,组长任期不定,但均得连选连任;干部人员由地方执行委员会随时任免之。"这可以看作是党的领导干部任期制度化的开始。在组织运作上,也做了明确规定:"中央执行委员会执行大会的各种决议、审议及决定本党政策及一切进行办法;区及地方执行委员会执行上级机关的决议并在其范围及权限以内审议及决定一切进行方法;各委员会均互推委员长一人总理党务及会计;其余委员协同委员长分掌政治、劳动、青年、妇女等运动。"这是党内较早探索党

---

[1]《中国共产党中央局通告》(1921年11月),中共中央文献研究室、中央档案馆编:《建党以来重要文献选编(1921—1949)》第1册,中央文献出版社2011年版,第47页。

[2]《中国共产党章程》(1922年7月),中共中央文献研究室、中央档案馆编:《建党以来重要文献选编(1921—1949)》第1册,中央文献出版社2011年版,第164页。

组织职责的边界范围。

中共二大对党的组织建设另一项重大的贡献，则是在事实上确立了民主集中制的组织原则和制度。民主集中制来源于俄国布尔什维克党的党建实践，这种"德莫克乃西的中央集权（民主的集中制）"成为加入共产国际的基本条件，即"凡属于国际共产党的党，必须建筑于德莫克乃西的中央集权的原则之上。在现在内乱激烈的时候，共产党惟靠极集中的组织，铁的纪律（即采用军队的纪律）和全体战士一致给中级〔央〕机关以广大的权力，过余的信任，使得执行一种不可抗辩的威权，才能成就他的职务"。[1]中共二大通过了《中国共产党加入第三国际决议案》，正式加入共产国际，成为下属支部，在法理上确认了民主集中制的组织原则。在民主集中制的制度内容上，除了上述对中央地位、决策效力的规定外，首部党章还具体设计了制度的执行方式："各地方党员半数以上对于执行委员会之命令有抗议时，得提出上级执行委员会判决；地方执行委员会对于区执行委员会之命令有抗议时，得提出中央执行委员会判决；对于中央执行委员会有抗议时，得提出全国大会或临时大会判决；但在未判决期间均仍须执行上级机关之命令。"第二十四条则凸显了民主集中制的核心："本党一切会议均取决多数，少数绝对服从多数。"[2]民主集中制保证了党员始终同党中央保持高度一致，认真履职尽责，从而做到对党忠诚，永葆政治品质。

---

[1]《中国共产党加入第三国际决议案》（1922年7月），中共中央文献研究室、中央档案馆编：《建党以来重要文献选编（1921—1949）》第1册，中央文献出版社2011年版，第144页。

[2]《中国共产党章程》（1922年7月），中共中央文献研究室、中央档案馆编：《建党以来重要文献选编（1921—1949）》第1册，中央文献出版社2011年版，第167页。

　　中共二大充分认识到党的无产阶级先锋队性质，提出建立严密的组织系统，规定了基本的组织制度，如党员标准、干部任期、会议执行、基层组织设置、地区组织和中央组织的运转等，这些制度规定是中共开展工作的组织保障，也是党保持坚强战斗力、实现奋斗目标的必然要求。

　　中共三大基本延续了二大的相关规定，其中，对基层组织的设置还比较笼统，没有做详细规定，但在国共合作前夕，已经具备了基层组织设置的雏形。1924年国共第一次合作推动了中国革命的快速发展，也给中国共产党带来了诸多的问题。1925年1月，中共四大在上海召开，开启了党的组织建设新起点。从党的创建过程看，中共四大的重大意义在于它解决了党加入和领导中国革命的方式和路径是什么的问题。中共四大聚焦了如何加强对日益高涨的革命运动的领导，从而提高组织工作和群众工作的力度，树立了领导和发动工农革命的斗争方向。在相关决议案中指出，"最近在中国之解放运动的全部进程上和我党对于这个运动之积极的参加，实要求我们与劳动群众和革命的智识分子——不能以资产阶级民主政党的国民党之政策为满足——之关系日紧一日。因此，引导工业无产阶级中的先进分子，革命的小手工业者和智识分子，以至于乡村经济中有政治觉悟的农民参加革命，实为吾党目前之最重要的责任"。[1] 正因为如此，发展党的基层组织，就显得十分重要。会议在提出无产阶级领导权的同时，强调了组织问题的重要性，制定了《对于组织问题之决议案》和《中国共产党第二次修正章程》，使党的组织"细胞"在此定型。一是确定基层组织的名称，

---

[1]《对于组织问题之议决案》(1925年1月)，中共中央文献研究室、中央档案馆编：《建党以来重要文献选编（1921—1949）》第2册，中央文献出版社2011年版，第258页。

把党的基层组织由党小组改为党支部。二是设立基层组织基本形式，按产业和机构组织支部，奠定党的基层组织的组成方式。三是规定基层组织的人数，确定"有三人以上即可组织支部"，有利于党的基层组织渗透到社会各个领域。党不仅要在工人群众中做工作，吸收党员，还要深入到农民、学生、兵士、知识分子、小手工业者等一切受压迫的群众中开展宣传教育，扩大党的影响，增强党的社会基础和群众基础，吸收其优秀分子入党，向建设群众性政党迈进。这就表明，党的创建过程发展到中共四大，发展目标从知识分子建立的政党组织转向"群众党"。

中共四大以唤起工农，掀起大革命高潮为任务，突出树立了无产阶级在民主革命中的领导权和加强巩固工农联盟的意识，这无疑也是"不负人民"在革命实践中的具体要求。在组织制度的保障下，中共四大以后，掀起了席卷全国的五卅反帝风暴、史无前例的省港工人大罢工、北伐战争和上海工人三次武装起义，轰轰烈烈的大革命运动走向了高潮。中共四大以后，党员迅猛增长，中共四大召开后 8 个月，即 1925 年 9 月，党员发展到 3164 人，到 1927 年 5 月，党员人数已经达到 57967 人。[1]

三、探索纪检监察制度

中国共产党高度重视党的纪律建设，纪检监察工作可以有效解决党风党纪问题，是一种确保党员、组织"对党忠诚、不负人民"的保障。纪检监察制度的诞生及发展，是伟大建党精神早期传承践行的重要形式。建党伊始，纪检监察工作就已经刻入了党的基因之中，开启了最初的纪检监察制度建设。

---

[1]　中共中央组织部等编：《中国共产党组织史资料》第 1 卷，中共党史出版社 2000 年版，第 39 页。

1921 年 7 月中共一大通过的《中国共产党第一个纲领》，规定由中央和地方的执行委员会来直接履行党内监督职能。第 10 条规定："工人、农民、士兵和学生等地方组织的人数很多时，可以派他们到其他地区去工作，但是一定要受当地执行委员会最严格的监督。"第十二条规定："地方执行委员会的财政、活动和政策，必须受中央执行委员会的监督。"[1] 这显示党诞生之初就已经意识到纪检监察工作的重要性。次年，中共中央执委会书记陈独秀在给共产国际的报告中表示，中央今后要"厉行中央集权制"，"严查党员每星期工作成绩"。[2] 该年 7 月中共二大通过的首部党章，就单设"纪律"一章，明确规定以"开除"的方式惩戒犯有党章所载六项错误的党员。[3] 在 1923 年 11 月，中共三届一中全会就按照党章，开除了严重违纪的郭平伯、郭寄生、周无为、张子余四人，对于公开登报脱离党组织的党员张绍康、陈天均两人，也给予开除党籍处分。[4] 但党的一大以后，中央要求"严查党员每星期工作成绩"的工作计划并没有得到真正落实。随着党的事业在大革命时期的蓬勃发展，纪检监察制度已经呼之欲出，提上了党的议事日程。

1924 年秋，中共广东区委率先设监察委员，由杨匏安担任，这是

[1] 《中国共产党第一个纲领》（1921 年 7 月），中共中央文献研究室、中央档案馆编：《建党以来重要文献选编（1921—1949）》第 1 册，中央文献出版社 2011 年版，第 2 页。

[2] 陈独秀：《中共中央执行委员会书记陈独秀给共产国际的报告》（1922 年 6 月 30 日），《陈独秀文集》第 2 卷，人民出版社 2013 年版，第 262 页。
中央档案馆编：《中共中央文件选集》第一册，中共中央党校出版社 1989 年版，第 53 页。

[3] 《中国共产党章程》（1922 年 7 月），中共中央文献研究室、中央档案馆编：《建党以来重要文献选编（1921—1949）》第 1 册，中央文献出版社 2011 年版，第 167 页。

[4] 《中共三届一次中央执行委员会开会纪要》（1923 年 11 月），中共中央文献研究室、中央档案馆编：《建党以来重要文献选编（1921—1949）》第 1 册，中央文献出版社 2011 年版，第 335 页。

中共建立纪检监察制度的初步尝试。1925年初，中共广东区委又成立以林伟民为书记的监察委员会，委员有杨匏安、杨殷、梁桂华。该监察委员会在广东区委和中华全国总工会领导的省港大罢工中发挥了重要的作用。大革命开始后，党中央十分重视工农运动中的秩序和纪律建设工作，也开始探索党内的纪检监察制度发展，这个特点在党领导的省港工人大罢工中表现得十分明显。

在这场运动中，党首先逐步建立和强化了监督机制。成立罢工工人代表大会，按罢工工人数进行普选，每50人选出一名代表，共800余人，作为最高权力机关和监督机关。罢工委员会各机构要定期向代表大会报告工作情况，特别要报告各负责人的任命和财政收支情况，考虑到罢工需要筹措钱财和安排经费，罢工委员会一开始就设立了财务委员会。由于这个部门既重要又容易发生不良现象，特推选深孚众望的苏兆征兼任财政委员会委员长。他和工作人员除坚持廉洁自守外，还定期向罢工工人代表大会报告财政收支情况，并印成特刊，发到各工会，接受罢工工人代表的监督。尽管反动势力制造流言蜚语污蔑苏兆征借财务委员会敛财，但广大罢工工人因自己有代表监督而始终对他信任，大大维护了工人内部的团结统一。邓中夏曾作过评价："代表大会的确起了不可思议的伟大作用……罢工委员会的会务及财政，皆经常在代表大会上报告，以致外面一切谣言都失其作用。罢工各机关重要职员，都经过代表大会选举，不称职时，又经过代表大会随时撤换，因此罢工各机关不致腐化。"[1] 党还利用省港罢工委员会的机关报《工人之路》(特刊)，对所属各机构进行舆论监督，或揭发贪污舞弊不良行为，或表扬廉洁奉公之高尚举动。如同敬工会一会员，在充当筑

---

[1] 邓中夏：《中国职工运动简史 1919—1926》，《邓中夏全集》下册，人民出版社2014年版，第1533页。

路委员会会计期间，经营款项手续不清，后离职不归，有携款潜逃和贪污之嫌。对此，《工人之路》（特刊）第 168 期登载罢工委员会公告，宣布"自登报之日起，限 7 天内回会，如逾期不归，即实行通缉归案追究"。再如罢工委员会招待部的干事彭某，原系海员工会会员，1925 年 10 月假招待部名义，私售火油，渔利自肥，经海员工会一致决定，将其送交会审处依法查办。

其次，针对罢工运动中的违法乱纪行为，制定惩治贪污受贿渎职罪的法规，成立惩办机构。随着罢工的继续，特别是采取封锁港澳等斗争手段后，省港罢工委员会各级机构和公务人员经常要处理大量的钱、财、物。能否保证领导机构公正廉洁，关系到能否团结罢工工人、戳破敌人谣言、坚持罢工取得胜利。省港罢工委员会虽然没有制定专门集中统一的惩治贪污条例，但在各有关法令条例中却都涉及惩治贪污腐化的内容。如 1925 年 7 月公布的《纠察队应守的纪律》规定，"队员不得借端捏造情事，假公济私""不得乱取人民财物"。《骑船队组织法》规定，"骑船队员应秉公回报经过情形，不得受贿匿报。倘被控发或被查出，应即扣留严办"。1925 年 12 月，《省港罢工委员会组织法则》公布，规定"省港罢工委员会为最高执行机关，关于执行职务，应一致秉公，以身作则，无论各部何项机关有舞弊受贿等情，应依合法手续严厉取缔，施以相当应得之罪，无得庇纵"；"审计处如审计出各机关之进支数目及购办物价有舞弊事情，应即据实呈报省港罢工委员会查办之"。为了更有效地防止和制裁贪污舞弊，便于工人代表监督，省港罢工委员会还于 1925 年 11 月公布了《会审处办案条例》，列举了必须惩处的 27 种罪行，其中与贪污舞弊有关的约占三分之一。除此之外，省港罢工委员会还惩办行贿受贿、渎职等行为。不仅依法严惩受贿者，也严加追究行贿者。其渎职罪包括故意违抗命令、玩忽职守或延误军机等。凡是下属人员违法而其长员不知实情、管理无方、疏于防范者，给长员记过一次；如记过三次以上者，则由纠察委员会决定处罚办法。

1927年4月，中共五大选举产生了党内维护和执行纪律的专门机关——中央监察委员会。这是党的历史上首次设立的纪律检查机构。大会选举产生的中央监察委员会由正式委员7人、候补委员3人组成，王荷波为主席，杨匏安为副主席。

1927年6月，党中央政治局通过的《中国共产党第三次修正章程决案》中，专列了"监察委员会"一章（第八章），对于成立纪检机构的目的及其机构的设置、职权和地位等，都有比较明确的规定，使党的纪律建设有了组织保证。该章指出："为巩固党的一致及威权起见，在全国代表大会及省代表大会选举中央及省监察委员会。"并明确规定：中央及省监察委员，不得以中央委员及省委员兼任。中央及省监察委员得参加中央及省委员会议，但只有发言权而无表决权。中央及省委员会，不得取消中央及省监察委员会之决议；但中央及省监察委员会之决议，必须得中央及省委员会之同意，方能生效与执行。遇中央或省监察委员会与中央或省委员会意见不同时，则移交至中央或省监察委员会与中央或省委员会联席会议，如联席会议再不能解决时，则移交省及全国代表大会或移交于高级监察委员会解决之。此外，在"党的中央机关"一章中，也涉及有关监察委员会的条款，其中规定：由党的全国代表大会，讨论与批准中央监察委员会的工作报告，改选中央监察委员会，并决定中央监察委员会的组成人员。[1]这样，就形

---

[1]《中国共产党第三次修正章程决案》(1927年6月1日)，中共中央文献研究室、中央档案馆编：《建党以来重要文献选编（1921—1949）》第4册，中央文献出版社2011年版，第267—278页。

成了党委与监委彼此制约，互相监督的规定，建立起了防止权力滥用和腐败产生的运行规则和制衡机制，以期达到强化党的纪律，巩固党的统一，提高党的纯洁性、凝聚力和战斗力的目的。中央监察委员会的成立，开启了党内监督的组织创新，高举起党要管党、从严治党，监督执纪的旗帜。

中央监察委员会成立后，就马上开始按照党章履行职责，重点是维护党的政治纪律和组织纪律，其中包括对未能执行党的决议，或者没有完成工作任务的党员严格问责，并按照党纪严肃处理。中共五大闭幕后不久，革命形势进一步恶化，大部分中央监委成员相继离开武汉，奔赴全国各地，投入了新的战斗。王荷波、杨匏安以中央监委成员身份出席了八七会议，王荷波当选为临时中央政治局委员。在革命斗争中，10名首届中央监委成员中8人相继牺牲，无一人叛变。首届中央监委成员的共同人生底色，也熔铸在一代又一代纪检监察干部的血液中。

对党忠诚，从来都是具体的，不是抽象的。巩固党的团结和统一，维护党的权威，严守党的纪律，无疑是对党忠诚的具体要求。纪检监察工作的实质，即维护党的集中统一，防止腐败在党内蔓延。中共五大选举产生的中央监察委员会，标志着党的纪律检查制度的初步创立，具有重要的意义，为后来党的纪检机构的发展和完善奠定了基础。

第二节　党风党纪守纯洁

习近平总书记指出："对党绝对忠诚要害在'绝对'两个字，就是唯一的、彻底的、无条件的、不掺任何杂质的、没有任何水分的忠诚。"[1] 对党忠诚，要做到知行合一，就要把党的建设落到实处，通过

[1] 习近平：《坚持党对军队绝对领导是强军之魂》（2014年10月31日），《论坚持党对一切工作的领导》，中央文献出版社2019年版，第82页。

组织建设、作风建设等路径，提升党的先进性、纯洁性。

一、一切工作归支部

习近平总书记指出："党的力量来自组织，组织能使力量倍增。"[1]共产党员走到哪里，就把先进和纯洁带到哪里，把先进的思想和制度转化成优良的作风，把巨大的真理力量转化为强大的人格力量，正是组织优势的本质所在。党的力量来自组织，组织力量的根源在支部。支部作为中国共产党的基层组织，是党内政治生活的重要依托，是伟大建党精神实践的重要依托，其建设情况乃至支部组织生活的开展情况，是检验"对党忠诚、不负人民"的重要标准。

中国共产党自建党开始，就高度重视党的基层组织建设。中共一大制定的《中国共产党第一个纲领》就明确规定："凡有党员五人以上的地方，应成立委员会。"[2]中共二大制定的党章专列了"组织"一章，并规定："各农村各工厂各铁路各矿山各兵营各学校等机关及附近，凡有党员三人至五人均得成立一组，每组公推一人为组长，隶属地方支部。"[3]1923 年中共三大通过的党章基本延续了首部党章对基层组织的规定，但也有部分微调，例如对基层组织的称呼由"组"改为"小组"；对基层组织人数的要求由"三人至五人均得成立一组"改为"五人至十人均得成立一小组"。[4]

---

[1] 习近平：《严明党的组织纪律，增强组织纪律性》（2014 年 1 月 14 日），中共中央文献研究室编：《十八大以来重要文献选编》上，中央文献出版社 2014 年版，第 765 页。

[2] 《中国共产党第一个纲领》（1921 年 7 月），中共中央文献研究室、中央档案馆编：《建党以来重要文献选编（1921—1949）》第 1 册，中央文献出版社 2011 年版，第 2 页。

[3] 《中国共产党章程》（1922 年 7 月），中共中央文献研究室、中央档案馆编：《建党以来重要文献选编（1921—1949）》第 1 册，中央文献出版社 2011 年版，第 164 页。

[4] 《中国共产党第一次修正章程》（1923 年 6 月），中共中央文献研究室、中央档案馆编：《建党以来重要文献选编（1921—1949）》第 1 册，中央文献出版社 2011 年版，第 271 页。

在中国共产党诞生初期，最为迫切的任务是迅速在各地建立和健全党的组织机构，发展党员。到1922年6月底，建立的地方支部等基层组织主要有：安源路矿支部、湖南第一师范学校支部、衡阳省立第三师范学校支部、湖南自修大学支部、长辛店机车厂支部、唐山制造厂支部、山东支部、郑州支部、徐州支部、铜山站支部、旅莫斯科支部、旅德支部、旅日党小组、四川党小组等。[1] 这些基层组织在党发展组织、开展工作、发动群众等方面起到了不可替代的重要作用。

1922年2月，李立三带领朱少连、周镜泉、李涤生等6人先后来到株萍铁路安源火车房，举行了庄严的入党仪式，中共安源路矿支部（以下简称安源支部）成立。由安源支部发动的安源路矿工人大罢工是党第一次独立领导并取得完全胜利的工人运动，由其领导的安源路矿工人俱乐部及汉冶萍总工会是当时激励全国工人运动的一面旗帜，以党的领导组织凝聚工人，并在组织凝聚工人开展斗争的实践中不断增强党的政治领导力。安源支部成立后，有计划、有步骤地在安源路矿工人中发展党员，及时将经过斗争考验的工人骨干和优秀分子吸纳入党。到党的四大召开前夕，安源党员发展到200人，占全国党员总数（994人）的20%，成为当时全国党员人数最多、产业工人成分最集中的地方党组织。1922年5月，安源支部领导成立安源路矿工人俱乐部，以争取和维护工人阶级利益。经过艰苦斗争，工人俱乐部以民主集中制为基础，成为"半政权机关""苏维埃的雏形"，保证了安源路矿工人大罢工的胜利，巩固了党的工人阶级基础。

1923年8月，弓仲韬、弓凤洲、弓成山三人在冀中平原腹地的普通小村庄台城成立中共安平县台城特别支部。这个支部是在李大钊的

---

[1] 中共中央党史研究室：《中国共产党历史》第一卷（1921—1949）上册，中共党史出版社2011年版，第101页。

亲自指导下建立的农村党支部。该支部的工作方向是积极扩大党组织在工农群众、知识分子中的影响，尤其要加快在贫雇农成分的群众中发展培养对象，迅速壮大台城村的党员队伍，形成力量；在台城村及周边村庄范围内，组织、发动、领导群众开展反帝、反封建的斗争，通过斗争让大家认识到团结就是力量，坚决贯彻落实党的各项主张和政策。台城特支建立起来后，开展了许多革命活动，一个是利用开办平民夜校，启发农民觉悟、宣传党的主张，再就是领导几次长工增资和短工罢市斗争，在附近村庄影响很大。在安平县台城特别支部的影响下，安平县又先后建立了北关高级小学党支部、敬思村党支部，这些革命的火种，在安平大地熊熊燃烧，形成了不可阻挡的强大力量。安平县党组织迅速扩大的情况不久就被报告给了李大钊，他指示在条件允许的情况下，可成立中共安平县委，以利于全县民众开展斗争。1924 年 8 月，安平县党员第一次代表大会在安平县敬思村张麟阁家召开，选举产生了隶属于北京区执委的中共安平县委员会。[1]台城特支如星星之火，燃亮安平，燎原冀中。台城特支等农村支部成立后，继续发展党的外围组织，"平民夜校""农民协会""天足会""老人互助会""戒烟戒酒会""姐妹团""抗债团"等在安平、饶阳、深泽等冀中地区非常活跃，为党组织发展打下坚实基础、储备了人才队伍。台城特支还带领农民群众进行各种争取权益的斗争，其中规模较大、持续时间较长的群众运动有长工增资、短工罢市斗争，贫雇农抗捐税运动以及割穗运动等。台城特支及安平县委领导农民开展的一系列革命斗争，是冀中地区党领导下开展较早的农民运动。它沉重打击了封建地主的势力，鼓舞了农民的革命热情，也为冀中地区的革命斗争奠定了坚实

---

[1]　中共中央组织部等编：《中国共产党组织史资料》第 1 卷，中共党史出版社 2000 年版，第 109 页。

的党的基础和群众基础。

但不可忽视的是，早期中共基层组织建设还存在诸多问题。1923年11月，中共中央扩大执行委员会召开时，山东地方组织报告，称基层组织开会情况不正常，"第一组因吴同志辞组长，故未开一次会，殊属失当，此后仍请吴同志负责进行。第二组虽开过几次会，亦未见精彩，以后希努力进行"。[1]次年5月，上海地方组织向中央报告称，上海的基层组织"在最近一月来，惟第一组开了三次会议，第二三组只开过一次会议，第四五组一次会也没有开过"。[2]汉口地方组织报告称，个别党员存在"忽视小组会议，故意不出席"的情况。[3]支部组织无法正常开会，有着很多的原因，例如有的组织客观上没有开会场所，但也存在着主观上的认识原因，比如有的支部"尚不明了支部的意义"，还有一些支部"尚不知支部工作的方法"等。[4]对此，中共中央也意识到"这样散漫的精神如果继续下去，影响是很坏的"，"小组及地方会应照例举行，不得间断"，"开会时应常常提出具体的政治问题讨论，依本党机关报之主张，以教育各个同志"。[5]

---

[1]《中共三届一次中央执行委员会各委员报告》(1923年11月)，中共中央文献研究室、中央档案馆编：《建党以来重要文献选编（1921—1949）》第1册，中央文献出版社2011年版，第343页。

[2]《上海地方报告》(1924年5月)，中共中央文献研究室、中央档案馆编：《建党以来重要文献选编（1921—1949）》第2册，中央文献出版社2011年版，第36页。

[3]《汉口地方报告》(1924年5月)，中共中央文献研究室、中央档案馆编：《建党以来重要文献选编（1921—1949）》第2册，中央文献出版社2011年版，第41页。

[4]《组织问题决议案》(1926年7月)，中共中央文献研究室、中央档案馆编：《建党以来重要文献选编（1921—1949）》第3册，中央文献出版社2011年版，第279页。

[5]《中央通告第二十一号》(1924年11月1日)，中共中央文献研究室、中央档案馆编：《建党以来重要文献选编（1921—1949）》第2册，中央文献出版社2011年版，第164页。

　　1925 年 1 月，中共四大总结一年来国共合作的经验教训，围绕如何争取无产阶级领导权，在数个决议案中均强调了要加强支部建设。中共四大在《对于组织问题之议决案》中明确提出，"我们党的基本组织，应是以产业和机关为单位的支部组织"，"不能以机关为单位组织支部时，则可以以地域为标准"。[1] 这是党的历史上首次明确提出了基层组织意义上的"支部"概念，从而将"支部"确立为党的基层单位，并一直沿用至今。中共四大在党章中进一步明确了支部设置的基本原则和要求，规定"各农村各工厂各铁路各矿山各兵营各学校等机关及其附近，凡有党员三人以上均得成立一支部"。[2] 中共四大还对支部建设提出了具体要求，规定了支部的基本任务、主要职能。如规定"党的支部是我们党的基本教育机关，我们应在每次会议注意于政治报告和党的策略之解释"；[3] 工厂及铁路等处的支部"负有指导工会工作或组织工厂小组的责任，担任普遍群众中的政治教育及工人党员的训练等的工作"。[4]《对于组织问题之议决案》则强调，"支部的工作，不能仅限于教育党员，吸收党员，并且在无党的群众中去煽动和宣传，帮

[1]《对于组织问题之议决案》（1925 年 1 月），中共中央文献研究室、中央档案馆编：《建党以来重要文献选编（1921—1949）》第 2 册，中央文献出版社 2011 年版，第 258 页。

[2]《中国共产党第二次修正章程》（1925 年 1 月），中共中央文献研究室、中央档案馆编：《建党以来重要文献选编（1921—1949）》第 2 册，中央文献出版社 2011 年版，第 263 页。

[3]《对于宣传工作之议决案》（1925 年 1 月），中共中央文献研究室、中央档案馆编：《建党以来重要文献选编（1921—1949）》第 2 册，中央文献出版社 2011 年版，第 257 页。

[4]《对于职工运动之议决案》（1925 年 1 月），中共中央文献研究室、中央档案馆编：《建党以来重要文献选编（1921—1949）》第 2 册，中央文献出版社 2011 年版，第 233 页。

助他们组织俱乐部，劳动学校，互助会"。[1]

中共四大以后，在支部建设的基础上，党的队伍迅速发展壮大。随着革命形势的不断变化，支部建设的重要性进一步凸显。中共中央组织部于1926年1月发出加强支部工作的通告，要求各级党组织"严厉执行"。通告再次强调了支部为党的"基本组织"，规定其编制上"极其精细严密"，并且要求："地委对支部一切工作和发展状况，当严密的监示，如工作和发展上有阻碍时，当迅速探求他的原因而解决之。"[2] 1926年5月，中共中央专门制定了《支部的组织及其进行的计划》，从组织的意义、内部教育和宣传的标准、外部煽动和活动的原则、支部的会议、支部书记的责任、教育宣传员对于支部的任务、支部书记会议、技术工作等八个方面对支部的性质、运行机制、工作方式等作了具体的规定，以帮助党员对支部的性质及工作运行机制有更为清晰的认识。这一计划重申了"支部是党的基本的组织"，强调了"党没有支部的组织，党就是没有基础；支部组织不坚固，党就很涣散，所以党的组织坚固与否，就看他的支部组织得好不好"。支部还被赋予以下意义："A党的基本组织和党的组织单位；B党的教育和宣传的学校；C党在群众中的核心；D发展党的工具；E党的生活的中心；F党的战斗的武器；G党的实际监督党员工作的机关。"[3]

---

[1]《对于组织问题之议决案》(1925年1月)，中共中央文献研究室、中央档案馆编：《建党以来重要文献选编(1921—1949)》第2册，中央文献出版社2011年版，第259页。

[2]《中央组织部通告第二号——加强支部工作与组织统计工作等》(1926年1月29日)，中央档案馆编：《中共中央文件选集》第2册，中共中央党校出版社1989年版，第35页。

[3]《支部的组织及其进行的计划》(1926年5月15日)，中央档案馆编：《中共中央文件选集》第2册，中共中央党校出版社1989年版，第611—613页。

　　1926 年 7 月，在北伐战争开始后，党召开了中央执行委员会第三次扩大会议，总结过去组织工作的经验，也进一步深刻阐述支部的工作意义与方法。在相关的组织工作决议案中，篇首就强调了"支部不是分部，而是党在各工厂矿山学校及某区域的核心。布尔塞维克党的组织，就是集合这许多社会的核心，而成为一个党"。但中央也在此承认："本党现有的支部大半失去这个意义……并未做到支部自身在此社会组织或区域里的核心作用……不能接近群众、领导群众。这是一个最严重的缺点，应当要立刻改正。"为此，中央改正上述缺点的五项方法，其中第一项，即实行"一切工作归支部"的原则，即"今后要把党的真正基础建筑在各支部上面，要把党的基本工作责成各支部，建立每个支部的活动工作，在每一个支部里实行分工，使每一个同志都有活动，实行'一切工作归支部'的口号，使各支部里都有全党形式的各样工作"。[1]"一切工作归支部"原则的确立，使党的支部建设被提升到前所未有的高度。1926 年 9 月中共中央发布《中央局报告》进一步重申"一切工作归支部"的原则，并特别强调："支部若不能健全工作起来，则我们各地还不能算有党的组织，我们的基础还是动摇得很。"[2]在大革命时期，党所领导的革命运动迅猛发展，党员人数迅速增加，与支部发挥的作用密不可分。中共中央执委会对此就有极高的评价，认为："因为开始注重支部工作的结果，已使本党有了较好的社会成分，吸收了进步的分子，深入在无产阶级群众里。"[3]

---

[1]《组织问题议决案》(1926 年 7 月)，中共中央文献研究室、中央档案馆编：《建党以来重要文献选编（1921—1949）》第 3 册，中央文献出版社 2011 年版，第 281 页。

[2]《中央局报告（九月份）——最近全国政治情形与党的发展》(1926 年 9 月 20 日)，中央档案馆编：《中共中央文件选集》第 2 册，中共中央党校出版社 1989 年版，第 355 页。

[3]《组织问题议决案》(1926 年 7 月)，中共中央文献研究室、中央档案馆编：《建党以来重要文献选编（1921—1949）》第 3 册，中央文献出版社 2011 年版，第 278 页。

中国共产党早期支部建设的实践证明，"一切工作归支部"不是一句简单的口号，它蕴含着丰富的实践内容，是中国共产党不断发展壮大的重要经验。以大革命时期的广东为例，工农运动的最初兴盛地在广东，这与广东党组织工作的蓬勃开展是密不可分的。至 1926 年，党的支部已遍布于广州市内众多行业，如粤汉铁路、广九铁路、广三铁路、海员、自来水厂、石井兵工厂、电灯、电话、汽车、内河轮渡、驳载、码头、邮务、印务、油业、建筑、钢铁、酒楼茶室、人力车、理发、店员、洋务、卫生、手工业，等等。[1] 到 1927 年的中共五大时，中共中央宣布："在党的领导之下，四年短期之内，二百八十余万工人与九百余万农民已经组织起来。本党已成为群众的党了。"[2]

在中国共产党早期支部建设和革命斗争实践中，千百万共产党员始终坚持党的宗旨，忠诚于党和人民的事业，襟怀坦荡、一心为民、克己奉公、无私奉献，彰显了对党无限忠诚和对人民解放事业的铮铮誓言。

二、保持党的纯洁性

严守党的纪律，保持党的纯洁性，是对党员对党忠诚的重要考验。无产阶级政党和资产阶级政党的一个重大不同就是强调组织和纪律的严密性，这决定了党在实践中保持队伍纯洁性的至关重要。所以，要坚决清除一切损害党的先进性和纯洁性的因素，坚定不移推进党风廉政建设和反腐败斗争，清除一切侵蚀党的健康肌体的病毒，确保党不

［1］ 中共广东省委党史研究室：《中国共产党广东历史》第一卷（1921—1949），中共党史出版社 2021 年版，第 135 页。

［2］《政治形势与党的任务议决案》（1927 年 4 月 27 日—5 月 9 日），中共中央文献研究室、中央档案馆编：《建党以来重要文献选编（1921—1949）》第 4 册，中央文献出版社 2011 年版，第 176 页。

变质、不变色、不变味。正如毛泽东在革命年代所强调的："腐败不清除……共产党就会失去威望和民心！与贪污腐化作斗争，是我们共产党人的天职，谁也阻挡不了！"[1]中国共产党充分注意到辛亥革命后革命党失败的教训和俄国共产党成功的经验，从诞生时起，就按照马克思列宁主义的建党理论，重视拒腐防变的重要性，面对出现的违纪腐化现象，开展反腐败斗争，维护了党的纯洁性。

随着党的纲领的制定和党的宗旨的明确，中国共产党就奠定了自身拒腐防变的政治基础。随着党的事业逐渐发展，尤其是随着大革命的高潮而在全国多个地区领导革命斗争，形形色色的违纪腐败现象也开始滋生蔓延。党的政治基础决定党十分重视反腐败斗争，维护党的纯洁性。为防止党受不良作风的影响，中共一大的相关决议明文规定党员不许到政府工作。[2]虽然这项规定与当时统一战线的发展有冲突的地方，但对保证党员的纯洁性，防止党的腐化变质有着很重要的作用。中共二大明确了统一战线的重要性，提出根据民主统一战线的联合，允许党员担任议员，但是也要求"凡党员若不经中央执行委员会之特许，不得为任何资本阶级的国家之政务官"。[3]这些对党员权力进行约束和限制，对防止党员的官僚化和腐化具有重要的意义。

从党初创的 20 世纪 20 年代起，党内就开始了反腐败斗争，并与当时轰轰烈烈的革命斗争交织在一起，成为保持党内纯洁性不可或缺的一环。1922 年 9 月，安源路矿工人罢工取得胜利后，罢工的领导机

[1] 中央纪委国家监委研究室：《中国共产党党风廉政建设百年纪事》，中国方正出版社 2021 年版，第 37 页。

[2]《中国共产党第一个纲领》(1921 年 7 月)，中共中央文献研究室、中央档案馆编：《建党以来重要文献选编（1921—1949）》第 1 册，中央文献出版社 2011 年版，第 2 页。

[3]《中国共产党章程》(1922 年 7 月)，中共中央文献研究室、中央档案馆编：《建党以来重要文献选编（1921—1949）》第 1 册，中央文献出版社 2011 年版，第 167 页。

关工人俱乐部有少数职员渐渐养成一种官僚绅士的做派，对工人的态度傲慢起来，以权谋私、违反纪律的现象时有发生。针对这种情况，李立三等立即对职员进行耐心细致的思想教育，反复告诫大家，作为工人领袖，只能忠实地为工人阶级的利益服务，个人不能牟取半点私利。为了从制度上约束职员，俱乐部陆续制定了一系列的规章制度，这些规章制度均经俱乐部代表会议审议通过，具有绝对权威，不论是领导者还是普通职员都必须严格遵守，不管是谁违反了制度，都要依章制裁。另一方面，则是作为工运领导者的党员干部廉洁奉公，率先垂范。为了不让领导人享受超出工人生活水平的任何特权和津贴，李立三、刘少奇等工运领导人主持召开干事会议作出议决，驻部职员生活费每人每月 15 元，消费合作社总经理及经理生活费每人每月 15 元，这样就使每个职员在自身的权力和生活待遇方面都有章可循。据当时俱乐部会计股的财务报告记载，李立三从 1922 年 9 月至 1923 年 6 月十个月合计支洋 145 元，平均每月不到 15 元；刘少奇从 1922 年 9 月至 1923 年 10 月 14 个月中合计支洋 199 元，平均每月也不到 15 元，同工人保持相同水平。他们这种全心全意为工人谋利益的精神受到工人们的高度赞扬。

在大革命浪潮中，中国共产党的组织规模迅速扩大，在多数省区，党不仅建立了一定规模的组织机构，领导了数量众多的社会团体和劳动群众，还建立了工农武装，党的收入和开支都大幅增加。这一时期党内财源也呈多样化，除了共产国际增加了援助外，又有国内捐助、党费收入和打击土豪劣绅的缴获等。腐败往往伴随着权力和金钱而生长，在这种形势下，党内一些领导干部和办事人员在掌握权力和钱物后，在剥削阶级腐朽思想影响下，开始出现腐化堕落的现象。

在 1925 年 6 月至 1926 年 9 月中共广东区委和中华全国总工会领

导的省港大罢工中，苏兆征等罢工领导人十分重视拒腐防变问题。省港罢工委员会（以下简称"委员会"）自 1925 年 7 月 3 日正式成立后，就把整顿组织内部、强化监督机制作为重要工作。随着罢工的继续，特别是采取封锁港澳等斗争手段后，省港罢工委员会各级机构和公务人员经常要处理大量的钱、财、物。能否保证领导机构公正廉洁，关系到能否团结罢工工人、戳破敌人谣言、坚持罢工取得胜利。省港罢工委员会不仅重视防止各种不良行为的出现，更重视对违法者的惩罚。情节较轻的，多给以行政处分，如申斥、记过、记大过、取消名籍（撤差）、解散该级机构等，或处以短期拘留；情节严重的，给予刑事处分，包括死刑、监禁、拘留（5 至 10 天）、没收财产和罚金等。如香港自来水公司工人罢工要求增加工资时，机器工会选举陈镜如等人与公司磋商，但他们接收贿赂 1000 元。后经工会研究决定开除陈镜如等人的会籍；又如工人纠察队破获何达生行贿工商检验货物处职员案，除没收其所扣货物外，还对何达生处以罚金。

省港罢工委员会还实行了加重处罚各级机关负责人违法行为的措施。《罢工委员会组织法》规定：罢工委员会的执行委员如有违法行为，被人告发或为法制局弹劾于工人代表大会及各部机关，一经查确，应罪加一等。纠察队委员如有失职及违法行为，得由省港罢工委员会或罢工工人代表大会课以应得之惩罚。委员受惩罚应比一般职员罪加一等。纠察队各级队长班长，如串通所属队员犯法者，也要罪加一等。这些规定说明了罢工委员会的负责人和工作人员不仅不能搞特权、与普通工人一样在法律面前人人平等，而且一旦犯法还要从严从重处罚。如工人纠察队军法处，因工作失职使在押犯越狱潜逃，为此，罢工工人代表大会决定除对值班人员和管狱员"按律惩戒"外，还给军法处主任记大过处分。再如会审处主任谭华泽，因对工作不负责任而使会审处出现许多不良现象：查获资敌物资后，以贱价结算准其具结，从中舞弊营私；工作马虎松懈，以致解庭犯人数目不符；久押犯人定罪监禁过期、私自移交罪犯、枪支来源不清等。经工人代表大会讨论，认为谭华泽身为主任，应负主责，决定撤销他的会审处主任职务，处以永远监禁判决，等候罢工胜利。再如纠察队队长、招待部主任梁子光利用职权侵吞公款、敲诈勒索，罢工委员会遂派人审查，取得证据后，在代表大会上公开揭露，并进行审判定刑。[1]

在大革命的高潮中，党内也出现省一级领导干部贪污腐化的现象，曾担任山东省委书记的王复元就是其中的典型。当时中央向山东的拨款增加，可是山东党组织的创始人、中共一大代表邓恩铭在当地巡视时，听到不少党员和基层组织反映说得不到经费。经过调查，发现是管财务的王复元贪污了许多活动经费用于个人享乐。邓恩铭等马上向中共中央报告此事，随之撤销了王复元的职务。但当大革命失败后，此人却投降了国民党并出卖了中共山东省委机关。

大革命期间声势浩荡的农民运动，沉重打击了农村地区的反革命势力，但在大浪汹涌泥沙俱下的形势下，也有一些带有流氓无产者意识的人加入了党的队伍。他们运用斗争土豪劣绅的机会，自己多吃多占，私分所获财物，成为反动派攻击农民运动为"痞子运动"的口实。而一旦形势严峻时，这些人往往又最容易脱党或叛变。大革命时期严峻的斗争实践表明，党员的纯洁性，是对党忠诚、不负人民的重要试金石。正是在这样的历史背景下，党历史上第一个正式的反腐败文件诞生了。

在北伐战争开始后国内革命形势空前高潮的形势下，1926 年 8 月

---

[1] 姜平：《邓中夏的一生》，南京大学出版社 1986 年版，第 127 页。

4日中共中央向全党发出《坚决清洗贪污腐化分子》的通告。通告指出："在这革命潮流仍在高涨的时候，许多投机腐败的坏分子，均会跑在革命的队伍中来，一个革命的党若是容留这些分子在内，必定会使他的党陷于腐化，不特不能执行革命的工作，且将为群众所厌弃。所以应该很坚决的清洗这些不良分子，和这些不良倾向奋斗，才能坚固我们的营垒，才能树立党在群众中的威望。"通告指出了目前存在的贪腐现象及其严重危害，即"一年以来，我们的党乘着革命的高潮，有突飞的发展，这自然是一件可喜的现象。但同时投机腐败分子之混入，也恐是一件难免的事……这些投机分子尚不能动摇我党的政策，只是在个人生活上表现极坏的倾向，给党以很恶劣的影响，最显著的事实，就是贪污的行为，往往在经济问题上发生吞款、揩油的情弊。这不仅丧失革命者的道德，且亦为普通社会道德所不容"。为此，中央要求："此种分子近来各地均有发现，大会为此决议特别训令各级党部，迅速审查所属同志，如有此类行为者，务须不容情的洗刷出党，不可令留存党中，使党腐化，且败坏党在群众中的威望。望各级党部于接此信后，立即执行，并将结果具报中局，是为至要。"[1] 从这一通告的内容可以看出党当时高度重视党内贪污腐化问题，且敢于揭露并认真坚决地加以清除，决不姑息养奸。通告不仅深刻分析了贪污腐化分子的危害因素，还表明了坚定的斗争立场和方针。此通告发布后，各地加强了对党员的教育，对党组织进行了整顿，对党内极少数的贪污腐化分子进行了坚决清除，从而提高了党在群众中的威望，有力地推动了大革命的胜利发展。

---

[1]《中共中央扩大会议通告——坚决清洗贪污腐化分子》(1926年8月4日)，中共中央文献研究室、中央档案馆编：《建党以来重要文献选编（1921—1949）》第3册，中央文献出版社2011年版，第348—349页。

国共合作破裂后，国民党在各地对共产党员进行镇压和屠杀，但经过大浪淘沙，剩下的党员大都是意志坚定的革命者，他们日后掀起了新的革命高潮。这种党员队伍的纯洁性所铸就的忠诚，是中国共产党能够坚持不懈、战胜困难的关键所在。

第三节　心怀天下为人民

对党忠诚、不负人民，是伟大建党精神的重要内涵。对党忠诚、不负人民是统一的。中国共产党始终代表最广大人民的根本利益，没有任何自己特殊的利益，从来不代表任何利益集团、任何权势团体、任何特权阶层的利益。中国共产党自成立之日起，就开始了为最广大人民谋利益的斗争。中国共产党代表的是人民利益，靠的是人民支持，因此，不负人民集中体现了中国共产党人政治品格的人民性。在中国共产党的早期发展中，就以人民为中心、始终保持与广大人民群众血肉相连，在人民群众中产生了凝心聚力的巨大向心作用。

一、组成一个大的"群众党"

中国共产党是以群众为基础、为群众谋利益的，"不负人民"是以马克思主义唯物史观为基础的根本观点，它意味着党不能没有群众，不能离开群众，党的重要使命就是组织和领导广大群众，为群众的长远利益、根本利益和眼前利益而奋斗。这样的要求决定了党不能是兴趣者的俱乐部、研究者的学会或者空想者的团体，它必须是一个同人民紧密结合的政党。

李大钊在1920年12月的《新青年》第8卷第4号上所发表的《唯物史观在现代史学上的价值》一文中就指出："一个个人，除去他与全体人民的关系以外，全不重要；就是此时，亦是全体人民是要紧的，他不过是附随的。生长与活动，只能在人民本身的性质中去寻，决不在他们以外的什么势力。"[1]这可视作中国共产党人在马克思主义唯物史观基础上所形成的群众观的雏形。中共一大以后，在革命实践的探索中，党对中国革命现状的认识更加全面和准确，对党群关系也有了更进一步的认识。在中共二大上，提出了把党建设成为一个革命的群众性的无产阶级政党的任务。

在中共二大所通过的《关于共产党的组织章程决议案》中，除了凸显中国共产党"纪律性"的要求外，还在党的历史上首次提出了"群众党"的建党要求。事实上，在这篇党的早期历史上非常重要的党建决议中，"群众性"是贯穿其中的精神内核。首先，决议开篇就明确了党的群众基础。《决议》指出："我们共产党，不是'知识者所组织的马克思学会'也不是'少数共产主义者离开群众之空想的革命团体'，'应当是无产阶级中最有革命精神的大群众组织起来为无产阶级之利益而奋斗的政党，为无产阶级做革命运动的急先锋'。""群众党"的理念，表明了党是以人民群众作为组织基础的，没有这个基础，中国共产党就没有生存发展的可能和希望。其次，《决议》提出"群众党"的党建要求，这是党史上的首次。这是当时中国共产党对党的性质和党与群众关系的清醒认识，也是伟大建党精神"不负人民"内涵的实践必然。最后，《决议》提出要求，"我们中国共产党成功一个党"，"成功一个能够实行无产阶级革命大的群众党"，"我们的活动必须是不离开群众的"。[2]

---

[1] 李大钊：《唯物史观在现代史学上价值》（1920年12月1日），中国李大钊研究会编注：《李大钊全集》第3卷，人民出版社2013年版，第278页。

[2]《关于共产党的组织章程决议案》（1922年7月），中共中央文献研究室、中央档案馆编：《建党以来重要文献选编（1921—1949）》第1册，中央文献出版社2011年版，第163页。

中共二大通过了 11 个党内文件，其中关于工人、青年、妇女等涉及群众运动的决议，其相关要求中都体现了"不负人民"的群众性。在涉及工人运动的《关于"工会运动与共产党"的议决案》中，明确指出"中国共产党的根本任务"，就是"集中，扩大和正当指挥"这种"中国的劳动运动"，强调中国共产党在工会运动中，必须集中他的力量为产业工人的组合运动，如铁路、海员、五金、纺织工人等。而组织起来的工会，必须成为"保护工人切身的利益和为工人利益奋斗的机关"。该决议将工人比作军队、人的身体，提出共产党就是军队的先锋、人的头脑，明确了党与工会的关系。最后则明确："只有共产党是工人的先锋，是工人的政党。"[1]

中共二大在《关于少年运动问题的决议案》中，揭示了资本家给"少年工人的经济待遇却是普遍的都较对成年工人为尤苛酷"，受到更多的掠夺。为此，"凡是受掠夺的少年们所在的地方，都是共产主义少年要去活动的地方；要在这些地方组织他们，引导他们做种种经济的奋斗"。这就决定了"共产主义少年在中国的运动是要成个大群众的性质"，他要做"中国少年运动的先锋"，"不但要在共产主义与少年国际领导之下为了少年劳动者经济和文化利益而奋斗"，还"要联络中国一切被压迫的少年们的革命势力在一条民主革命的联合战线上，引导他们做打倒帝国主义和封建势力的奋斗"。[2]考虑到"共产主义少年"与中国共产党之间的特殊关系，这样的运动要求，显然也是党的"群众

[1]《关于"工会运动与共产党"的议决案》（1922 年 7 月），中共中央文献研究室、中央档案馆编：《建党以来重要文献选编（1921—1949）》第 1 册，中央文献出版社 2011 年版，第 154 页。

[2]《关于少年运动问题的决议案》（1922 年 7 月），中共中央文献研究室、中央档案馆编：《建党以来重要文献选编（1921—1949）》第 1 册，中央文献出版社 2011 年版，第 158 页。

性”的延续。

在《关于妇女运动的决议》中，中共二大明确指出：“全国所有的妇女，都还拘囚在封建的礼教束缚之中，过娼妓似的生活，至于得不着政治上经济上教育上的权利，乃是全国各阶级妇女的普遍境遇。”为此，中国共产党的任务是：“除努力保护女劳动者的利益而奋斗——如争得平等工价，制定妇孺劳动法等之外并应为所有被压迫的妇女们的利益而奋斗。”中国共产党为妇女奋斗的目标是：“（一）帮助妇女们获得普通选举权及一切政治上的权利与自由；（二）保护女工及童工的利益；（三）打破旧社会一切礼教习俗的束缚。”[1]

从上述内容可以看到，在党的创建时期，“不负人民”的伟大建党精神内涵就在党的革命任务及具体群众工作中得以贯彻，并以此形成“群众党”的建设要求，并在此后极大影响了中国共产党的相关理论与实践发展。例如1925年中共四大突出了将党建设成为群众性政党的鲜明意识，会议决定在全国范围内加强党的建设，明确“组织问题为吾党生存和发展之一个最重要的问题”，事关党能否“由宣传小团体的工作进到鼓动广大的工农阶级和一般的革命群众的工作”。[2]在大革命时期，中国共产党群众运动的经验表明：党会不会组织群众、引导群众决定中国革命的前途命运。1945年，毛泽东在中共七大对此曾作出归纳：“我们共产党人区别于其他任何政党的又一个显著的标志，就是和最广大的人民群众取得最密切的联系。全心全意地为人民服务，一刻

[1]《关于妇女运动的决议》（1922年7月），中共中央文献研究室、中央档案馆编：《建党以来重要文献选编（1921—1949）》第1册，中央文献出版社2011年版，第161页。

[2]《对于组织问题之议决案》（1925年1月），中共中央文献研究室、中央档案馆编：《建党以来重要文献选编（1921—1949）》第1册，中央文献出版社2011年版，第258页。

也不脱离群众；一切从人民的利益出发，而不是从个人或小集团的利益出发；向人民负责和向党的领导机关负责的一致性；这些就是我们的出发点。"[1]

二、身体力行密切联系工农群众

要做到"不负人民"，首先就要始终同人民群众保持最密切的联系。中国共产党就把工农群众作为自己最重要的依靠力量，把组织开展工农运动作为自己最重要的工作。在实践中贯彻"不负人民"的精神内涵，就是从党员走向底层社会、与人民群众直接交往开始的。

早期的共产党员多为知识分子，与工农群众在语言、习惯、服装和态度方面差距甚远，这种差距成为双方互动与交流的障碍。为此，不少党员自觉消除了这种差异，换上工农服装、运用大众语言、与工农共同生活、共同劳动、交知心朋友。党要求党员在做群众工作时，生活习惯要群众化，与群众的生活打成一片，举止行为要适合当地的风俗习惯。一方面，他们极力向群众揭露阶级剥削和压迫带给人们的痛苦，唤起群众对自身命运的关切。例如1919年秋，陈潭秋、林育南等人在乡村的凉亭和集镇上自编自演了小话剧《九头蛇》。剧中叙述一个豪绅地主残酷剥削和压迫一户佃农，这种剥削和压迫就像一条毒蛇，紧紧缠住佃农，使之陷于死亡的绝境。演出得到了贫苦农民的一致称赞。另一方面，他们还依据群众的认识水平帮助其识字，在群众中发展积极分子，凝聚革命力量，夯实建党的群众基础。例如长辛店劳动补习学校成立后，邓中夏等组织的平民讲演团为工人授课时，教员们从"天为什么下雨、为什么打雷"讲到现实的社会和工人的斗争，帮助工人认识到组织工会、组织政党的重要性。当时，上海的江南造船

---

[1] 毛泽东：《论联合政府》（1945年4月24日），《毛泽东选集》第3卷，人民出版社1993年版，第1094—1095页。

厂、杨树浦灯泡厂、厚生铁厂、东洋纱厂、上海厚生纱厂以及沪西的一些纺织厂等，都是工人群众比较集中的地方，也是中共早期革命活动的播火地。中共早期工人党员李声漱（李中），进了江南造船厂，积极融入群众。在厂里，他一面当锻工，以打铁为生，一面通过工友，广泛联络工人群众，在江南造船厂发动组织机器工会。

在与群众的直接联系中，早期共产党人还致力于解决人民群众实际的生活困难。例如，作为领导这一时期农民运动的党员典范，彭湃扎根农村，深入人民群众中间，倾听群众需求和呼声，为人民群众解决各种问题。1922年开始，彭湃领导海丰县和陆丰县的农民联合起来建立农会，从赤山约农会到海丰农会再到海陆丰农会、广东省农会，彭湃领导农会成员积极为农民争取合法权益。在农会内部成立了医院，为农民解决看病问题；成立济丧会，倡导薄葬之风。面对突如其来的强台风袭击，彭湃带领农会成员和地主阶级作斗争，争取地主的减租，提出了"至多交租三成"的口号。彭湃在推进农民运动的过程中，始终是为了维护农民的利益，积极和损害农民利益的各种行为作斗争，为农民争取经济利益、利用农会平台为农民解决各方面的难题。

中国共产党人早期群众实践证明，只有中国共产党，走进人民大众中体察民生疾苦、为百姓排忧解难，并利用所掌握最先进的思想武器，带领人民闯出新路，开创美好未来。

三、团结力量重视组织工农群众

"历史活动是群众的活动，随着历史活动的深入，必将是群众队伍的扩大。"[1] 随着历史活动的深入，不仅群众队伍不断扩大，而且群众

---

[1] 马克思、恩格斯：《神圣家族（节选）》，《马克思恩格斯文集》第1卷，人民出版社2009年版，第287页。

的历史作用也越来越大。人民群众在任何社会中都是推动历史发展的决定性力量。但在近代中国，由于经历了漫长的封建社会，民众心理普遍认为，安居乐业是其理想，至于政治和军事，只不过是统治阶级的一种职业，民众的集体观念和国家意识淡薄，对民族、对国家认同感不强。孙中山认为，"中国四万万之众等于一盘散沙"，[1]毫无组织性可言。"一盘散沙"的社会状况让中国人民付出了沉重的代价，改变这一社会状况刻不容缓。对于中国共产党人而言，践行"不负人民"的伟大建党精神内涵，不仅是融入群众，依靠群众，为群众利益奋斗，更重要的是要在革命斗争的实践中，让人民群众"组织起来"，团结成气势磅礴、坚不可摧的革命力量，领导人民以自己的奋斗来创造历史、改变境遇、实现价值。

党的力量，最为重要的是组织团体的力量。中共一大以后，组织群众最重要的载体，就是建立工会组织。共产党人所建立的工人组织始终把鼓动、指导和组织工人开展维护自身经济利益的斗争作为自己的主要任务，因而最终获得了广大工人群众的支持，并由此建立了一批真正的产业工会。

党建立了工人组织后，凭借这些组织用公开斗争的方式发动和领导工人运动。1922年3月，李启汉等发起建立浦东纺织工会。4月，该工会就代表日华纱厂一厂、二厂的工人向资方提出增加工资两成的要求，旋即举行罢工。劳动组合书记部马上联合了一批招牌工会组织了浦东纺织工人经济后援会，为这次罢工提供政治声援和经济支持。总共募得大洋267元，小洋164.5元，铜元220枚，米2石，通过纺织工会，转发给全体罢工工人。最后，日华纱厂的资方被迫同意增加工

---

[1] 孙中山：《建国方略》(1917年—1919年)，《孙中山选集》上，人民出版社2011年版，第399页。

资 1 至 1.5 成，并承认工会有代表工人与资方交涉的权利。这一胜利，使浦东纺织工会的威信大为提高，两三天内就有 3500 名工人要求加入工会。

劳动组合书记部北方分部也充分利用了统治阶级内部的裂缝，采取公开活动的方式，并以维护群众的切身利益为工作中心。1921 年 11 月，陇海铁路工人为反抗洋员酷虐，奋起罢工，提出撤换有关洋员、改善待遇、增加工资等条件。劳动组合书记部北方分部立即发动各地工会捐款援助，通电各团体进行声援，并派罗章龙前往指导，帮助工人建立了陇海铁路工会。经过 10 天斗争，铁路当局最终被迫接受工会提出的 10 项条件，罢工取得胜利。

除了建立工人组织外，党还引导农民群众走向联合。广大农民受到土豪劣绅、不法地主、各种宗法思想和制度的压迫，失去正义和自由。因此，他们渴望"失去锁链""翻身做主人"。为了打翻这些反动势力，党在广大农村建立数量庞大的农民协会，开展没收土豪劣绅权力归农会运动。短时间内，农会人数激增，成为维护农民权利的重要权力组织。农会拥有很大权力，主要在政治上和经济上打击土豪劣绅，推翻祠堂族权，开展清匪等运动，组织农民修路、修塘坝等。此外，党还建立贫民团、合作社等其他乡村组织维护农民利益。通过各类组织将对革命的认同内化为一种持续的革命忠诚与动力。

在领导农民运动的过程中，中国共产党并不是简单地把农民运动看作是农民阶级的任务，在不断总结斗争经验的同时，意识到农民运动要想取得胜利，单靠农民阶级的努力是无法实现的，必须走阶级联合的路线，集中各种革命力量，一起努力，最终取得革命的胜利。彭湃作为党较早领导农民运动的实际领导者，他在推进农民运动的同时，积极倡导工农联合，积极引导工人阶级和农民阶级走向联合，扩大维护群众利益的力量基础。彭湃是我们党较早投身农民运动并作出了较大成绩的领导人,他推行的农民运动,并不是单独的农民一个阶级的奋斗,他十分强调和工人阶级合作,倡导工农联盟,联合工人阶级的力量,开展革命,以维护更多群众的利益,不断扩大革命的群众基础。彭湃曾撰写了一系列的文章探讨工农联合,他在《在广东省农民协会欢迎海员工会代表大会上的开会词》中强调:"我们工农群众,同是一个被压迫阶级,就是一个很亲爱的兄弟。工友们是被资本家压迫,农友们是被大地主压迫,大家同是处于资本制度压迫之下,同一样痛苦的。"[1] 彭湃在推进农民运动的过程中,对于以陈炯明为代表的海丰军阀势力对农会工作和革命工作造成阻碍,一方面表现出了极大的不满;在另一方面,彭湃也采用巧妙的手段借助陈炯明的威望和影响,向地方势力施压,迫使地方势力同意农会的一系列活动。对于一些大地主的反动行为,彭湃积极采取各个击破的措施,积极联合其中想参加革命的人员,不因为其身份就盲目地将他们排除在革命群体之外,在一定程度上为农民运动扫清了一系列的障碍,很好地维护了群众的利益。

对党忠诚、不负人民,体现了我们党品德高尚、情系人民的政治特质,展现了我们党的强大道德优势,贯穿于党的全部实践。共产党员对党忠诚,就是对人民忠诚,实现党的使命也就是完成为人民谋利益的任务。正是中国共产党始终坚持党性与人民性相统一的立场,才能得到人民群众的支持而不断发展壮大。党诞生以来,在党的队伍中涌现出一大批对党忠诚、不负人民的革命先烈和英模。他们的精神和事迹永远是党和人民的无价之宝。

---

[1] 彭湃:《在广东省农民协会欢迎海员工会代表大会上的开会词》(1926 年 1 月 10 日),《彭湃文集》,人民出版社 2013 年版,第 198 页。

第六章

弘扬伟大建党精神的
时代意蕴

伟大建党精神是中国共产党在创建过程中形成的伟大精神，在中国共产党百年光辉历程中具有极其重要的历史地位。伟大建党精神承载党的初心和使命，彰显党的性质和宗旨，体现党的作风和品格，又超越时空、历久弥新，成为指引和激励中国共产党团结带领人民开创新的伟大事业的精神动力。习近平总书记在党的二十大报告中号召全党："从现在起，中国共产党的中心任务就是团结带领全国各族人民全面建成社会主义现代化强国、实现第二个百年奋斗目标，以中国式现代化全面推进中华民族伟大复兴。"[1]新时代新征程上，要紧紧围绕这一中心任务，鼓起奋进新征程、建功新时代的精气神，让伟大建党精神在新时代新征程上焕发出更强大的生机活力，为团结带领全国各族人民全面建成社会主义现代化强国、实现第二个百年奋斗目标，为以中国式现代化全面推进中华民族伟大复兴提供力量支撑。

第一节　弘扬伟大建党精神的重大意义

习近平总书记指出："一个民族的复兴需要强大的物质力量，也需要强大的精神力量。"[2]回望过去，一代代共产党人在革命、建设和改革激流中弘扬伟大建党精神，不断从伟大建党精神中汲取精神滋养，

---

[1] 习近平：《高举中国特色社会主义伟大旗帜　为全面建设社会主义现代化国家而团结奋斗——在中国共产党第二十次全国代表大会上的报告》（2022年10月16日），人民出版社2022年版，第21页。

[2] 习近平：《在文艺工作座谈会上的讲话》（2014年10月15日），人民出版社2015年版，第5页。

锻造出党历经百年而风华正茂、饱经磨难而生生不息的精神密码。面向未来，历史前行的每一步都需要精神的滋养，风雨无阻的每一程都饱含精神的磨砺，谱写党为中国人民谋幸福、为中华民族谋复兴的绚丽篇章更离不开伟大建党精神的指引。当前，中国特色社会主义进入新时代，中华民族迎来了从站起来、富起来到强起来的伟大飞跃，中华民族伟大复兴进入了不可逆转的历史进程，大力弘扬伟大建党精神就能拥有更为主动的精神力量，对于党和国家事业发展具有深远而重大的意义。

一、弘扬大党精神特质的优良传统

精神是一个民族、一个国家赖以长久生存的灵魂，也是一个政党、一个组织赖以长久生存的灵魂。历史充分证明，一个民族、一个国家、一个政党、一个组织如果失去了精神，就会失去凝聚力和生命力，唯有精神世界达到一定的高度，才能在历史的洪流中屹立不倒、奋勇向前。中国共产党是精神最富有的政党，中国共产党的精神成长史同中国革命、建设、改革的历程相辅相成、紧密结合。中国共产党之所以能从创建之初50多名党员的规模，一步步发展壮大成为世界第一大党，归根结底靠的就是伟大精神的赓续传承和科学指引。在庆祝中国共产党成立100周年大会上，习近平总书记概括提炼了伟大建党精神。随后，党中央批准了中央宣传部梳理的第一批纳入中国共产党人精神谱系的46种精神，在中华人民共和国成立72周年之际予以发布。这些伟大精神在发展上与时俱进，在历史的时空隧道中按照编年史轴分布，在不同时期的时代主题中循序展开；在分布上系统多维，可以按照主体要素、事件要素以及空间要素等若干标准进行分类；在内涵上一脉相承，承载着崇高神圣的初心使命，积蓄着弥足珍贵的精神财富，蕴含了中国共产党人一以贯之的精神风尚、精神品质和精神状态。

注重从历史中汲取开拓前进的精神力量，是中国共产党一以贯之的优良传统和政治优势。中国共产党始终强调弘扬党的宝贵精神。以毛泽东同志为主要代表的中国共产党人完成新民主主义革命，建立了中华人民共和国，继承和发扬了中华民族精神，培育和发展了伟大的革命精神。毛泽东有句名言："人是要有一点精神的。"[1]这句话看似简单，却蕴含着深刻而丰富的哲理，强调了精神力量支撑个人发展的重要作用，涉及确立个人的目标追求、激发个人的潜能斗志、塑造个人的人格气质等方方面面。新中国成立后，毛泽东在一次地方党员干部会议上的讲话中严肃要求"我们要保持过去革命战争时期的那么一股劲，那么一股革命热情，那么一种拼命精神，把革命工作做到底"。[2]尽管，毛泽东并没有明确对党的革命精神做出概念界定和内涵阐释，但在很多场合的讲话中都反映了他对革命精神的理解和认识。

在改革开放和社会主义现代化建设新时期，邓小平等领导人延续了毛泽东对党的宝贵精神的认识，要求全党上下要像革命战争年代那样，发扬革命精神投身改革开放的伟大事业中。在1980年12月的中央工作会议上，邓小平强调，"我们要建设的社会主义国家，不但要有高度的物质文明，而且要有高度的精神文明"[3]。在他看来，精神文明不但是指教育、科学、文化，还包括共产主义的思想、理想、信念、道德、纪律，革命的立场和原则，人与人的同志式关系。邓小平回顾

---

[1] 毛泽东:《艰苦奋斗是我们的政治本色》(1956年11月15日)，《毛泽东文集》第7卷，人民出版社1999年版，第162页。

[2] 毛泽东:《坚持艰苦奋斗，密切联系群众》(1957年3月)，《毛泽东文集》第7卷，人民出版社1999年版，第285页。

[3] 邓小平:《贯彻调整方针，保证安定团结》(1980年12月25日)，《邓小平文选》第2卷，人民出版社1994年版，第367页。

历史，指出革命战争时期，中国共产党就是靠"在正确的政治方向指导下，从分析实际情况出发，发扬革命和拼命精神，严守纪律和自我牺牲精神，大公无私和先人后己精神，压倒一切敌人、压倒一切困难的精神，坚持革命乐观主义、排除万难去争取胜利的精神"，[1]取得了从延安到新中国的伟大胜利，取得了全国人民和国外友好人士的信赖和支持。同样，在搞社会主义建设、实现四个现代化的过程中，也需要发扬上述这些精神。因此，邓小平指出："要教育全党同志发扬大公无私、服从大局、艰苦奋斗、廉洁奉公的精神，坚持共产主义思想和共产主义道德。"[2]他还说，"如果一个共产党员没有这些精神，就决不能算是一个合格的共产党员"，[3]而且还要"大声疾呼和以身作则地把这些精神推广到全体人民、全体青少年中间去，使之成为中华人民共和国的精神文明的主要支柱"。[4]江泽民、胡锦涛十分重视党的宝贵精神的支柱作用，强调要大力弘扬以爱国主义为核心的民族精神和以改革创新为核心的时代精神。江泽民指出，"在革命、建设、改革的各个历史时期，用革命精神武装起来的中国共产党人和中国人民克服了种种艰难险阻，创造了一个又一个人间奇迹"。[5]胡锦涛强调："一个国家要发展，一个民族要自立于世界民族之林，不仅要通过发愤图强积

---

[1] 邓小平：《贯彻调整方针，保证安定团结》（1980 年 12 月 25 日），《邓小平文选》第 2 卷，人民出版社 1994 年版，第 368 页。

[2] 邓小平：《贯彻调整方针，保证安定团结》（1980 年 12 月 25 日），《邓小平文选》第 2 卷，人民出版社 1994 年版，第 367 页。

[3] 邓小平：《贯彻调整方针，保证安定团结》（1980 年 12 月 25 日），《邓小平文选》第 2 卷，人民出版社 1994 年版，第 368 页。

[4] 邓小平：《贯彻调整方针，保证安定团结》（1980 年 12 月 25 日），《邓小平文选》第 2 卷，人民出版社 1994 年版，第 368 页。

[5] 江泽民：《大力弘扬不懈奋斗的精神》（2001 年 1 月 10 日），《江泽民文选》第 3 卷，人民出版社 2006 年版，第 196 页。

累强大的物质基础，而且要通过艰苦奋斗形成强大的精神力量。"[1]

党的十八大以来，习近平总书记反复强调"党的伟大精神和光荣传统是我们的宝贵精神财富，是激励我们奋勇前进的强大精神动力"。[2]他每到地方瞻仰历史纪念场馆和红色地标，都会深刻阐释该地形成的伟大精神的科学内涵和时代价值，并明确要求要赓续红色血脉，让党的伟大精神放射出新的时代光芒，为强国建设、民族复兴凝聚起强大的精神力量。在担任浙江省委书记期间，习近平同志就多次强调弘扬党的宝贵精神，并在《光明日报》发表《弘扬"红船精神"走在时代前列》中首次提炼"红船精神"，指出，"'红船精神'同井冈山精神、长征精神、延安精神、西柏坡精神等一道，伴随中国革命的光辉历程，共同构成我们党在前进道路上战胜各种困难和风险、不断夺取新胜利的强大精神力量和宝贵精神财富"。[3]2021年习近平总书记署名出版的《论中国共产党历史》一书中收录40篇文稿，其中直接涉及党的伟大精神的文稿有24篇之多，占总量的60%，这足以说明习近平总书记对传承弘扬伟大精神的高度重视。特别对于中国共产党精神源头的问题，习近平总书记在提出"红船精神"后不断深化认识和思考。在2016年庆祝中国共产党成立95周年大会上，习近平总书记要求全党不忘初心、继续前进，强调"要永远保持建党时中国共产党人

[1]　胡锦涛：《在抗震救灾先进基层党组织和优秀共产党员代表座谈会上的讲话》（2008年6月30日），《人民日报》2008年7月1日。

[2]　《结合学习实践科学发展观活动　弘扬党的优良传统和革命精神》，《人民日报》2009年6月12日。

[3]　习近平：《弘扬"红船精神"　走在时代前列》（2005年6月21日），《光明日报》2005年6月21日。

的奋斗精神,永远保持对人民的赤子之心"。[1]2021年,在庆祝中国共产党成立100周年大会上,习近平总书记首次提出并深刻阐释伟大建党精神,强调伟大建党精神是中国共产党的精神之源。此后,习近平总书记还就弘扬伟大建党精神作出一系列重要论述。2021年11月11日,在党的十九届六中全会第二次全体会议上强调,"全党要大力弘扬伟大建党精神,在实现第二个百年奋斗目标的伟大征程中努力创造更加辉煌的业绩"。[2]2022年1月11日,在省部级主要领导干部学习贯彻党的十九届六中全会精神专题研讨班开班式上强调"继续把党史总结、学习、教育、宣传引向深入,更好把握和运用党的百年奋斗历史经验,弘扬伟大建党精神,增加历史自信、增进团结统一、增强斗争精神"。[3]党的二十大上又进一步将"弘扬伟大建党精神"写入大会主题和新修订的《中国共产党章程》中,并提出"弘扬以伟大建党精神为源头的中国共产党人精神谱系"。[4]习近平总书记关于弘扬伟大建党精神的重要论述,站位全局、立意高远、目标明确,充分彰显了中国共产党对自身历史的认识和总结达到了一个新高度,对自身的性质和宗旨的理解和把握达到了一个新高度,对开拓新的历史伟业的憧憬

[1] 习近平:《在庆祝中国共产党成立95周年大会上的讲话》(2016年7月1日),人民出版社2016年版,第7—8页。

[2] 习近平:《以史为鉴、开创未来,埋头苦干、勇毅前行》(2021年11月11日),《求是》2022年第1期。

[3] 《习近平在省部级主要领导干部学习贯彻党的十九届六中全会精神专题研讨班开班式上发表重要讲话强调 继续把党史总结学习教育宣传引向深入 更好把握和运用党的百年奋斗历史经验 李克强主持 栗战书汪洋王沪宁赵乐际韩正王岐山出席》,《人民日报》2022年1月12日。

[4] 习近平:《高举中国特色社会主义伟大旗帜 为全面建设社会主义现代化国家而团结奋斗——在中国共产党第二十次全国代表大会上的报告》(2022年10月16日),人民出版社2022年版,第44页。

与预期达到了一个新高度，为新时代弘扬伟大建党精神提供了根本遵循、指明了前进方向。

二、不忘初心担当使命的本质要求

伟大建党精神是对党的初心和使命的高度凝练，彰显了党的初心和使命的价值底色与核心要义。弘扬伟大建党精神充分体现"不忘初心、牢记使命"这一马克思主义政党的本质要求。习近平总书记指出，"中国共产党一经诞生，就把为中国人民谋幸福、为中华民族谋复兴确立为自己的初心与使命"。[1] 回望历史，从石库门到天安门，从兴业路到复兴路，我们党近百年来所付出的一切努力、进行的一切斗争、作出的一切牺牲，都是为了人民幸福和民族复兴。作为马克思主义政党，中国共产党是一个守初心、担使命的政党，一部中国共产党的历史，就是一部践行党的初心使命的历史。中国共产党摆脱了以往一切政治力量追求自身特殊利益的局限，一经诞生就把为中国人民谋幸福、为中华民族谋复兴确立为自己的初心使命。

中国共产党的初心和使命是与生俱来的、未曾改变的。这也是中国共产党区别于其他政党的重要标志。它酝酿于百年前国运黟堕、民族危亡的战乱年代，既源自中华传统文化中的家国天下的深厚基因，也继承于马克思主义政党为全人类解放而奋斗的终极关怀。中国共产党的使命是初心的外在体现，在不同时代、不同历史阶段有不同的实践要求。正是有了初心和使命，我们党才能始终把握所处的历史方位，始终走在时代前列。这一初心使命是贯穿中国共产党百年奋斗的一条主线，一百年来，它犹如光芒四射的灯塔，指明了中华民族前进的道路和方向。一代代中国共产党人用实际行动不断践行初心、担当使命，

[1] 习近平：《在庆祝中国共产党成立 100 周年大会上的讲话》（2021 年 7 月 1 日），人民出版社 2021 年版，第 3 页。

赢得了人民的衷心拥护和支持，拥有了无坚不摧、无往不胜的强大力量，使党的面貌、国家的面貌、人民的面貌发生历史性变化。

正是由于始终坚守初心使命，中国共产党才能在腥风血雨中毅然奋起，在濒临绝境中突出重围，在困顿逆境中发展壮大。面对中华民族内忧外患、社会危机空前深重的"数千年未有之大变局"，中国共产党顺应历史潮流、勇担历史重任、付出巨大牺牲，团结带领中国人民打败压在自己头上的各种反动派，彻底改变了中华民族被压迫、被奴役的命运。面对新中国成立之初一穷二白、举步维艰的困难局面，以毛泽东同志为主要代表的中国共产党人以"决不当李自成"的历史清醒和对人民负责的历史担当，在一个占世界人口四分之一的东方大国成功进行了社会主义改造，确立了社会主义基本制度，消灭一切剥削制度，推进了社会主义建设，完成了中华民族有史以来最为广泛而深刻的社会变革，为当代中国一切发展进步奠定了根本政治前提和制度基础，为中国发展富强、中国人民生活富裕奠定了坚实基础。党的十一届三中全会以后，以邓小平同志为主要代表的中国共产党人，团结带领全党全国各族人民，深刻总结新中国成立以来正反两方面经验，解放思想，实事求是，作出把党和国家工作中心转移到经济建设上来、实行改革开放的历史性决策，开辟了中国特色社会主义道路，极大解放和发展社会生产力，极大增强社会发展活力。党的十三届四中全会以后，以江泽民同志为主要代表的中国共产党人，在国内外形势十分复杂、世界社会主义出现严重曲折的严峻考验面前捍卫了中国特色社会主义，开创全面改革开放新局面，我国综合国力大幅度跃升，人民生活总体上实现了由温饱到小康的历史性跨越，我国社会长期保持安定团结，国际影响显著扩大，中华民族以崭新的面貌自立于世界民族之林。党的十六大以后，以胡锦涛同志为主要代表的中国共产党人，抓住重要战略机遇期，不断深化改革开放、加快发展步伐，聚精会神搞建设，一心一意谋发展，我国经济总量跃升到世界第二位，社会生产力、经济实力、科技实力迈上一个大台阶，人民生活水平、居民收入水平、社会保障水平迈上一个大台阶，综合国力、国际竞争力、国际影响力迈上一个大台阶，国家面貌发生新的历史性变化，为全面建成小康社会打下坚实基础。

弘扬伟大建党精神就是要把精神之源转化为动力之源，激发实践动力，不断焕发干事创业的生机活力。党的十八大以来，中国特色社会主义进入了新时代，新时代赋予中国共产党人新的历史使命。使命呼唤担当、责任成就未来。习近平总书记在上任伊始就向全世界庄严宣告："我们肩上的重大责任，就是对民族的责任，对人民的责任，对党的责任。责任重于泰山，事业任重道远。"[1]此后，以习近平同志为主要代表的中国共产党人不忘初心、砥砺奋进，提出了"江山就是人民，人民就是江山"、"实现中华民族伟大复兴是近代以来中华民族最伟大的梦想"等重要论断，既彰显了习近平总书记的为民情怀和历史担当，也诠释了我们党的初心使命在新时代的重要意涵。基于这些深刻认识，以习近平同志为核心的党中央在治国理政、推进新时代中国特色社会主义的伟大实践中，统筹推进"五位一体"总体布局、协调推进"四个全面"战略布局，党和国家事业全面开创出崭新局面，实现中华民族伟大复兴已经进入了不可逆转的历史进程。

三、塑造良好政党形象的先决条件

政党形象的概念是舶来品，最初起源于西方票选政治下政党为了赢得竞选胜利而使其更具强烈"辨识度"的产物。与西方基于工具理

---

[1] 习近平：《人民对美好生活的向往，就是我们的奋斗目标》（2012年11月15日），《习近平谈治国理政》第一卷，外文出版社2018年版，第5页。

性来建构政党形象不同的是，中国共产党建构形象的初衷更多是基于价值理性的结果，是为了通过形象建构向外界传递党的性质、指导思想、纲领宗旨、奋斗目标等内在本质规约，从而赢得外界对中国共产党形成更深入的理解和更广泛的认同。换言之，中国共产党形象是中国共产党依据马克思主义政党的内在本质规约，通过一系列政党实践活动向外呈现的行为表征和整体面貌，并经由中间媒介传导至外界接受后形成的感觉认知和价值判断。

长久以来，历届中央领导集体对中国共产党形象建设作出了重要论述，为中国共产党要建构一个什么样的政党形象，如何建构一个良好形象提供理论依据。习近平总书记在十九届中共中央政治局常委同中外记者见面时就指出："中国共产党是世界上最大的政党。大就要有大的样子。"[1] 所谓"样子"就是中国共产党形象的具体呈现。这个庄严宣告犹如新时代中国共产党形象建设的动员令和集结号，充分体现出以习近平同志为核心的党中央带领全党塑造与世界第一大党地位相称、与中国与日俱增的综合国力相匹配的光辉形象的决心和信心。但是，建构和塑造一个良好的政党形象，光靠设计规划是远远不够的，只有通过实实在在的执政实践才能让外界感知和评判一个实实在在的政党形象。中国共产党"是干出来的，不是说出来、写出来的"[2]，况且"人民是看实际的"[3]，衡量中国共产党形象好坏的标尺，不单单取决于中国共产党说了什么，更取决于干了什么，取决于切切实实的政

---

[1]《新时代要有新气象更要有新作为 中国人民生活一定会一年更比一年好》,《人民日报》2017 年 10 月 26 日。

[2]《王岐山在修订廉政准则和党纪处分条例座谈会上强调 立足当前 谋划长远 与时俱进推动制度创新》,《人民日报》2015 年 8 月 1 日。

[3] 邓小平:《组成一个实行改革的有希望的领导集体》(1989 年 5 月 31 日),《邓小平文选》第 3 卷, 人民出版社 1993 年版, 第 296 页。

党实践活动。

一般来说，建构良好形象是推进党的建设新的伟大工程的题中应有之义。历史和实践充分表明，什么时候党的建设坚强有力，什么时候就会在世人面前留下一个深入人心的正面形象，什么时候党的建设羸弱乏力，什么时候党的良好形象就会在人们心目中大打折扣甚至可能轰然坍塌。中国共产党始终将党的自身建设摆在突出位置，无论革命战争年代提出"党的建设伟大工程"，还是新时代推动全面从严治党引向纵深，都充分印证了中国共产党的认识自觉和行动自觉。中国共产党形象建设也是一个系统工程，要建构一个良好形象还需合理利用好各种有助于形象建设的丰富资源，遵循各种有助于形象建设的有效路径做到同步并举。

善用历史形象资源尤为关键。历史形象是一个政党在漫长的历史进程中逐步形成的形象积累。由于历史的联系是不可能割断的，历史形象会使人们生成一种"惯性思维"，影响着现实形象的建构、感知和评判。往往，良好历史形象是一个政党的宝贵财富，能使其现实形象的建构达到事半功倍的效果，而负面的历史形象则会给形象建设造成一定阻力。回顾历史，中国共产党尤为善于在学习历史中传承和弘扬红色基因，挖掘历史上的优良传统和宝贵经验，并将其化为现实中中国共产党形象建设的生动注脚和无形资源，进而为塑造和优化一个多姿多彩、和平发展、文明进步的大党形象提供丰富"武器弹药"，不断实现自身形象的优化和提升，得到国内外更广泛的认同。

弘扬伟大建党精神就是善用历史形象资源的生动体现。一方面，伟大建党精神源自历史实践，直观地反映出历史上中国共产党的面貌。任何一种精神都不是虚幻的，而是立足于真实具体的革命实践。在弘扬伟大建党精神的过程中，外界可以通过伟大建党精神的政治表达，进一步认识中国共产党创建的艰辛历程，增加外界对中国共产党形象的认同度和好感度。另一方面，伟大建党精神内嵌形象建构功能，能够为中国共产党形象建设提供精神支撑和价值引领。伟大建党精神不仅是特定历史时期中国共产党人精神特质和精神风貌的集中展现，同样能跨越时空为新时代加强中国共产党形象建设提供目标引领。

第二节　弘扬伟大建党精神的现实启示

作为中国共产党的精神之源，伟大建党精神是中国共产党来之不易的宝贵精神财富，见证了中国共产党从弱小走向强大、从苦难走向辉煌的百年征程，蕴含着中国共产党百年来始终保持蓬勃朝气与强大生命力的精神密码。伟大建党精神不仅是特定历史时期中国共产党人精神特质和精神风貌的集中展现，还能跨越时空成为指引后世回答现实重大问题的精神灯塔。传承和弘扬伟大建党精神，最终的目的就是为了贯通历史与现实，发挥伟大建党精神中蕴含的强大感召力。在实现中华民族伟大复兴战略全局和应对世界百年未有之大变局的新时代，大力弘扬伟大建党精神具有重要而深刻的现实启示。

一、为谱写马克思主义中国化时代化新篇章提供精神滋养

作为人类思想史上巍然矗立的一座高峰，马克思主义深刻揭示了客观世界特别是人类社会发展的一般规律，为人类社会开辟了通往真理的道路。马克思主义是中国共产党在长期革命斗争和治国理政过程中坚持的根本指导思想，是中国共产党不断发展壮大的智慧之光，也是中国共产党始终保持先进性和战斗力的重要基础。在当今时代，马克思主义依然有着强大生命力，依然是指导共产党人前进的强大思想武器。

正是基于对马克思主义科学性和真理性的深刻认识，中国共产党

从诞生之日起就把马克思主义鲜明地写在自己的旗帜上。马克思主义成为中国共产党立党立国、兴党兴国的根本指导思想，为中国共产党观察时代、把握时代、引领时代提供了科学理论方法。无论是处于顺境还是逆境，中国共产党从未动摇对马克思主义的坚定信仰，从未放弃对实现社会主义和共产主义的执着追求，并坚持在实践中不断丰富和发展马克思主义。历史和人民选择马克思主义是完全正确的，中国共产党把马克思主义写在自己的旗帜上是完全正确的！中国共产党正是因为拥有马克思主义科学理论指导，并不断结合新的实际推进马克思主义中国化时代化，才使马克思主义不断在中国焕发出强大生命力。掌握了强大真理力量的中国共产党，才能领导人民完成中国其他政治力量不可能完成的艰巨任务。

习近平总书记指出："推进马克思主义中国化时代化是一个追求真理、揭示真理、笃行真理的过程。"[1]党的十八大以来，国内外形势新变化和实践新要求，迫切需要我们从理论和实践的结合上深入回答关系党和国家事业发展、党治国理政的一系列重大时代课题。以习近平同志为核心的党中央全面把握中华民族伟大复兴的战略全局和世界百年未有之大变局，观察时代之变，倾听时代之声，谋划时代之需，勇于进行理论探索和创新，对关系新时代党和国家事业发展的一系列重大理论和实践问题进行了深邃思考和科学判断，在坚持把马克思主义基本原理同中国具体实际相结合、同中华优秀传统文化相结合的基础上，就新时代坚持和发展什么样的中国特色社会主义、怎样坚持和发展中国特色社会主义，建设什么样的社会主义现代化强国、怎样建设

---

[1] 习近平：《高举中国特色社会主义伟大旗帜　为全面建设社会主义现代化国家而团结奋斗——在中国共产党第二十次全国代表大会上的报告》(2022 年 10 月 16 日)，人民出版社 2022 年版，第 16 页。

社会主义现代化强国，建设什么样的长期执政的马克思主义政党、怎样建设长期执政的马克思主义政党等重大时代课题，提出一系列标志性、引领性、原创性的新观点，取得重大理论创新成果，形成习近平新时代中国特色社会主义思想，实现马克思主义中国化时代化新的飞跃。

新时代弘扬伟大建党精神，就是要传承"坚持真理、坚守理想"的精神特质，自觉推动马克思主义中国化时代化，坚持不懈用习近平新时代中国特色社会主义思想凝心铸魂，不断谱写马克思主义中国化时代化新篇章。要始终坚持对马克思主义普遍真理的坚定信念。习近平总书记指出："坚定理想信念，坚守共产党人精神追求，始终是共产党人安身立命的根本。对马克思主义的信仰，对社会主义和共产主义的信念，是共产党人的政治灵魂，是共产党人经受住任何考验的精神支柱。"[1]中国共产党是否坚强有力，就要看全党在理想信念上是否坚定不移。这就要求中国共产党人坚持以马克思主义为指导，以真理的精神追求真理，深刻感悟和把握马克思主义的真理力量，巩固马克思主义理论基础，不断学好用好马克思主义看家本领，始终把马克思主义作为立党立国、兴党兴国的根本指导思想，增强对马克思主义、共产主义的信仰，对中国特色社会主义的信念，对中国共产党的信任，对中华民族伟大复兴的信心。

要坚持解放思想、实事求是、与时俱进、求真务实，深刻把握好习近平新时代中国特色社会主义思想的世界观和方法论，持续推进实践基础上的理论创新。党的二十大报告提出了继续推进理论创新的科学方法，即必须坚持人民至上、必须坚持自信自立、必须坚持守正创

---

[1] 习近平：《紧紧围绕坚持和发展中国特色社会主义　学习宣传贯彻党的十八大精神》（2012年11月17日），《人民日报》2012年11月19日。

新、必须坚持问题导向、必须坚持系统观念、必须坚持胸怀天下。这"六个必须坚持",是马克思主义世界观方法论的时代表达,是习近平新时代中国特色社会主义思想的精髓要义,是推进马克思主义中国化时代化的科学方法。只有准确把握这一世界观和方法论,才能更好在领会党的创新理论的核心要义的基础上指导实践、推动工作。

要牢牢把握马克思主义这个魂脉和中华优秀传统文化这个根脉,用好"两个结合"这个最大法宝。马克思主义是随着时代、实践、科学发展而不断发展的开放的理论体系,把马克思主义基本原理同中国具体实际、同中华优秀传统文化相结合是在探索中国特色社会主义道路中得出的规律性认识。坚持和发展马克思主义,就要坚定历史自信、文化自信,坚持古为今用、推陈出新,不断夯实马克思主义中国化时代化的历史基础和群众基础,把马克思主义思想精髓同中华优秀传统文化精华贯通起来、同人民群众日用而不觉的共同价值观念融通起来,赋予马克思主义鲜明的中国特色、中国风格、中国气派,让马克思主义在中国牢牢扎根,不断续写马克思主义中国化的崭新篇章。

二、为全面推进中华民族伟大复兴提供精神动力

从世界文明发展史来看,中华文明是唯一一个绵延千年却未曾中断的灿烂文明,很关键的一个原因在于每当民族陷入生死存亡的危急关头,每当文明面临外来文明干扰和威胁时,古代先贤们的嘉言懿行总是能够激励着一批又一批匡时济世的中华儿女前赴后继,用鲜血和汗水,用智慧和勤劳,浇筑起通向中华民族永续发展、迈向复兴的坚实道路。作为马克思主义政党,中国共产党是一个守初心、担使命的政党,它摆脱了以往一切政治力量追求自身特殊利益的局限,一经诞生就把为中国人民谋幸福、为中华民族谋复兴确立为自己的初心使命。正是一代代中国共产党人筚路蓝缕、前赴后继,用实际行动不懈探索和追寻，走出了中华民族伟大复兴的康庄大道。党的二十大上，以习近平同志为核心的党中央再次发出了以中国式现代化全面推进中华民族伟大复兴的时代最强音，中国式现代化成为当今中国最大的政治。

党的十八大以来，在以习近平同志为核心的党中央的坚强领导下，中国共产党牢记初心、担当使命，创造了经济快速发展和社会长期稳定两大奇迹，中华民族伟大复兴的制度保证不断完善、物质基础更为坚实、精神力量持续增强，第一个百年奋斗目标如期实现，实现中华民族伟大复兴进入了不可逆转的历史进程。党的十九大指出新时代"意味着近代以来久经磨难的中华民族迎来了从站起来、富起来到强起来的伟大飞跃，迎来了实现中华民族伟大复兴的光明前景"。[1]然而，实现中华民族伟大复兴绝不是轻轻松松、敲锣打鼓就能实现的，越是接近民族复兴越不会一帆风顺。以中国式现代化全面推进中华民族伟大复兴的任务异常艰巨，不是朝夕之功，中国发展既面临着难得的历史机遇，但是随着世界局势复杂多变，百年未有之大变局进入加速演变期，国际环境日趋复杂严峻，我国处于深化改革开放的攻坚克难的关键时期和各种复杂矛盾凸显期，前进道路面临着前所未有的风险挑战甚至惊涛骇浪。在这一关键阶段，更需要中国共产党的坚强领导，总揽全局、协调各方，为沉着应对各种重大风险挑战提供根本政治保证。

新时代弘扬伟大建党精神，就是要传承"践行初心、担当使命"的精神特质，始终坚持独立自主走自己的路，引领中国共产党人更加坚定对实现中华民族伟大复兴中国梦的信心，矢志不渝地沿着中国式现代化这条光明大道走下去，团结带领中国人民向着全面建成社

---

[1] 本书编写组：《中国共产党简史》，人民出版社、中共党史出版社2021年版，第463页。

会主义现代化强国、实现中华民族伟大复兴的第二个百年奋斗目标迈进。

要以更加强烈的历史主动精神推进民族复兴伟业。历史证明，伟大的实践催生伟大的精神，伟大的精神推动伟大的事业。中国共产党领导各族人民发扬历史主动精神，开辟了伟大道路、开创了伟大事业、取得了伟大成就，中华民族迎来了从站起来、富起来到强起来的伟大飞跃，民族复兴进入了不可逆转的历史进程。迈上充满光荣和梦想的新征程，绝不能有半点骄傲自满、故步自封，也绝不能有丝毫犹豫不决、徘徊彷徨，要"在功成名就时做到居安思危、保持创业初期那种励精图治的精神状态"，[1]把中国式现代化的宏伟蓝图一步步变成美好现实。

要更加坚定走好中国式现代化新道路。一个国家选择什么样的现代化道路，既要遵循现代化的一般规律，更是由本国的历史传统、社会制度、发展条件、外部环境等诸多因素决定的。中国国情的复杂性和特殊性，决定了我们不能照搬西方现代化模式，只能独立自主地探索中国式现代化道路。中国共产党坚持和发展中国特色社会主义，推动物质文明、政治文明、精神文明、社会文明、生态文明协调发展，成功开创了这条中国式现代化新道路，实现了从落后国家到全球重要经济强国的历史性转变，拓展了发展中国家走向现代化的途径，给世界上那些既希望加快发展又希望保持自身独立性的国家和民族提供了全新选择，为解决人类问题贡献了中国智慧和中国方案。历史证明，中国式现代化新道路，是全面建成社会主义现代化强国、实现中华民族伟大复兴的必由之路，未来仍要继续毫不动摇地坚持中国式现代化

---

[1] 习近平：《牢记初心使命，推进自我革命》(2019年6月24日)，《求是》2019年第15期。

的中国特色、本质要求和重大原则，确保以中国式现代化全面推进中华民族伟大复兴始终沿着正确方向前进。

要为实现民族复兴伟业凝聚磅礴力量。团结奋斗是中国人民创造历史伟业的必由之路，也是中国人民继续开创新的历史伟业的内在要求。习近平总书记指出："围绕明确奋斗目标形成的团结才是最牢固的团结，依靠紧密团结进行的奋斗才是最有力的奋斗。"[1] 全面推进中华民族伟大复兴的目标宏伟性、任务艰巨性、形势复杂性都决定了必须带领全党全国各族人民吹响团结奋斗的号角。只有在弘扬伟大建党精神中为团结奋斗注入强大精神动力，形成全党全社会心往一处想、劲往一处使的生动局面，那么实现中华民族伟大复兴的中国梦才能有希望真正实现。

三、为依靠顽强斗争打开事业发展新天地提供精神感召

在《德意志意识形态》中，马克思、恩格斯指出"对实践的唯物主义者即共产主义者来说，全部问题都在于使现存世界革命化，实际地反对并改变现存的事物"。[2] 斗争精神是马克思主义的固有品格，也是共产主义者的本色所在。作为用马克思主义武装起来的、以改造世界为己任的政党，中国共产党天然地具有敢于斗争、善于斗争的特性，这是中国共产党不可战胜的强大精神力量。习近平总书记指出，"世界上没有哪个党像我们这样，遭遇过如此多的艰难险阻，经历过如此多的生死考验，付出过如此多的惨烈牺牲"。[3] 回顾历史，中国共产党

[1] 习近平：《在二〇二二年春节团拜会上的讲话》（2022年1月30日），《人民日报》2022年1月31日。

[2] 马克思、恩格斯：《德意志意识形态》（1845年秋至1845年5月），《马克思恩格斯选集》第1卷，人民出版社2012年版，第155页。

[3] 习近平：《在党史学习教育动员大会上的讲话》（2021年2月20日），人民出版社2021年版，第19页。

历经风雨、饱经磨难，"在斗争中诞生，在斗争中发展，在斗争中壮大"，[1]尽管在不同历史阶段面对的斗争对象、肩负的斗争任务、采取的斗争策略不尽相同，但是在应对各种困难挑战中，中国共产党总能无惧风雨、迎难而上，变压力为动力、化挑战为机遇，在大风大浪中不断发展壮大自己，战胜一个又一个困难，从胜利走向胜利，从而锤炼出不畏强敌、不惧风险、敢于斗争、勇于胜利的风骨和品质。正如习近平总书记在党的十九届六中全会第二次全体会议上自信地说道：回望百年，我们党什么样的困难没有经历过，什么样的挑战没有遇到过？……但是，我们党在人民支持下，依靠自己的力量战胜困难、修正错误、走向光明，可以说是几度绝处逢生、几度柳暗花明。正是在这样的千锤百炼中，我们党愈益强大和成熟起来。[2]

发扬斗争精神，既是中国共产党光荣的革命历史传统，是中国共产党求得生存、获得发展、赢得胜利的强大精神动力，又是实现第二个百年奋斗目标的关键本领和打开事业新天地的要义所在。党的十八大以来，以习近平同志为核心的党中央带领全党不断发扬斗争精神，增强斗争本领，进行具有许多新的历史特点的伟大斗争，攻克了许多长期没有解决的难题，办成了许多事关长远的大事要事，党和国家事业取得历史性成就、发生历史性变革。但也要注意到，习近平总书记对前进路上可能面临的斗争形势所作的判断。一是斗争形势更为严峻，从"前进路上充满风险挑战"到"甚至会遇到惊涛骇浪"，再到党的二十大报告中提到要"准备经受风高浪急甚至惊涛骇浪的重大考

[1]　习近平：《发扬斗争精神　增强斗争本领》（2019年9月3日），《习近平谈治国理政》第三卷，外文出版社2020年版，第226页。

[2]　习近平：《以史为鉴、开创未来，埋头苦干、勇毅前行》（2021年11月11日），《求是》2022年第1期。

验",[1] 三个判断渐次推进凸显前进道路上面临的斗争烈度在不断增加。二是斗争局面更为持久，习近平总书记强调，"我们面临的各种斗争不是短期的而是长期的，至少要伴随我们实现第二个百年奋斗目标全过程"。[2] 三是赢得斗争更有信心。习近平总书记指出："一个民族之所以伟大，根本就在于在任何困难和风险面前都从来不放弃、不退缩、不止步，百折不挠为自己的前途命运而奋斗。"[3] 中华民族之所以伟大，中国共产党之所以伟大，就是有坚强决心、坚定意志、坚实国力应对挑战，有足够的底气、能力、智慧战胜各种风险考验。这就要求在进行具有许多新的历史特点的伟大斗争的基础上，要坚持发扬斗争精神。增强全党全国各族人民的志气、骨气、底气，不信邪、不怕鬼、不怕压，知难而进、迎难而上，统筹发展和安全，全力战胜前进道路上各种困难和挑战，依靠顽强斗争打开事业发展新天地。

历史证明，面对复杂形势、困难矛盾，唯有主动迎战、坚决斗争才有生路出路，才能赢得尊严、求得发展。逃避退缩、妥协退让只会招致失败和屈辱，只能是死路一条。伟大建党精神的形成不是偶然的，也不是中国共产党与生俱来的，而是经过刀与火淬炼的必然产物，展现出中国共产党人坚定执着的斗争意志、英勇无畏的斗争风貌、永不懈怠的斗争姿态、毅然决然的斗争决心、一往无前的斗争勇气、不屈不挠的斗争韧性。这为新时代继续开展顽强斗争提供了丰厚

[1] 习近平：《高举中国特色社会主义伟大旗帜　为全面建设社会主义现代化国家而团结奋斗——在中国共产党第二十次全国代表大会上的报告》(2022年10月16日)，人民出版社2022年版，第26页。

[2] 习近平：《发扬斗争精神　增强斗争本领》(2019年9月3日)，《习近平谈治国理政》第三卷，外文出版社2020年版，第226页。

[3] 习近平：《在全国抗击新冠肺炎疫情表彰大会上的讲话》(2020年9月8日)，人民出版社2020年版，第26页。

的精神感召，是激励全党不断攻坚克难、从胜利走向胜利的强大精神动力。

新时代弘扬伟大建党精神，就是要传承"不怕牺牲、英勇斗争"的精神特质，凝聚攻坚克难、勇毅前行的强大力量。要以更加积极进取的斗争姿态，保持顽强昂毅的斗争精神。在新时代"赶考路"上，还有许多"娄山关""腊子口"需要征服，就必须不断加强斗争历练，增强斗争本领，增强斗争韧性，避免斗争疲态，团结带领人民"撸起袖子加油干、风雨无阻向前行，义无反顾进行具有许多新的历史特点的伟大斗争"，[1] 在大是大非面前敢于亮剑，在矛盾冲突面前敢于迎难而上，在危机困难面前敢于挺身而出，在歪风邪气面前敢于坚决斗争，在顽强斗争中真正锻造成为烈火真金。要充分发挥集中力量办大事、办难事、办急事的独特优势，防范化解各种重大风险考验。新时代坚持和发展中国特色社会主义是一场艰巨而伟大的社会革命，各种敌对势力绝不会让我们顺顺利利实现中华民族伟大复兴。各种风险考验时刻危及党的执政地位、国家政权稳定、人民根本利益，有可能迟滞甚至打断中华民族伟大复兴进程。因此，必须准备付出更为艰巨、更为艰苦的努力，团结带领人民逢山开路、遇水架桥，通过蓄积滴水穿石的韧力、善作善成的毅力、老牛爬坡的耐力，继续滚石上山、爬坡过坎、攻坚克难，有效应对重大挑战、抵御重大风险、克服重大阻力、解决重大矛盾，不断在伟大斗争中赢得胜利、成就梦想、走向辉煌。

四、为解决大党独有难题提供精神武器

在复杂多变的世界政党政治图景中，有些政党不断发展壮大而成

---

[1] 习近平：《高举中国特色社会主义伟大旗帜　为全面建设社会主义现代化国家而团结奋斗——在中国共产党第二十次全国代表大会上的报告》（2022 年 10 月 16 日），人民出版社 2022 年版，第 5—6 页。

为强党，有些政党则陷于内外交困而逐渐消亡。判断一个政党能否堪称大党，关键要看其存续时间长短、成员数量多寡、组织规模大小、政治影响强弱。中国共产党拥有党员9918.5万名，党的基层组织517.6万个，堪称世界第一大政党。[1]中国共产党堪称世界第一大政党，绝不仅仅因其锻造宏大的组织规模，更在于它肩负重大使命担当，开创伟大奋斗事业，践行强大自我革命，胸怀博大世界情怀，始终坚强有力、充满活力，始终走在时代前列，成为中国人民和中华民族的主心骨，成为实现中华民族复兴伟业的坚强领导核心。大党有大的样子，同样也有大的难处。对于中国共产党而言，要把这么大的一个党管好很不容易，把这么大的一个党建设成为坚强的马克思主义执政党更不容易。习近平总书记在党的二十大报告中强调："全面建设社会主义现代化国家、全面推进中华民族伟大复兴，关键在党。我们党作为世界上最大的马克思主义执政党，要始终赢得人民拥护、巩固长期执政地位，必须时刻保持解决大党独有难题的清醒和坚定。"[2]

中国共产党是用马克思主义武装起来的先进政党，但这个先进性不是一劳永逸的，而是要在不断自我革命中淬炼而成。正如马克思所指出的，无产阶级革命与其他任何革命不同的地方，就在于它经常自己批判自己。"大党独有难题"命题的提出，就是基于中国共产党党内存在的突出矛盾和焦点问题，对新时代党的建设的现实问题所作出的深刻忧思与独特关照。它回答的就是如何跳出治乱兴衰历史周期率，

---

[1] 该数据为2024年7月1日发布的《中国共产党党内统计公报》中统计截至2023年12月31日的数据。

[2] 习近平：《高举中国特色社会主义伟大旗帜　为全面建设社会主义现代化国家而团结奋斗——在中国共产党第二十次全国代表大会上的报告》（2022年10月16日），人民出版社2022年版，第63页。

如何建设什么样的长期执政的马克思主义政党、怎样建设长期执政的马克思主义政党的问题。党的十八大以来，以习近平同志为核心的党中央，以空前的决心、空前的勇气、空前的力量推进全面从严治党向纵深发展，坚持将思想建党和制度治党相统一，不断探索跳出历史周期率的有效路径，开辟了新时代管党治党的新境界，党内许多突出问题得以解决，管党治党宽松软状况得到根本扭转，风清气正的党内政治生态不断形成和发展。但不可否认，仍有不少难题需要继续下力气去破解。2023 年 1 月，习近平总书记在二十届中央纪委二次全会上进一步用"六个如何始终"概括了"大党独有难题"，归结起来就是中国共产党存续时间长带来的历史难题、组织规模大带来的管理难题、执政党地位带来的执政难题、国内外形势带来的调适难题。这些既充分表明中国共产党作为马克思主义政党，始终在以高度负责的态度进行着党的自身建设，也表明全面从严治党决不能有松劲歇脚、疲劳厌战的情绪，全面从严治党和党的自我革命永远在路上。

新时代弘扬伟大建党精神，就是要传承"对党忠诚、不负人民"的精神特质，为推动新时代党的建设新的伟大工程，破解大党独有难题，锻造组织严密、纪律严格、思想统一、作风严明的马克思主义政党。要保证党的团结和集中统一领导，维护党中央权威。能否坚持党的全面领导，能否拥有坚强的领导核心，关乎党的事业兴衰成败，甚至生死存亡。实践充分证明，什么时候全党坚定维护党中央权威和集中统一领导，党的事业就不断取得胜利；离开了党中央权威和集中统一领导，党的领导就必然弱化，党的事业就必然遭受挫折。新时代十多年的伟大变革，最根本的原因在于有习近平总书记作为党中央的核心、全党的核心掌舵领航，在于有习近平新时代中国特色社会主义思想科学指引。"两个确立"是全党在革命性锻造中形成的共同意志，是保证全党团结统一、步调一致向前进的根本政治保证。新时代新征程上把中国特色社会主义事业推向前进，必须深刻领悟"两个确立"的决定性意义，增强"四个意识"、坚定"四个自信"、做到"两个维护"，把"两个确立"作为最深刻的政治领悟、政治信念、政治自觉，自觉在思想上政治上行动上同以习近平同志为核心的党中央保持高度一致。要牢记"打铁必须自身硬"的道理，按照伟大建党精神中蕴含的政治信仰、政治理想、政治立场、政治方向、政治目标、政治品格，牢牢把握以伟大自我革命引领伟大社会革命的重要要求，忠诚践行跳出治乱兴衰历史周期率的两个答案，不断锻造和增强我们党在长期执政条件下自我净化、自我完善、自我革新、自我提高的能力，增强拒腐防变和抵御风险的能力，增强全面从严治党永远在路上和坚持自我革命的政治自觉，坚定全面从严治党永远在路上的决心与信心，坚决清除一切损害党的先进性和纯洁性的因素，清除一切侵蚀党的健康肌体的病毒，确保党不变质、不变色、不变味，从而把党建设得更加坚强有力，始终成为中国特色社会主义事业的坚强领导核心。

第三节　弘扬伟大建党精神的实践探索

历史川流不息，精神代代相传。伟大建党精神是建党先驱在创建中国共产党的历史伟业中形成的精神特质，也是留给后人弥足珍贵的精神财富。党的十八大以来，习近平总书记要求全党"大力发扬红色传统、传承红色基因，赓续共产党人精神血脉，始终保持革命者的大无畏奋斗精神，鼓起迈进新征程、奋进新时代的精气神"。[1] 在党的二十大报告中，习近平总书记明确强调："弘扬以伟大建党精神为源头

---

[1]　习近平：《在党史学习教育动员大会上的讲话》（2021年2月20日），人民出版社2021年版，第20—21页。

的中国共产党人精神谱系，用好红色资源，深入开展社会主义核心价值观宣传教育，深化爱国主义、集体主义、社会主义教育，着力培养担当民族复兴大任的时代新人。"[1] 习近平总书记关于弘扬伟大建党精神的重要论述立意高远、内涵丰富，深刻阐明了弘扬伟大建党精神的重要意义和基本要求，为新时代弘扬伟大建党精神指明了前进方向、提供了根本遵循。2021 年庆祝中国共产党成立 100 周年以来，全国各地重温党的奋斗历程、赓续党的红色血脉，深入学习贯彻习近平总书记关于弘扬伟大建党精神的重要论述，自觉担负弘扬伟大建党精神的光荣使命。

一、打造深化学理阐释的研究高地

中国共产党是一个高度重视理论武装的马克思主义执政党。党的理论创新每前进一步，理论武装就要跟进一步。伟大建党精神是新时代提出的重大理论命题，弘扬伟大建党精神就必须以集中统筹研究力量、科学部署研究规划作为坚强支撑。着力深化伟大建党精神的体系化、学理化研究阐释，着力增强学习宣传伟大建党精神的针对性、实效性，推动"弘扬伟大建党精神"更加深入人心，无疑是新时代理论工作者的神圣使命与重大责任。

一是强化学理研究阐释。 作为服务党的创新理论的重要力量，广大来自高等院校、哲学社会科学研究机构、党校行政学院、党政部门所属研究机构、军队院校的理论工作者，打破单位边界、系统边界、学科边界，发挥学科优势、学术优势、平台优势，以构建中国自主知识体系的学术自觉，围绕伟大建党精神的生成逻辑、理论渊源、科学

[1] 习近平:《高举中国特色社会主义伟大旗帜　为全面建设社会主义现代化国家而团结奋斗——在中国共产党第二十次全国代表大会上的报告》(2022 年 10 月 16 日), 人民出版社 2022 年版, 第 44 页。

内涵、鲜明特征、历史传承、时代价值等主题，深入进行学理化阐释、学术化表达、体系化构建，把伟大建党精神上升到学理认识、上升到理论规律，在阐述真理、阐释学理、阐明道理上下功夫，使之真正成为具有科学思想的精神力量。在课题立项设置方面，全国哲学社会科学工作办公室、教育部社科司等各级各类课题管理部门加强统筹谋划和系统布局，在课题立项、社科评奖等方面持续向伟大建党精神研究给予资源投入和经费支持，先后有近百项相关课题获批立项，体现了理论界对伟大建党精神研究的高度关注和重视。在学术研讨交流方面，广大理论工作者组织或参与主题多元、规模不一的学术交流活动，持续深化伟大建党精神研究，通过思想碰撞和学术交流，构建伟大建党精神研究交流互鉴、探讨互学的学术场域。其中，不少品牌学术交流活动涌现，如"中国共产党的创建与上海"学术研讨会已连续举办八届；上海教育系统的"中国共产党伟大建党精神"研究学术交流系列活动已达 20 余场；北大红楼与伟大建党精神学术研讨活动已连续举办 2 届；中共一大纪念馆连续举办三届"弘扬伟大建党精神，奋进新时代新征程"学术研讨会等。这些学术研讨活动，为党的创新理论的研究和阐释营造良好氛围，形成一批富有学理深度和学术厚度的研究成果。

二是发挥研究平台优势。学术交流平台对促进学术发展和提升研究水平具有积极的推动作用，有利于为催生创新研究成果提供良好的研究环境和资源支持。2021 年以来，全国多地发起成立伟大建党精神的研究平台，汇聚研究力量和资源优势，努力在研究、阐释和宣传伟大建党精神方面释放更大能量。2021 年 7 月 14 日，上海市委宣传部、中共上海市委党校、中共上海市委党史研究室共同发起成立"上海市中国共产党伟大建党精神研究中心"，成为国内首家省级伟大建党精神研究中心。该中心成立以来，整合资源，汇聚力量，把伟大建党精神研究作为主攻方向，打造具有重要影响的伟大建党精神学术交流平台、成果集聚平台、人才培养平台。中共一大纪念馆还着力打造"上海市中国共产党伟大建党精神研究中心"学术中心，为各地研究人员提供优质的科研技术服务环境；2021年10月，上海市教卫工作党委、上海市教委发起成立"高校中国共产党伟大建党精神研究中心"，推动伟大建党精神研究走深走实、做大做强，更好为新时代高校党建和思政工作高质量发展提供重要支撑；2021年12月，四川省社科联、四川省教育厅共同批准设立建党精神研究中心，推出具有中国特色、巴蜀风格的高水平研究成果，打造全国一流的建党精神研究中心和学术交流平台。

三是涌现精品研究成果。广大理论工作者依托扎实的学术研究和理论阐释，形成一批立场正确、观点精深、形式多元的高质量研究成果。在学术成果发表方面，广大理论工作者坚持以马克思主义为指导，综合运用马克思主义理论、党史党建、哲学、历史学、政治学、新闻学等学科研究范式，从政治高度、历史维度、理论深度、实践效度上深入探究伟大建党精神的历史意义和时代价值。在咨政建言方面，广大理论工作者积极发挥资政育人的功能，在注重学理性研究的同时兼顾成果的应用与转化，立足经济社会发展需要，从全局性、战略性和前瞻性的角度对弘扬伟大建党精神的实践路径提出具有较强的决策参考价值的对策建议。

二、建设守护历史文脉的精神家园

党的十八大以来，习近平总书记到地方考察调研时曾多次瞻仰革命圣地、历史遗址和纪念场馆，反复强调要用好红色资源，传承好红色基因，把红色江山世世代代传下去。2021年6月25日，习近平总书记主持十九届中央政治局第三十一次集体学习时指出，"红色资源是不可再生、不可替代的珍贵资源","一定要用心用情用力保护好、管理好、运用好"。[1]2023年11月,习近平总书记在上海考察时强调,"要注重传承城市文脉,加强文物和文化遗产保护,传承弘扬红色文化"。[2]加强对红色资源的系统梳理、挖掘保护和赓续传承,建设和守护好中国共产党人的精神家园,推动弘扬红色文化、传承红色基因蔚然成风,让缕缕红色文脉绵延不绝,是大力弘扬伟大建党精神的重要任务。

一是排摸梳理红色家底。摸清家底是红色文化资源保护和利用的前提条件。任何历史事件都发生在一定的时空场域,创建中国共产党是开天辟地的大事变,在上海、北京等全国多地拥有众多反映党的创建历程的红色资源。这些红色资源联结时空,不仅见证伟大建党精神的孕育形成,更成为弘扬伟大建党精神的重要承载。上海作为党的诞生地、初心始发地、伟大建党精神孕育地,红色是上海最鲜亮的底色。根据普查数据表明,上海市第一批不可移动红色资源共612处,遍布全市16个区。2017年10月31日,习近平总书记瞻仰上海中共一大会址时,指出:"建党时的每件文物都十分珍贵、每个情景都耐人寻味,我们要经常回忆、深入思索,从中解读我们党的初心。"站在中共一大会议室原址,习近平总书记久久凝视并叮嘱"一定要把会址保护好、利用好"。[3]近年来,上海牢记习近平总书记重要嘱托,高质量推

[1] 习近平:《用好红色资源、赓续红色血脉,努力创造无愧于历史和人民的新业绩》(2021年6月25日),《求是》2021年第19期。

[2] 《习近平在上海考察时强调 聚焦建设"五个中心"重要使命 加快建成社会主义现代化国际大都市 返京途中在江苏盐城考察 蔡奇陪同考察》,《人民日报》2023年12月4日。

[3] 《保护好中华民族精神生生不息的根脉——习近平总书记关于加强历史文化遗产保护重要论述综述》,《人民日报》2022年3月20日。

进实施"党的诞生地"红色文化传承弘扬工程，建立党委领导下的市、区两级联席会议，明确红色资源保护职责要求，颁布实施全国首部省级传承弘扬和保护利用红色资源的地方性法规，构建起红色资源传承弘扬和保护利用的规范机制，推动红色资源保护利用法治化和规范化。通过开展全面普查对全市范围内的红色资源进行全面梳理，2022年3月颁发《上海市红色资源名录（第一批）》，基本摸清全市红色资源家底，尤其是与党的诞生地相关的历史遗址遗迹保存情况，为后续科学编制红色资源保护利用规划提供重要依据。北京基于革命文物数量众多、布局分散的特点，对旧址保护状况细致摸排，全面掌握以北大红楼为中心、分布在5个城区的31处中国共产党北京早期组织活动旧址，进而确立了集中连片主题保护的目标，推动建设中国共产党早期北京革命活动主题片区，并进行分类打造提升。

二是修缮保护遗址遗迹。革命遗址和红色遗迹承载光荣历史，记录伟大瞬间。习近平总书记强调："本着对历史负责、对人民负责的态度，深入开展红色资源专项调查，加强红色遗址、革命文物保护工作，统筹好抢救性保护和预防性保护、本体保护和周边保护、单点保护和集群保护等。"[1] 近年来，全国多地遵循"保护为主、抢救第一、合理利用、加强管理"为原则，持续投入大量资源和成本，有计划地、分批分步对中国共产党在创建时期的遗址遗迹进行修缮和保护。如北京成立北大红楼与中共早期北京革命活动旧址保护传承利用工作领导小组，实施完成北大红楼和蒙藏学校旧址保护利用工程，将北大红楼由北京新文化运动纪念馆改造为中国共产党早期北京革命活动纪念馆，完成蒙藏学校旧址腾退、修缮、布展工作，并对31处重要点位进行

---

[1]《保护好中华民族精神生生不息的根脉——习近平总书记关于加强历史文化遗产保护重要论述综述》，《人民日报》2022年3月20日。

系统提升，实现建党主题片区连片整体保护。又如，上海以重点推进"一馆五址"的保护利用为代表，一大批革命旧址修缮开放，一大批展览展陈功能提升，红色资源潜能被不断释放，红色历史风貌得以再次重现。2021年6月3日，中共一大纪念馆新馆正式开馆。随后，中国共产党发起组成立地（《新青年》编辑部）旧址、中共中央政治局机关旧址（1928—1931年）、中共中央军委机关旧址、中共中央秘书处机关旧址、中共中央特科机关旧址等五处历史遗址相继完成修缮并对外开放。

伟大建党精神蕴含着丰富的育人价值，是开展思想政治教育的鲜活素材和宝贵资源。不少高校善用"大思政课"，从创新教育资源、教育场域大力探索将伟大建党精神全面有机融入思想政治教育工作的有效形式。复旦大学于2018年完成陈望道旧居修缮，以"宣言中译　信仰之源"为主题辟建《共产党宣言》展示馆，组建师生党员志愿讲解队积极宣讲老校长陈望道追寻真理的故事，获习近平总书记亲切回信。武汉大学于2024年重新修缮李达故居，以丰富的历史文物、文献和场景复原生动展现了李达以笔为枪、传播马克思主义真理的光辉一生。湖南第一师范学院将湖南一师旧址的红色资源转化为"大思政课"铸魂育人的生动教材，切实将红色文化和湖湘文化精髓融入人才培养。东南大学将位于四牌楼校区的梅庵打造为"初心照梅庵　永远跟党走"中国社会主义青年团第二次全国代表大会史料展。这些做法让红色旧址遗址成为"教室"，把文物史料当成"教材"，教育引导广大学生求真理、悟道理、明事理，加深学生对伟大建党精神的长期记忆和整体印象，把红色基因深深植入广大青年学生内心。

三是活化利用红色资源。红色资源呈现给人们的是一种静止的状态，但他们背后蕴藏着鲜活的故事、镌刻着崇高的精神。用好红色资源，传承好红色基因就是要"让文物说话，让历史说话，让文化说话"，[1]充分依托创新技术和传播手段，推动红色文化的创造性转化、创新性发展。在打造精品展陈方面，中国共产党早期北京革命活动纪念馆、中共山东早期历史纪念馆等一批涉及反映中国共产党创建历史的红色场馆相继完成改造提升工程，不断更新完善设施，提升服务能级，强化运用数字技术赋能和现代表达，讲好建党故事、革命故事、英雄故事。中国共产党早期北京革命活动纪念馆围绕北京在党的创建过程中的独特贡献，依托北大红楼文物本体，按空间、专题设置内容，打造"光辉伟业红色序章"，注重凸显李大钊、毛泽东等重点人物，做到有物可看、有史可寻，让参观者触摸到更多历史的温度与厚度，不断提升伟大建党精神的表现力、传播力、影响力。广州中国社会主义青年团第一次全国代表大会纪念馆充分利用多媒体技术，塑造了全息投影场景重现百年前的"团一大开会情景"、流动的互动装置"艺术经典中的青春"等重点展项，对建团史上的重要事件和重要活动进行情景再现。中共山东早期历史纪念馆以数字化转型推动红色文化宣传入驻网络阵地，先后开发"云游红色济南"微信小程序，探索文旅融合新路径，实现对红色文化资源的展示、利用，最大限度发挥教育功能。上海建设上海红色文化资源信息应用平台"红途"，整合场馆信息集成、网上展览展示、文旅活动汇聚、红色路线导览等功能，实现红色文化资源"一网统管"、红色文化应用"一网通办"、红色文化载体"一站服务"、红色文化信息"一站共享"。这些举措都将有助于引导广大人民群众弘扬光荣传统、赓续红色血脉，增强做中国人的志气、骨气、底气，从而不断培养出德智体美劳全面发展的社会主义建设者和

---

[1]《习近平在广西考察工作时强调　扎实推动经济社会持续健康发展　以优异成绩迎接党的十九大胜利召开》，《人民日报》2017年4月22日。

接班人，培养出担当民族复兴大任的时代新人，使革命薪火代代相传，确保红色江山永不变色。

三、厚植涵养红色基因的文化沃土

文化是竞争的软实力，也是发展的硬道理。近年来，全国各地深入学习贯彻习近平文化思想，大力弘扬以伟大建党精神为源头的中国共产党人的精神谱系，以文弘业、以文培元、以文立心、以文铸魂，大力推进文化自信自强，不断推动红色旅游改革创新，以文旅深度融合促进红色文化和革命精神的传承和弘扬，全力为打响文化品牌、提升文化软实力贡献力量。

一是繁荣发展红色文艺。红色文艺担负着培根铸魂的时代使命，是弘扬革命精神、赓续红色血脉的重要载体。优秀的红色文艺作品抒写历史、讴歌英雄、展现精神，能够不断发挥着引领正气、振奋精神、激励奋进、陶冶心灵的重要作用。近年来，广大文艺工作者在党的领导下，自觉弘扬伟大建党精神，在各自领域辛勤耕耘创作，用丰富的文艺形式，推出了一系列叫好又叫座的优秀红色文艺作品，呈现出繁荣发展的生动景象。在影视作品方面，电影《望道》《1921》《革命者》、电视剧《觉醒年代》《问苍茫》等均在全国产生广泛影响。电视剧《觉醒年代》以深刻的思想内涵、鲜活的人物形象、精良的制作手法和对历史的精准呈现，生动展现了从五四运动到中国共产党建立这段波澜壮阔的历史画卷，在年轻观众群体中火爆出圈，成为红色题材电视剧的经典之作。电视剧《问苍茫》用平实质朴的笔触，呈现青年毛泽东"向下扎根，向上生长"的鲜活形象，揭示了早期共产党人青春笃行的实干精神。在舞台剧方面，推出了如《红色的起点》《觉醒年代》等作品。话剧《红色的起点》在忠于文献史料的基础上，以生动的剧情和精湛的表演，展现了中国共产党在上海诞生的历史过程，为观众带来全新的视觉体验。在戏剧曲艺方面，将革命史迹和革命精神与地方戏曲相结合，如京剧《李大钊》以李大钊在 1918 年到 1927 年的革命活动为主线，通过对历史人物和历史事件的刻画和演绎，生动展现了共产党人不怕牺牲、英勇斗争的精神。在美术创作方面，艺术家们通过油画、国画、雕塑等多种形式，描绘革命历史场景、塑造英雄人物形象，让观众在欣赏艺术之美的同时，感受到伟大建党精神的熏陶。

二是文旅融合推陈出新。改革开放特别是党的十八大以来，我国文化和旅游产业深度链接，从小到大、由弱渐强，日益成为新兴的战略性支柱产业和具有显著时代特征的民生产业、幸福产业，成功走出一条以文塑旅、以旅彰文的独具特色的中国文化旅游发展之路。近年来，全国各地文旅行业深入挖掘红色资源，开发旅游线路，不断在延伸和拓展产业融合新业态。如随着 City Walk（城市漫步）大行其道，越来越多的年轻人乐于选择穿梭在城市肌理中阅读历史、感受文化，不少城市便以丰富的红色建筑资源为核心，实现红色资源由"单一资源"呈现向"多维资源＋街区环境"整体叙事的转变，让游客深切感受"建筑可阅读，街区可漫步，城市有温度"；又如 2023 年，中国共产党一大·二大·四大纪念馆景区成功创建国家 5A 级旅游景区，三大场馆通过展陈提升、景区建设、宣传策划、学术研究、文艺文创、活动联办、人才共育、对外合作等方面实现联动，有效提升红色文旅产业的辐射力、带动力、整体影响力。此外，还有不少文旅企业推进配套内容创新策划和文化产品服务供给，以主题牵引和载体串联的方式，加速文旅融合新形态。如上海推出红色旅游专线观光巴士和"党的诞生地"红色主题游船，让游客深入了解党的百年壮丽征程，感悟精神的力量。

三是数字赋能创新探索。数字技术作为世界科技革命和产业变革的先导力量，深刻改变着生产方式、生活方式。数智时代同样也通过资源系统集成、知识深度转化，为弘扬伟大建党精神打造具备时代特征、中国特色的文艺精品创造了全新图景，使伟大建党精神的传承弘扬不再局限于传统形式，在无形之中浸润每一个人的心灵。一方面，可以通过互联网及虚拟现实技术等，创设各具特色的叙事空间，消弭尘封历史与现实生活的距离感，提升红色文旅的体验感受和传播效果。另一方面，可以依托大数据、云计算等新技术精准定位受众画像，为推出一批结合现代美学且契合受众审美偏好、文化需求、使用习惯的文化产品提供更加精准的方向指引。如浙江省义乌市分水塘村的望道展示馆推出语音交互功能的 5G 智能机器人进行路线导航和语音讲解，为游客解锁了更多参观学习新方式，以数字化新技术、新手段推动红色文旅的提质升级。又如，中共一大纪念馆出品的"数字一大·初心之旅"，打破虚拟与现实的壁垒，突破时间与空间的限制，使静态的展品"活"起来，构建自由行进、自主探索的观展形式，创造独特的红色沉浸式体验，让观众 360 度沉浸于真实再现的历史场景中，近距离感知虚拟空间带来的视觉奇观，穿越至 1921 年的上海，重回觉醒年代，亲历"伟大开端"。再比如不少红色场馆通过数字创意设计，将红色资源要素转化为数字产品、游戏动漫、文创产品，实现文化增值，助力红色文化创造性转化和创新性发展。

总而言之，上述这些弘扬伟大建党精神的实践探索，使伟大建党精神在新时代新征程上焕发出更加耀眼的光芒。面向未来，把伟大建党精神传承下去、发扬光大，就要在实际行动中不断挖掘中国共产党人精神谱系的历史底蕴和文化因子，强化伟大精神的感召力和凝聚力，进而为实现强国建设、民族复兴的宏伟目标提供源源不断的精神动力！

结　语

习近平总书记指出：“我们党的百年奋斗史表明，只有具有伟大精神的政党才能领导人民赢得伟大斗争、开创伟大事业。”[1] 伟大建党精神作为中国共产党的精神之源，跨越历史与现实，融通理论与实践，兼具有形与无形，是中国共产党的宝贵精神财富，也是中华民族不断前进的强大动力。

伟大建党精神是历史的也是现实的。 历史在砥砺前行中创造，辉煌在接续奋斗中铸就。伟大建党精神从历史深处走来，孕育在风雨如晦的旧中国，形成于早期中国共产党人创建中国共产党的实践中。当时，中华民族深陷内忧外患的泥沼，在民族危亡的关键时刻，中国共产党应运而生，扛起了救国救民于水火的重任。伟大建党精神是百年前早期中国共产党人奋斗探索的生动写照，具有深刻的历史内涵与崇高的历史地位。历史大潮滚滚向前，伟大建党精神在时代前进中赓续传承，在岁月淘洗中始终熠熠生辉。从石库门到天安门，从兴业路到复兴路，伟大建党精神被视为一代代中国共产党人薪火相传的精神灯塔。新时代，伟大建党精神超越时空、历久弥新，不仅没有褪色，反而在推进中国式现代化的壮阔征程上焕发出更强大的生机活力。

伟大建党精神是理论的也是实践的。 没有实践的理论只是空中楼阁；没有理论的实践也会失去方向，理论的威力只有付诸实践才能真正发挥。伟大建党精神既是闪耀着精神光芒的理论丰碑，更是植根于

---

[1] 习近平：《用好红色资源、赓续红色血脉，努力创造无愧于历史和人民的新业绩》（2021年6月25日），《求是》2021年第19期。

实践沃土的行动指南。正是在理论与实践的良性互动中不断丰富发展，伟大建党精神既为实践提供理论指导，又在实践中得到检验和升华。作为一种理论，伟大建党精神系统总结了中国共产党人的精神追求、精神特质，深刻展示了中国共产党过去为什么能够成功、未来怎样才能继续成功的精神密钥，为中国共产党认识世界、改造世界提供了强大的精神武器。作为一种行动指南，伟大建党精神指引和激励着中国共产党团结带领全国 14 亿人民在全面建设社会主义现代化国家的新征程上劈波斩浪、勇毅前行，在实现中华民族伟大复兴的道路上踔厉奋发、笃行不怠。

伟大建党精神是有形的也是无形的。任何精神、思想、理念等无形之物，都需要通过有形的物质形式来体现和传承。伟大建党精神既留下了有形的历史见证，更展现为无形的精神支撑。从有形的维度看，伟大建党精神熔铸在人民英雄纪念碑的浮雕上，镌刻在一大会址、南湖红船等遍布全国的遗址遗迹中，书写在一份份泛黄的文献档案和一张张珍贵的照片影像里。从无形的维度看，伟大建党精神已经深深融入一代代中国共产党人的精神血脉中，成为全党全国共有的精神标识，春风化雨般浸润着每一个中国人的精神世界。有形与无形的统一，使得伟大建党精神既能够被感知、被触摸、被铭记，又能够被信仰、被内化、被传承，在以中国式现代化全面推进强国建设、民族复兴伟业的新征程上绽放出更加绚丽夺目的光彩。

迈上新时代新征程，要深入学习习近平总书记关于弘扬伟大建党精神的重要论述，深刻领悟伟大建党精神的磅礴力量，继续弘扬光荣传统、赓续红色血脉，永远把伟大建党精神继承下去、发扬光大！

后 记

伟大建党精神在党的创建历程中孕育，在党的一百多年光辉奋斗历程中弘扬，具有鲜明的真理性与实践性特征。党的历史是最生动、最有说服力的教科书，蕴含着伟大建党精神的深刻内涵与磅礴力量。近年来，中共上海市委党史研究室将伟大建党精神的研究阐释作为重要研究方向，积极承接了上海交通大学陈挥教授主持的国家社科基金重大项目"伟大建党精神及其同中国共产党人精神谱系关系研究"的子课题研究任务。这本主要聚焦党的早期历史展现伟大建党精神理论源流的《精神之光》正是我们的一项阶段性研究成果。

市委党史研究室主任严爱云高度重视本书的编写工作，从组建团队、编写大纲到修改书稿等多个环节，给予了悉心指导。市委党史研究室副主任王旭杰具体主持书稿编写的日常工作，并承担了部分书稿撰写和全书的统稿工作。课题首席专家陈挥教授则全程指导书稿的编纂工作。全书撰写分工如下：前言及第一章（王旭杰），第二章（陈彩琴），第三章（曹典），第四章（刘玉杰），第五章（刁含勇），第六章及结语（谈思嘉）。书稿完成后，我们邀请曹景文、邵雍、周晔、张玲、袁则文等专家学者进行审读，他们的宝贵意见与建议为本书的完善发挥了重要作用。在此，我们还要向为本书付出辛勤努力的上海人民出版社的编辑表示衷心的感谢！

由于水平有限，如有不足和漏洞，我们诚恳接受大家的批评和指正！

编写者
2025 年 5 月

图书在版编目(CIP)数据

精神之光 / 中共上海市委党史研究室编 ；王旭杰等
著. -- 上海 ：上海人民出版社，2025. -- ISBN 978-7
-208-19733-6

Ⅰ. D26；D239

中国国家版本馆 CIP 数据核字第 20259ZP972 号

责任编辑　吕桂萍
封面设计　赵释然

精神之光

中共上海市委党史研究室 编

王旭杰　陈彩琴 等著

出　　版　上海人民出版社

　　　　　　（201101　上海市闵行区号景路 159 弄 C 座）

发　　行　上海人民出版社发行中心
印　　刷　上海商务联西印刷有限公司
开　　本　720×1000　1/16
印　　张　17.25
插　　页　2
字　　数　200,000
版　　次　2025 年 9 月第 1 版
印　　次　2025 年 9 月第 1 次印刷
ISBN 978 - 7 - 208 - 19733 - 6/D·4569
定　　价　88.00 元